日韓音楽教育関係史研究

日本人の韓国・朝鮮表象と音楽

藤井浩基【著】

Fujii Koki

勉誠出版

巻頭言　日韓の新しい音楽関係を作るための礎石

徳丸吉彦

藤井浩基さんが音楽教育の観点から日本と韓国の関係を扱った研究を出版することになりました。私は原稿を読んで、この本が日韓の関係についてだけでなく、現在の日本と韓国の音楽教育と音楽のあり方を考えるためにも重要な貢献であることに感銘を受けました。そこで、この本で扱われる時代を多少とも知っている者の立場から、藤井さんが取られた新しい研究方法の特徴を中心に、本書の意義を紹介します。

音楽教育研究の領域では、日韓の子供や生徒が歌った音楽についてはかなり成果が出ています。教科書の分析もその例です。しかし、重要なのは、音楽だけを取り上げるのではなく、音楽教育を文化政策の対象として考えることです。言い換えれば、どのような人物が、どのような権限で、どのような目的で音楽を教えることを決め、そのためにどのような音楽を選んだかを知る必要があります。そうでないと、日本で《故郷》が歌われている理由も、韓国で《故郷の春》が歌われている理由も分かりません。

音楽についての文化政策の重点は、ある音楽を維持し、他の音楽を抑圧することにあります。このような音楽の維持と抑圧はどの国にもあることです。国によっては、維持と抑圧のために社会制度を作ります。学校も社会制度の一つです。初等・中等教育における音楽の授業も、特定の音楽の維持あるいは抑圧に大きな影響を与えます。そのため、ある音楽が表立った抑圧を受けなくても、衰退することがあります。それは、他の音楽の方が社会制度から多くの恩恵を受けるために起こります。

公的な音楽学校を作ることは、音楽を重視する文化的な行為と思われがちですが、そこで教えられる音楽を検討しなければ、文化的な行為と判断することはできません。植民地期朝鮮での官立音楽学校設立についての研究は本書の重要な貢献の一つで、この企てに対する朝鮮の人々の反応が詳細に分析されています。例えば、この音楽学校設立の案に対して、朝鮮の人々が当初は静観していたことが明らかにされています。これは、日本側の目的と教えるはずの音楽に関して、人々が疑念をもっていたからです。結局、第二次世界大戦になったため、朝鮮に官立音楽学校は設立されませんでしたが、もしできていたら、東京音楽学校と同じように、西洋音楽を中心にしたものになっていたでしょう。私が記憶している限り、当時の日本では「日本精神」を強調しながら、学校での音楽も放送される音楽も西洋音楽を基礎にしたものでしたから、朝鮮総督府の担当者たちもこの方針に従い、音楽学校で日本の伝統音楽も韓国の伝統音楽も教えようとはしなかったでしょう。なにしろ、米英と戦っていた一九四〇年代前半でも、大日本帝国の陸軍軍楽隊も海軍軍楽隊も西洋楽器を演奏し、ラジオのニュースが日本軍の戦果を伝える場合も日本軍の敗北（例えば玉砕）を伝える場合も、西洋音楽の様式で作られた日本の曲で始めるほど、日本の伝統音楽は退けられていたのです。

今日の韓国では、韓国伝統音楽（国楽）も西洋音楽も盛んに実践されています。とくに一九八〇年代からは、両方の音楽の演奏教育のためだけでなく、その研究のためのポストをもつ音楽学校や大学が増えています。伝統音楽の伝承を任務とする韓国国立国楽院は組織を大きくし、劇場を増やし、国楽専門の放送局も備えています。藤井さんは推論を避けていますが、官立音楽学校ができなかったからこそ、今日の韓国の音楽状況、とりわけ国楽の隆盛があると私は考えています。日本からの解放後、早くも終戦の翌年一九四六年には国立ソウル大学校の中に音楽学部が作られ、国楽と西洋音楽が教え始められています。この姿勢がその後の韓国の音楽教育の姿勢を決めました。

植民地期朝鮮の音楽に関する文化政策は、朝鮮の人々によってではなく、総督府によって作られました。藤井さんは、総督府を組織として扱うのではなく、その中で権限をもっていた個人に焦点を合わせて、それぞれの個人の経歴と音楽観を抽出しました。総督府に高官として勤め、帰国後、さらに終戦後も日本で活動した官僚・政治家の水野錬太郎や塩原時三郎に関する記述は、今後の音楽教育が拡げるべき方向を示したといえます。

一方で、こうした個人も日本人が歴史的に形成してきた朝鮮音楽観から自由ではありません。別の言い方をすれば、彼らを含め、当時の日本人や朝鮮人が朝鮮音楽や西洋音楽をどのように考えていたかという「表象」が人々の行動に影響を与えていました。そこで、藤井さんは、この表象を日韓の関係を解く鍵にして異なる時代を繋ぎました。柳兼子が朝鮮で最初に西洋音楽の演奏会を開いた意図も、終戦後の日本で在日本朝鮮人連盟が高木東六に朝鮮を題材にしたオペラ《春香》を委嘱したのも、朝鮮音楽と西洋音楽に対して作られてきた表象から説明されています。

この本では、朝鮮と日本で当時発行された新聞と雑誌の記事が丹念に検討されています。朝鮮で発行されたものについては、朝鮮語で書かれたものが藤井さんの翻訳で引用されています。同じ事柄や演奏会に関して書かれたものを比較すると、日本語記事が公式的な報告を中心にしているのに対して、朝鮮語記事では人々の音楽観がよく現れているように思えます。藤井さんがこうした記事を精査したのも、表象を重視するためであったと思います。

藤井さんは、歴史的な研究に加えて、最近では韓国のヴァイオリニスト、鄭京和《チョン・キョンファ》の公演や高木東六の歌劇《春香》や舞踊作品《鶴》の復元上演などに積極的にかかわっておられます。藤井さんは、こうした音楽を実際の「響き」として提示して、人々の音楽に対する表象を変化させ、日本と韓国の間に新しい音楽的な関係を作ろうとしているように私には思えます。

私は一九八〇年代から二〇一六年まで韓国を訪問し、ソウル大学や国楽院で日本音楽について話をし、日本音楽の演奏会を開いてきました。また、伽倻琴の黄秉冀《ファン・ビョンギ》や国楽院のメンバーを東京に招いて韓国音楽の演奏会を開いてきました。私は、これから何をするにも、藤井浩基さんがこの本で見事に描いた日韓の音楽関係史を頭に入れて行いたいと思っています。

（聖徳大学教授・京都市立芸術大学客員教授・お茶の水女子大学名誉教授）

目次

第一章　エッケルトを通してみる旧韓国・植民地期朝鮮と日本

第七章　歌劇《春香》作曲の構想から初演へ
――高木東六と朝鮮――

凡例

一、本書では、「韓国」、「朝鮮」等、時代区分による国名や地域名に関する用語について、原則として、以下の基準で使い分けた。

（一）李氏朝鮮王朝末期（一八六〇年～一八九七年）は「朝鮮王朝」と表記した。

（二）大韓帝国時代（一八九七年一〇月～一九一〇年八月）は「旧韓国」と表記した。

（三）日本の植民地統治期（一九一〇年八月～一九四五年八月）は、「朝鮮」あるいは「植民地期朝鮮」と表記した。

（四）日本の植民地解放後、朝鮮半島が南北に分かれ、一九四八年にそれぞれ大韓民国、朝鮮民主主義人民共和国が成立するまでは「朝鮮」と表記した。一九四八年以後、現在に至るまでは、大韓民国を「韓国」と表記した。

（五）首都名については、李氏朝鮮王朝末期及び大韓帝国時代は「ソウル」、日本の植民地統治期は「京城」、植民地解放後から現在に至るまでは「ソウル」とした。

二、資料の引用等については、以下の基準にしたがった。

（一）漢字は、引用文を含め、原則として旧字体を新字体になおした。ただし、人名、書名等の固有名詞では、旧字体としたものがある。

（二）送り仮名、当て字等は、基本的に原文表記のとおりとした。

（三）韓国・朝鮮の人名は、本文においては原則として漢字表記にし、初出には韓国・朝鮮語読みのルビをふった。

（四）韓国・朝鮮語（ハングルで表記されたもの）による資料の引用については、原則として、筆者が日本語に翻訳したものを用いた。その際、引用文の末尾に「原文は朝鮮語（または韓国語）」と記した。ただ、すでに日本語訳が付されているものや、定まった日本語訳のある資料については、そのまま用いた場合がある。

（五）中略は（中略）または「……」で表記した。

三、年号は西暦で表記した。

四、本文中での出典表記は、たとえば（藤井一九九六ａ、七八頁）のように、（著者名 発表又は発行年、頁番号）の順で示し、巻末の文献表と対応させた。なお、著者名、編者名等が、韓国・朝鮮の人名である場合は、たとえば（閔庚燦二〇〇六、一六七頁）のように、漢字でフルネームを記した。無署名の新聞・雑誌記事は、たとえば（『京城日報』一九二〇年五月七日）のように、掲載新聞・雑誌名と掲載年月日を、括弧内に記した。

五、引用文中及び本文には、差別語や差別的なニュアンスのある用語のほか、植民地期朝鮮において、支配側としての日本の立場から用いられた表現が多数含まれる。不適切な用語や表現であることは重々認識した上で、資料に則り、歴史的、時代的背景を反映させて記述したい意図から、あえて原文どおり用いた。他意のないことをことわっておきたい。

序章　日韓音楽教育関係史の試み

一　一九六〇年の韓国学生文化使節団来日から

1

音楽評論家・牛山充の寄稿「韓国の音楽教育」

一九六一年二月の月刊雑誌『音楽の友』に「韓国の音楽教育」と題した寄稿が掲載された。

朝鮮は我が国とは善隣関係を永久に保護し、彼我の文化交流が、産業方面の通商とともに最も円滑に行われることを念願して止まない私にとつては、政治的に現在の実状では南北にわかれており、私どもに何よりの密接なつながりをもつべきはずの音楽、舞踊の芸術一般がどのような動きを見せ、国際的な視野の上に立つて如何なる進展をなしつつあるかということを実際の演奏公演の形式で端的に把握する機会が旧政権の下では到来しなかつたのが残念であつた。

ところが、思いがけなく、全く思いがけなく、思いも寄らないところで韓国学生よりなる文化使節団の中に加わつて来日した一二歳と一六歳の少女音楽家の演奏を聴く機会に恵まれ、そのすぐれた才能に驚くとともに、まれに見る音楽一家の実状の一端と、韓国における専門的な音楽教育が、我が国の音楽大学または音楽短期大学の優秀な成績をあげつつあるものと比べて立派にこれに伍し得る実技指導が行われていることを知り、ひとり韓国の音楽文化のためばかりでなく、東洋各国民共通の立場においてその芸術的水準の向上を窮極の目的とする私どもの理想達成のため禁じ難い喜びを感じたのである。

（牛山一九六一）

執筆者は音楽評論の重鎮、牛山充であった。「韓国音楽生文化使節によせて」と副題が付けられ、丸々一頁が割かれていた。牛山が驚いた「すぐれた才能」の一六歳と一二歳の少女音楽家こそ、のちに世界的な演奏家として活躍するチェロの鄭明和《チョン・ミョンファ》、バイオリンの鄭京和《チョン・キョンファ》姉妹である。

2　韓国学生文化使節団来日と音楽班の活動

一九六〇年一一月二九日から一二月一二日まで、韓国学生文化使節団が来日した。韓国から来日した国レベルでの文化使節団としては、日本では戦後初、韓国では植民地解放後初となる画期的な訪問となった。一九六五年の日韓国交正常化の五年前のことである。

一九四五年八月一五日、日本の敗戦により、朝鮮半島は三六年間に渡った日本の植民地支配から解放された。朝鮮半島では、新たな国づくりにむけて、さまざまな政治的な動きが起こったが、アメリカ軍とソ連軍が進駐し、北緯三八度線を挟んで南北を分断し占領した。一九四八年八月一五日に大韓民国が、そして同年九月九日には朝鮮民主主義人民共和国がそれぞれ樹立された。南北の分断国家は米ソを軸とした冷戦の激化を投影するように対立が深まり、一九五〇年六月二五日には朝鮮戦争が勃発した。一九五三年七月に休戦協定が調印されたが、分断と対立は現在まで続いている。

韓国の初代大統領として約一二年にわたり政権を握った李承晩《イ・スンマン》は、強硬な反日姿勢をとった。日韓両国は一九五一年から国交正常化交渉に着手したが進展はしなかった。一九六〇年四月、さらなる長期政権をめざす李承晩の選挙不正に端を発し、学生を中心に国民的な決起が起きた。いわゆる「四月革命」である。これにより李承晩政権は倒れ、同年八月に尹潽善《ユン・ボソン》大統領、張　勉《チャン・ミョン》首相による政権が発足した。張勉内閣によって日韓国交正常化への実質的な第一歩が踏み出され、九月には小坂善太郎外務大臣の訪韓が実現した。そして、少しずつ日韓の政治、経済、文化、スポーツの交流が始まった。日本側は特に経済交流の進展を望んだが、韓国側は慎重であった。

韓国学生文化使節団は、日韓貿易協会が招聘した。まずは文化交流を糸口とし、次第に政治、経済の交流に展開していく見通しをもっていた。この時の日韓貿易協会の会長は、政治家、実業家、美術史家として知られた旧男爵、團伊能であった。作曲家・團伊玖磨の父でもある。牛山が「彼我の文化交流が、産業方面の通商とともに最も円滑に行われることを念願して止まない」と記した背景には、日本側が「産業方面の通商」すなわち経済交流を第一義としていたことを示唆する。一方の韓国側は、「四月革命」が学生主導で行われ、民主化が前進したことを海外にアピールするため、特に学生による文化使節団を編成し派遣したのだった。

約五〇名の訪問団は、当時韓国の参議院議員でのちに駐日大使にもなる厳敏永《オム・ミニョン》に率いられ、十代から二十代の学生約三〇名と二〇名の引率者で構成されていた。学生は文化班一〇名、音楽班五名、舞踊班一四名に分かれ、滞日中、東京、名古屋、大阪などを回り、さまざまな交流活動を行った。

文化班は政治・経済のリーダーとして将来を嘱望された名門大学の学生が選抜され、日本企業の見学や東京大学の学生との座談会などに参加した。舞踊班は、韓国舞踊の名匠、金白峰《キム・ペクボン》が率いる舞踊団から中高生を中心とした若いメンバーが選抜された。そして、音楽班では、世界の檜舞台を見据えて米国留学をめざす鄭姉妹が選ばれ、初の海外での舞台を踏んだのであった。

音楽班と舞踊班は、東京、名古屋、大阪で公演を行い、文化使節の華として聴衆・観衆を魅了した。これらの公演は、いずれも大韓民国居留民団（以下、民団）の主催による「在日僑胞の夕べ」として開催されたが、日本人も多数招待されていた。

3　九段会館での「在日僑胞の夕べ」

東京では一二月八日に九段会館で行われ、立ち見が出るほどの満員盛況であった。民団の機関紙『民主新聞』では、この公演の様子を次のように描写している。

> 第一部の幕があがると同時に待ち構えていた場内の観客席から一斉に熱烈な拍手がおくられた。天才の声が高いバイオリニストの鄭景和《ママ》嬢からプログラムが始められた。韓国舞踊の〝よさ〟をみようとこの日会場に顔をみせていた日本舞踊界の大家をうつとりとするほど同嬢の演奏はみごとで場内は水を打つたように静まつた。続いてチエロの鄭明和嬢が日本民謡と韓国民謡をひいて場内に拍手が湧いた。これに続いて金敬和（ピアノ）鄭景和《ママ》（バイオリン）鄭明和（チエロ）らの極めて自然に、力強く打ち出すリズムに観客席では讃辞と拍手を惜しみなくおくつていた。
>
> （『民主新聞』一九六〇年一二月一四日）

三部構成のプログラムでは、第二部、第三部に舞踊班による韓国の伝統舞踊が組まれ、メインは舞踊だった。そのため日本の舞踊関係者が多数招待されていた。会場には女優の黒柳徹子も来ていたという。黒柳は二〇〇一年一二月に自身が司会するテレビ番組「徹子の部屋」で、ゲストとして出演した鄭京和に対し、この日の演奏の印象を思い出深く語っている(1)。

一方、同じ一二月一四日付の『民主新聞』には、この演奏の模様が異なる視点から描写されている。「若い世代の民間交流」と題した「時評」という枠の記事である。

　解放後最初に訪日した学徒の群れであるし、四・一九革命を演じた学徒の雰囲気に、始《マ》めて接《マ》したので、感じたことも特別なものであつた。
　それよりも嬉しく感じたのは、演芸プロを観賞してからであつた。第二部音楽の方は、声楽がなくてバイオリン・チエロ・ピアノトリオといつたもので、ギツシリ詰めかけた観衆のざわめきのため、デリケートな低音などは、殆んど聞き取れないので、演奏者には気の毒でもあつたし、残念でもあつたことだ。
（『民主新聞』一九六〇年一二月一四日）

一五〇〇人収容の九段会館に、「約二千人余の僑胞と一般日本人多数が詰めかけ」（同三面）たというから、立ち見の出る盛況だったこと、そして会場の興奮、熱気も感じられる。しかし、その「ざわめき」こそが奇しくも、牛山が寄稿する遠因となった。鄭姉妹に同行した母の李元淑《イ・ウォンスク》も自伝で同様に会場の喧噪を記しているが、その記述から、趙澤元《チョ・テクウォン》が牛山に来聴を懇願した経緯を知ることができる。

会場は散漫で騒々しかった。私は子供たちの演奏がこんな大きなホールで聴こえるのかどうか心配で、最前列に座ったり最後列に座ったりして聴いた。一、二、三階全部回って耳を傾けた。廊下で男性二人の話す声が耳に入った。

「こんないい音楽をこんなところで演奏するなんて……嘆かわしいね」

私はためらわずにその男性たちをつかまえた。（中略）この男性たちは当時、藤原歌劇団で活躍していた在日韓国人趙澤遠《ママ》さんを紹介してくれた。趙さんの助けで、私は日本の著名な音楽家、批評家たちを招いて演奏を聴いてもらう機会を持つことができた。

（李元淑一九九四・一〇九―一一〇頁）

4　牛山を驚かせた韓国の音楽教育

牛山はこの公演には行っていない。公演の二日後の一二月一〇日、東京で活躍中だった韓国人舞踊家の趙澤元から牛山に「藤原歌劇研究所で、来日中の韓国学生が演奏するから是非来て欲しい、こちらから車を差し向けると、矢の催促にも似た申し出」があった。牛山の予定は詰まっていたが「韓国からの学生は、いわば、大事なお客様。二日後には帰国するとのことなので、今日をはずしてはいつ聴ける見込みもつかない」（牛山一九六二）と、他の予定をキャンセルして駆けつけた。

鄭姉妹は、牛山のためにメンデルスゾーンのピアノ三重奏曲第一番作品四九の第一楽章を演奏した。続いて妹の京和がヴィニアフスキのバイオリン協奏曲、姉の明和がポッパーのハンガリー狂詩曲を演奏した。牛山は「あの至難な技巧を小さい手でやすやすと征服し、弓さばきあざやかに弾き進む様子を見ると、目をつぶつて音楽の中にとけ込み、陶然と酔いながら無我の状態で演奏している」と、一二歳の京和の演奏を描写した。明和の演奏については「一驚を喫した」「ことも無げに演奏し」と高く評価した（牛山一九六一）。
趙澤元の説得がなければ、いわば番外編の鄭姉妹の演奏を牛山が聴くことはなかったし、『音楽の友』に寄稿することもなかった。この牛山の寄稿こそ、植民地解放後の韓国の音楽教育に関する情報として、戦後の日本で初めて大きく紹介された活字資料となった。

一八八四年生まれの牛山は、当時七六歳で日本の音楽評論界の最重鎮であった。大正時代から『朝日新聞』の音楽・舞踊の批評を担当し、西洋音楽にとどまらず、邦楽や舞踊にも強かった。趙澤元との関わりも、舞踊の人脈によるものであった。牛山は、趙澤元が師事した舞踊家・石井漠とは特に親しく、石井の自伝『おどるばか』に序言を寄せている。石井の門下には、趙澤元のほか、「半島の舞姫」とよばれ一世を風靡した舞踊家、崔承喜《チェ・スンヒ》もいた。牛山は崔承喜の舞踊の評論や作品解説なども担当しており、植民地期朝鮮の舞踊や音楽にも少なからず関心をもっていたことは間違いない。

牛山は戦後、音楽教育にも並々ならぬ関心をみせていた。なかでも、一九五三年に創刊された教育雑誌『実際家のための教育科学』では、創刊号から「初等教育における音楽の位置」と題した論考を二回に分けて発表した。さらに、同誌では「アメリカ合衆国における教育音楽」（一九五三年六月号）、「英国における教育音楽」（同年七月号）を相次いで発表し、世界各国の音楽教育の歴史や実状を紹介した。一九四七年の最初の学習指導要領（試案）が出て以来、牛山は音楽評論家の立場から、学校教育における音楽科の重要性を主張し、同時に音楽教科書のあり方にも独自の提言をしていた。その牛山も、韓国の音楽教育のリアルな情報を直に得る機会はこれが初めてだった。

一方、鄭姉妹は、帰国後本格的に米国留学の準備を始めるが、当時、韓国政府から留学の許可を得るのは至難の業であったという。手続きを行う際、海外での演奏実績やお墨付きとして、牛山の寄稿が役立ったことを、鄭姉妹の母、李元淑はのちに自伝に記している(2)。

5　音楽班の学校視察――音楽教育交流の萌芽――

鄭姉妹は、滞日中に日本の音楽大学も訪問した。鄭京和は一九九八年五月に公演に訪れた鳥取県で、同地の地元紙『日本海新聞』のインタビューに応じ「五九年か六〇年ごろ、韓国政府の文化交流使節団の一員として、姉のミョンファと初めて日本を訪れた時、日本の音楽大学の教育水準の高さにとても感動したのを覚えています。韓国にはそのような学校はまだありませんでしたから。ただ、既に両国にも有能な演奏家が多く育っていたので、両国民が音楽に大きな情熱を傾けているのだと実感しました」と語っている(3)。

また、筆者は二〇〇三年一一月に、韓国芸術総合学校音楽院で教授を務めていた鄭明和から、直接このときの思い出を聞いた(4)。

当時、韓国で車に乗るといえばジープでした。道が悪いので揺れるでしょう。日本に来て、送迎の黒塗りの車が道を滑るように走るのには驚きました。これは感覚としてよく覚えています。……演奏会では、とにかく大きな音で、大きな身振りで演奏するように先生方から言われました。日本の大きな会場で、大勢の聴衆の前で演奏するわけですから、しっかりアピールできるパフォーマンスをしなくはならなかったんです。

音楽大学にも行きましたよ。たぶん今の桐朋学園だと思うのですが。とても手厚い指導がなされていて、韓国にもこういう学校ができればよいな、と子どもながらに思いました。その数ヶ月後に私と妹はニューヨークのジュリアード音楽院に留学しました。

親元を離れて、遠い海外に留学しなくても、自分の国でしっかり音楽を勉強できる環境があれば、韓国での「キロギ・アッパ」(5)に象徴されるような家庭・家族の崩壊も起きないでしょう。今、私が海外での長い生活を切り上げて帰国し、この韓国芸術総合学校で教えているのは、そういう理想があるからなんです。

一九五九年には、ブザンソン国際指揮者コンクールで、桐朋学園音楽科に学んだ小澤征爾が優勝し、世界的な注目集めた。一九六〇年一〇月には、ＮＨＫ交響楽団が世界一周演奏旅行に出かけ、桐朋学園音楽科の前身、子どもための音楽教室に学んだピアノの中村紘子が、当時一六歳でソリストとして同行した。この頃、桐朋学園は音楽の専門教育における日本の戦後復興、そして世界に照準を合わせたハイレベルな民間音楽教育機関の象徴であった(6)。韓国の才能ある二人の少女にとって、隣国日本の音楽の専門教育は新鮮に映った。二週間の日本滞在を終えた韓国学生文化使節団は、一二月一二日に全日空のチャーター便で空路帰国した。この便こそ、全日空が初めて海外に飛んだ記念碑的なフライトであった(7)。

一九六〇年は、日韓の音楽教育関係に新たな灯がともった年となった。

牛山は冒頭で「朝鮮は我が国とは善隣関係を永久に保護し、彼我の文化交流が、産業方面の通商とともに最も円滑に行われることを念願して止まない」と述べた。また、「ひとり韓国の音楽文化のためばかりでなく、東洋各国民共通の立場においてその芸術的水準の向上を窮極の目的とする私どもの理想達成」とも述べた。日韓国交正常化交渉に進展の兆しが見え始めた時期に、牛山が未来志向の日韓関係を期待して記述したものである。

たしかに南北分断や朝鮮戦争、そして李承晩政権下の対日政策によって、日韓の音楽関係、音楽教育関係には一五年の空白があった。しかし、寄稿にはそれ以前の三六年に及んだ植民地期について言及はない。この空白が植民地期朝鮮の記憶の断絶をもたらしただろうか。

二　本書の目的

本書名は『日韓音楽教育関係史研究』である。日本と植民地期朝鮮、そして日本と大韓民国、それぞれの関係史を「音楽教育」という視点から跡付ける試みである。「日韓関係史」といえば、通常、「国際関係史」や「二国間関係史」、「対外関係史」のように、政治、経済、外交など特定の分野における国と国、政府と政府の関係という文脈で使われることが多い。ここでは「音楽教育」という分野が、時に政治や外交などにも関わりながら、独自の日韓関係史を構築することを想定している。音楽教育から日韓関係を、逆に日韓関係から両国の音楽教育を、分析、考察していきたい。

副題は「日本人の韓国・朝鮮表象と音楽」である。

まず「韓国・朝鮮」という表記についてである。本書では、「韓国」を、日本と現在の大韓民国との関係史を対象にした研究の一環であることを前提として、そのように表記する。韓国併合以前の一八九七年から一九一〇年までの時期、すなわち大韓帝国の時期については、現在の大韓民国と区別するため「旧韓国」と表記する。「朝鮮」については、植民地期朝鮮を考察の対象としているため、その時期を「朝鮮」と表記する。第七章では、植民地解放前の「朝鮮」から、植民地解放後に朝鮮半島が南北に分かれ、一九四八年にそれぞれ大韓民国、朝鮮民主主義人民共和国が成立するまでの時期を「朝鮮」と表記する。したがって、本書での「朝鮮」は現在の朝鮮民主主義人民共和国、いわゆる「北朝鮮」を指すものではない。このように対象の設定を複合的にとらえるため、副題では「韓国・朝鮮」とした。

次に、具体的に日韓音楽教育関係史をかたちづくる事例を考察する上で、手がかりとした考え方が「表象」である。音楽を例に筆者なりの定義を試みるならば、今ここで実際に音楽を知覚していなくても、過去の知覚やその記憶、経験、さらに直接的、間接的に得た情報などを通して、音楽に関わる何らかの思いを心に浮かべ、具体的に音楽作品や演奏、あるいは言葉で再現することである。

「表象」について、小林康夫・松浦寿輝編『表象のディスクール』(全六巻、東京大学出版会、二〇〇〇年)では次のように述べられており、本書の視点として示唆に富む。

> まず、「表象」というきわめて多義的な言葉が、「対象的」ではなく「関係的」な概念であることを強調しておきたい。それは哲学的には「再現=代行」であり、演劇的には「舞台化=上演」であり、政治的には「代表制」であって、多種多様な文化の諸次元の関係性の核を示すキー・コンセプトなのである。従ってわれわれは、芸術研究においても、そこにある「作品」を静的な対象としてただ素朴に受容し鑑賞するというのではなく、「作品」をそれが生産され消費される関係性の空間に置き直し、その空間の生成と構造を考察すべく努めてきた。
>
> (中略)
>
> 第三に、representationが「表象代表制」という政治的含意を持っているという事実に集約されている通り、広義における「文化のポリティクス」を絶えず視野に入れつつ研究に従事しようという要請がある。場合に

よってはメセナや文化政策やアート・マネージメントといった実践的な課題と取り組むことも辞さないのはもちろんのこととして、それより以前にわれわれは、そもそも文化そのものが諸力の交錯する政治的な葛藤の場であるという認識に立ちたいと思う。

（小林・松浦編 二〇〇〇、i—ii頁）

本書で、「表象」を考察の軸に据えたのは、まさに「多種多様な文化の諸次元の関係性の核を示すキー・コンセプト」だからである。日本と韓国・朝鮮という関係性の空間で、音楽や音楽教育に関わる制度、組織、作品等の生成と構造を考察する。また、「文化そのものが諸力の交錯する政治的な葛藤の場」という事例が本書では頻出する。時に芸術文化政策であり教育政策であり、創作や再現といった具体的な音楽の表現活動である。

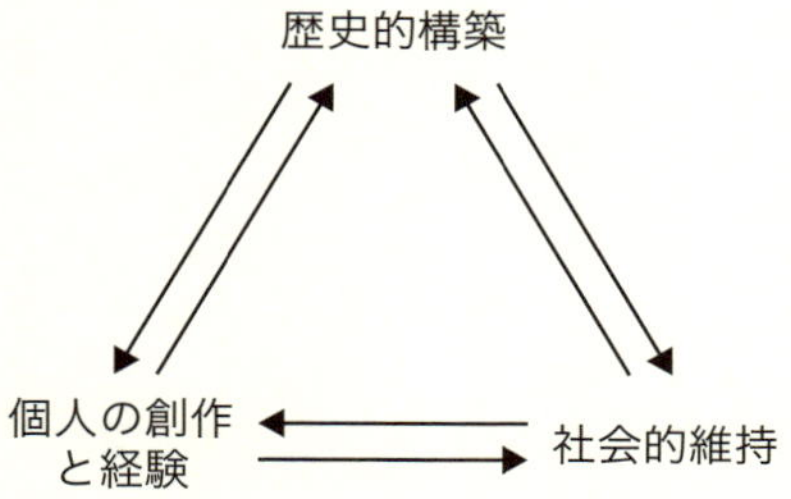

図1　ライスによる民族音楽学研究のモデル（徳丸1996：27）

本書で日韓音楽教育関係史を構想し、研究の視点と方法を策定しようとした際、研究のモデルとして参考にしたのがティモシー・ライスTimothy Riceによる民族音楽学研究のモデルである（図1　徳丸 一九九六、二七頁、各用語の日本語訳も徳丸による）。このモデルは「個人の創作と経験」、「社会的維持」、「歴史的構築」がそれぞれ双方向的に作用しあうトライアングルをかたちづくっている。

徳丸吉彦は、「個人の創作と経験」について『文化における音楽』というと、どうしても集団が維持してきた音楽に重きが置かれる。しかし、どんな活動の中にも、個人の創意があり、また同じ音楽に対する経験も個人により異なるはずである」と説明する。徳丸は、ライスが「個人の創作と経験」を重視し、モデルに組み込んだことを評価している。続いて、徳丸は「『社会的維持』の中には、それぞれの社会が形成してきた制度や信念が音楽をどのように維持し、また、変容しているかという面が含まれる」とし、「『歴史的構築』は時間における変化だけでなく、現在の各時点における過去との出会いや過去の再創造を含んでいる」と説明する（徳丸一九九一、二三一―二四頁）。さらに徳丸は、このモデルが民族音楽学だけでなく、芸術文化政策や芸術教育を研究するモデルとして適用できる可能性を示している（徳丸・利光二〇〇二、二一一―二二頁）。

本書の主題を、ライスのモデルに当てはめて考えてみたい。日本人が音楽を通して形成した韓国・朝鮮の表象は「個人の創作と経験」に相当する。個人の表象が蓄積され束ねられれば、集団の表象にもなり、そこに何らかの傾向が浮かび上がってくる。個人や集団の表象が、音楽を通した日本人の韓国・朝鮮に対する関与や働きかけにつながり、「社会的維持」となる。それらの蓄積が「歴史的構築」となって日韓音楽教育関係史をかたちづくる。

本書では、日韓の音楽教育の関係を、単に国対国レベルの関係ではなく、人、集団、組織、制度、モノなどを含め、それぞれが横断的かつ多元的に切り結ぶ関係を念頭に置く。一九一〇年から一九四五年までの植民地期朝鮮を中心に、その前史・後史を含めつつ、日本との音楽教育関係史の諸相を、人物、メディア、学校等それぞれの視点からとらえ、具体的な事例を提示する。特に植民地期朝鮮における日本人の音楽活動に着目し、日本人にとって植民地期朝鮮とはどのような存在であったのかを考察する。その作業として、音楽をめぐる日本人の韓国・朝鮮の表象を明らかにする。そして、それらの表象が植民地期朝鮮における音楽教育政策や音楽教育活動、音楽文化政策などに反映され、展開されたかを跡付けていく。

三　先行研究の検討

これまで日本と韓国・朝鮮との関係史を、直接の主題とした学術研究は、音楽の分野、とりわけ音楽教育分野では限られていた。ここで、日本と韓国・朝鮮の関係史への言及がみられる音楽および音楽教育の先行研究を概観しておきたい。

1　日本での研究史

朴燦鎬《パク・チャンホ》の『韓国歌謡史 1895-1945』（朴燦鎬一九八七）は、歌曲、民謡、童謡、抵抗歌、流行歌等の幅広いジャンルを対象としている。各ジャンルの代表曲の解題、関係する人物やメディアの分析を丹念に行なった労作である。音楽の視点から、近代の朝鮮と日本の関係史を体系的に取り扱った先駆的な書物として評価も高い。ただ、対象は大衆音楽であり、著者の関心や記述の中心も、韓国・朝鮮人音楽家の活動にある。

姜信子《きょうのぶこ》の『日韓音楽ノート』（姜信子一九九八）は近現代の韓国・朝鮮の大衆歌謡を軸に、ジャーナリスティックな視点から、日本と韓国の関係史を描き出している。特に、植民地解放以降、現在につながる植民地期の音楽的記憶の連続性を、現代韓国の音楽事情と絡ませながら記述し、広く一般読者の関心を喚起しようとしている。

安田寛の『日韓唱歌の源流――すると彼らは新しい歌をうたった――』（安田一九九九）は、近代の日本と韓国・朝鮮における唱歌の成立過程に焦点を当てている。演歌、軍歌等を含む多様なジャンルの成立と関連づけ、最終的には日本と韓国・朝鮮の唱歌のルーツを、キリスト教の影響に見出している。なお、この書は後述する韓国の音楽学者閔庚燦《ミン・ギョンチャン》との対話を織り交ぜながら、一般読者の興味をたくみに引き出そうとした啓発書である。

安田寛他（編）の『原典による近代唱歌集成――誕生・変遷・伝播――解説・論文・索引』（安田寛・赤井励・閔庚燦編二〇〇〇）は、日本の唱歌の成立史を多角的にとらえようとした総合的研究である。唱歌の原典楽譜、解説、論考、唱歌の実演を収録したCDからなる大規模なアーカイブである。この資料の特筆すべき点は、韓国・朝鮮をはじめ、台湾や満州など、帝国日本の周縁部への視点が取り入れられているところである。「韓国の唱歌」と題された章では、韓国の閔庚燦が、韓国・朝鮮の唱歌について、わかりやすく解説しており、資料価値が高い（閔庚燦二〇〇〇）。

高仁淑《コ・インスク》の『近代朝鮮の唱歌教育』（高仁淑二〇〇四）は、旧韓国末期から植民地解放前までを対象に、日本の植民地統治の一環として唱歌教育を位置づけた。カリキュラムや教科書、唱歌の分析を通して、植民地教育政策の変遷を追い、近代朝鮮の唱歌教育の実態と影響を論じている。

石田一志の『モダニズム変奏曲――東アジアの近現代音楽史――』（石田二〇〇五）は、日本、中国、韓国・朝鮮それぞれの近現代音楽史を概説し、東アジアという枠組みのなかで、比較を試みている。植民地期朝鮮についても重要な出来事、人物、作品が整理されている。旧韓国の開化期から植民地期を経て、植民地解放後から現代までの韓国・朝鮮の西洋音楽受容と現代音楽への展開を主題とした通史である。

宋安鍾《ソン・アンジョン》の『在日音楽の一〇〇年』（宋安鍾二〇〇九）は、「在日音楽」という概念を問いながら、二〇世紀初頭から二一世紀に至る一〇〇年というスパンで、おもに大衆音楽を中心に在日韓国・朝鮮人による音楽活動を跡付けている。

山本華子の『李王職雅楽部の研究――植民地時代朝鮮の宮廷音楽伝承――』（山本二〇一一）は、古くは李氏朝鮮時代の掌楽院の系譜を引き、現在の韓国国立国楽院の前身でもある植民地期の宮廷音楽伝承機関・李王職雅楽部について、その活動の全体像を明らかにしている。沿革、組織、伝承、教育、演奏などあらゆる角度から膨大な資料を整理し解題した労作である。本書で取り上げた石川義一や五十嵐悌三郎も李王職雅楽部に関わっており、当時の石川や五十嵐が活動した場の詳細がよくわかり参考になる。

ところで、二〇〇〇年以降、日本と朝鮮半島の音楽関係をめぐるテーマで、ノンフィクションやジャーナリスティックなアプローチによる書籍が刊行されている。

ソプラノ歌手として活躍する田月仙《チョン・ウォルソン》の『海峡のアリア』（田月仙二〇〇六）は、在日コリアンとして音楽を学び、朝鮮半島情勢と日本との関係に家族とともに翻弄されながら、声楽家として活躍するまでの自叙伝である。二〇〇六年の「第一三回小学館ノンフィクション大賞」優秀賞を受賞し話題となった。続く『禁じられた歌――朝鮮半島 音楽百年史――』（田月仙二〇〇八）では、韓国、北朝鮮の政治状況や日本との関係のなかで、朝鮮半島にゆかりのある歌が政治的な影響を受けつつ、一方で大衆に歌い継がれてきたかを、自身の立場、経験を通して読み物的に綴っている。

多胡吉郎の『わたしの歌を、あなたに――柳兼子 絶唱の朝鮮――』（多胡二〇〇八）は、本書第二章で述べる声楽家・柳兼子の朝鮮での音楽活動について、臨場感をもって描いたノンフィクション小説である。資料や聞き取り調査による丁寧な裏付けをもとに、読者を独特の物語の世界に引き込む。

喜多由浩の『北朝鮮に消えた歌声――永田絃次郎の生涯――』（喜多二〇一一a）は、戦前・戦中・戦後にかけて日本で活躍した朝鮮人テノール歌手、永田絃次郎（金永吉）の生涯を描いたものである。著者の喜多は産経新聞文化部編集委員である。ここでは永田の日本での音楽活動と戦後北朝鮮に渡って消息が途絶える過程を、ジャーナリスティックなセンスを駆使し追いかけている。また、喜多は二〇一一年四月から七月にかけて『産経新聞』で「歴史に消えた唱歌」と題した一四回の連載を担当した。特に日本と朝鮮に関する内容は、第一〇回「朝鮮に渡った耕作の『幻の歌』」、第一一回「ハングルの唱歌も作られた朝鮮」、第一二回「朝鮮の偉人や名勝も歌われた」である。第一〇回、一二回については、筆者も電話インタビューに応じ資料提供をしている。その後、連載と同名の小冊子にまとめられ発刊されている（喜多二〇一一b）。

田月仙、多胡、喜多の書籍等はいずれも一般書として、日本と韓国・朝鮮の関係を音楽や音楽家からとらえる視点を一般の読者に啓発するものであった。また、個人のライフヒストリーを丹念に追う過程で、日韓の関係史を浮かび上がらせている点では、本書にも大変参考になる。

このような書籍が発刊されること自体、それだけ日韓の音楽の交流、関係への興味・関心が高まっている背景や研究のすそ野の拡がりがあったととらえることができよう。

論文では、一九九〇年代以降、さまざまな角度から実証的な研究によるものが多数発表されている。ここでは本書の内容に関わるものを中心に概観しておきたい。

朴成泰《パク・ソンテ》の論文「大韓帝国における愛国唱歌教育運動と学部の植民地音楽教育政策——小出雷吉による『普通教育唱歌集』の編纂をめぐって——」（朴成泰一九九九）は、旧韓国末期における日本の唱歌教育制度の移入に携わった人物として、小出雷吉を取り上げている。

金希貞《キム・ヒジョン》の「朝鮮おける柳宗悦受容——柳兼子の独唱会をめぐって——」（金希貞二〇〇三）と梶谷崇の「京城の音楽会——『朝鮮民族美術館設立後援 柳兼子音楽会』の諸相——」（梶谷二〇〇四）は、一九二〇年代に朝鮮で行なわれた声楽家・柳兼子による音楽会に焦点を当てた論文である。金希貞は、朝鮮人による自国芸術の近代化と民族的団結という文脈の中で柳兼子の音楽会をとらえ、梶谷は、近代文学研究の立場で、植民地期のメディア生成への影響や女性像の形成という観点からとらえている。この音楽会については、筆者も一九九六年に拙稿「柳宗悦の音楽観（1）――朝鮮渡航音楽会を通して――」（藤井一九九六a）及び「柳夫妻の朝鮮渡航音楽会の諸相――柳宗悦の音楽観（2）――」（藤井一九九六b）で取り上げている。

植村幸生の「植民地期朝鮮における宮廷音楽の調査をめぐって――田辺尚雄『朝鮮雅楽調査』の政治的文脈――」（植村一九九七）、「朝鮮宮廷音楽の楽譜化にみる『近代の体験』」（植村二〇〇三）、李知宣《イ・ジソン》の「李王職雅楽部の五線楽譜に関する研究」（李知宣二〇〇六）は、植民地期に日本の宮内省に編入されていた朝鮮の宮廷音楽機関、李王職雅楽部[8]に関連する論文である。李王職雅楽部における日本人の活動について言及したものでは、拙稿「李王職雅楽部で音楽活動を行なった日本人――石川義一と五十嵐悌三郎――」（藤井二〇〇五b、韓国語）もある。

山内文登は、韓国外国語大学校国際地域大学院に提出した碩士論文「韓国における日本大衆文化受容に関する歴史的考察――旧韓末・日帝強占期の唱歌と流行歌を中心に――」（山内二〇〇〇a、韓国語）や「日本大衆文化受容の社会史――日帝強占期の唱歌と流行歌を中心に――」（山内二〇〇〇b、韓国語）、そして研究報告「日本コロムビア外地録音の朝鮮データの作成について」（山内二〇〇七）などで、植民地期朝鮮の音楽産業、特にレコード産業に焦点を当て、植民地期朝鮮と日本の関係史の構築を試みている。

金志善《キム・ジソン》は、東京芸術大学大学院に提出した修士論文「植民地時代に日本の音楽学校に留学した朝鮮人」（金志善二〇〇六）で音楽留学生の動向を精緻にまとめている。また、「植民地朝鮮と日本の中等音楽教員をめぐる東京音楽学校卒業生の機能と役割――京城師範学校教諭の吉沢実の活動事例を中心に――」（金志善二〇一二）、『植民地朝鮮における唱歌・音楽教育政策とその実態』（金志善二〇一三）では、植民地期の朝鮮で発行されていた教育に関する雑誌の記事や各種学校が発行した人事記録などを丹念に調査し、日本人教師による音楽教育の実態を制度、教材、人的配置などから明らかにしようとしている。

ヘルマン・ゴチェフスキと李京粉《イ・キョンブン》は、フランツ・エッケルトについて、近年未発見の資料を掘り起こし、「〈大韓帝国愛国歌〉に隠されていた韓国民謡の発見——フランツ・エッケルトが編曲した日韓の国歌再考——」（ゴチェフスキ・李京粉二〇一二）を発表するなど、知られざるエッケルトの活動の実態を明らかにしている。ゴチェフスキは科学研究費補助金による「音楽学の国際化における日本と韓国の比較研究」や「近代日韓の洋楽受容史に関する基礎研究——お雇い教師フランツ・エッケルトを中心に」など、日韓音楽教育関係史にも関わる研究を蓄積している。ドイツ生まれの研究者として、日韓両国の関係について等間隔の距離を置いて分析しており、その研究は示唆に富む。

高木東六の歌劇《春香》に関する研究としては、拙稿のほか、成恩暎《ソン・ウニョン》の「終戦直後における在日朝鮮人の文化活動——在日本朝鮮人連盟によるオペラ『春香』の企画を中心に——」（成恩暎二〇一一）がある。歌劇《春香》について、委嘱した在日本朝鮮人連盟に着目し同連盟の会議録や報告書、機関誌等から企画の実態を明らかにしている。同連盟については、筆者がこれまでの歌劇《春香》研究でふみこんで言及してこなかった箇所であり、重要な情報を提供してくれる。

本書では「表象」をキーワードとしているが、「表象」に焦点を絞ると文学や美術の分野で、近年、包括的な視点をもつ研究が相次いで出ていることに、あらためて注目したい。文学では、中根隆行の『〈朝鮮〉表象の文化誌——近代日本と他者をめぐる知の植民地化——』（中根二〇〇四）、南富鎭《ナン・ブジン》の『文学の植民地主義——近代朝鮮の風景と記憶——』（南富鎭二〇〇六）、渡邊一民の『〈他者〉としての朝鮮——文学的考察——』（渡邊二〇〇三）などである。美術では、金惠信《キム・ヘシン》の『韓国近代美術研究——植民地期「朝鮮美術展覧会」にみる異文化支配と文化表象――』(金惠信二〇〇五)、朴美貞《パク・ミジョン》の『帝国支配と朝鮮表象――朝鮮写真絵葉書と帝展入選作にみる植民地イメージの伝播――』(朴美貞二〇一四)などがある。

2　韓国での研究史

続いて韓国で刊行されたおもな書籍をみていきたい。いずれも韓国語で書かれたものである。ここでは書名を日本語訳で表記する。

李宥善《イ・ユソン》の『増補版 韓国洋楽百年史』(李宥善一九八五)は、一九世紀末朝鮮の開化期から一九八〇年代までの約一〇〇年を対象とし、韓国、朝鮮における西洋音楽の受容と展開の流れを、大きくとらえた通史である。西洋音楽を中心とした韓国の音楽史の先駆的な文献である。

魯棟銀《ノ・ドンウン》の『韓国近代音楽史1』(魯棟銀一九九五)は、一八六〇年から一九一〇年までを対象としている。日本が朝鮮王朝末期、旧韓国の音楽基盤形成を歪なものとし、伝統的な音楽風土を蹂躙したと批判的に論じている。本書が対象とする期間の前史として参考となる。

李康淑《イ・ガンスク》他の『私たちの洋楽百年』(李康淑・金春美・閔庚燦二〇〇一)は、旧韓国から現代までの西洋音楽受容過程と、韓国近現代の音楽基盤形成が、通史として整理されている。日本との関係については、唱歌教育における分析が中心である。

オ・ジソンの『韓国近代音楽教育――朝鮮総督府の音楽教育政策を中心に――』は、植民地期朝鮮における日本の音楽教育政策を直接の主題にしている(オ・ジソン二〇〇三)(9)。朝鮮総督府の音楽教育政策を、三次にわたる朝鮮教育令のカリキュラムと唱歌に関する記述から導き出している。また、朝鮮総督府が発行あるいは認可した唱歌教科書の分析も、あわせて行なっている。

閔庚燦の『青少年のための韓国音楽史――洋楽編――』（閔庚燦二〇〇六）は、図版や楽譜、コラムなどが豊富に用いられており親しみやすい。一九世紀以降の韓国における西洋音楽受容過程、植民地期の音楽状況、植民地解放後の音楽基盤の再構築、そして現代の韓国における西洋音楽事情が、通史として整理されている。また北朝鮮や日本との音楽交流の可能性など、現代韓国での新しい展開にもふれた未来志向の韓国音楽史である。日本との関係については、唱歌教育が中心で、植民地期に発行されていた教科書やおもな唱歌の分析がなされている。

四　主要文献の解題――『京城日報』と『毎日申報』――

本書では、資料として各時期に発行された新聞、雑誌の音楽関連記事に注目した。当時の現地新聞、雑誌の音楽関連記事は、植民地期朝鮮における日本人の活動を知ることのできる数少ない情報源である。また、日本の音楽雑誌記事にみられる朝鮮関連の記事は、日本人の朝鮮表象や朝鮮に対する働きかけを把握する上で参考になる。

なかでも、植民地期朝鮮で発行されていた『京城日報』（日本語）と『毎日申報』（朝鮮語）を重要な資料と位置づけている。両紙は朝鮮総督府の機関新聞としての性格をもち、朝鮮総督府の植民地統治方針を代弁するメディアでもあった。『京城日報』と『毎日申報』の音楽関連記事は、朝鮮総督府が植民地統治において、音楽をどのようにとらえ、植民地統治政策として組み込んでいったのかを導き出す上で、有益な情報となる。対象とする読者は、時期により異なるが、基本的に『京城日報』は在朝日本人と朝鮮人、『毎日申報』は朝鮮人と考えてよい。記事の大半は日本人の視点から書かれたものである。植民地期朝鮮において、日本人が朝鮮と音楽をどのように結びつけ、とらえていたかを複眼的にみることが可能である。また、両紙とも報道だけでなく音楽事業も手がけていた。自ら音楽事業を行ない、報道する自己完結的なシステムを持っていた点で、事業と報道という二方向から、両紙の音楽に対する姿勢をみることもできる。

『京城日報』は、一九〇六年の創刊から一九四五年一〇月まで、四〇年間にわたり発行された日本語新聞である。同紙は一九〇六年九月一日に、当時韓国統監であった伊藤博文が主唱、命名して創刊された[10]。その性格は、朝鮮総督府の「機関新聞」「広報紙」「機関紙」「御用新聞」などと言われる。李錬《イ・ヨン》は、『京城日報』を「日本人または朝鮮における日本居留民のための、或いは朝鮮人に対する日本語の普及及び日本の植民地政策の宣伝のため作られたもの」（李錬二〇〇二、二二四頁）とし、「朝鮮における中央紙であると同時に総督府の広報紙の役割をも担っていた。総督の施政方針を朝鮮の各地方官公署まで浸透させるべく使命を持たされていたのである」（李錬二〇〇六、一〇一頁）と、その性格と役割をまとめている。また、香内三郎は「朝鮮総督府の準官報的な役割を果たした」としている（香内一九九六、一〇四頁）。森山茂徳によれば、『京城日報』は創刊以来、経営上でも韓国統監府、朝鮮総督府に大きく依存していたため、基本的に言論においても独立性は極めて希薄であった[11]（森山一九九三、五一六頁）。

一九二〇年以降、「文化政治」期には『東亜日報』『時事新聞』『朝鮮日報』といった朝鮮人による朝鮮語の民間紙が相次いで創刊された。一九二〇年代、三〇年代にかけて『京城日報』と『毎日申報』は、朝鮮人の民間紙との競合を余儀なくされたが、朝鮮総督府の支援を受けた機関新聞、さらには朝鮮における中央紙として、その独占的な地位は保証されていた[12]。

一九三〇年代は、朝鮮総督府の総動員体制と皇民化政策を強力に推進する宣伝媒体として機能した。朝鮮総督府の言論統制は一層厳しくなり、一九四〇年には『東亜日報』『朝鮮日報』が廃刊させられると、『京城日報』は朝鮮の言論界で独占的な立場を獲得した。一九四五年八月一五日の植民地解放以降も、当分の間、日本人の手で発行が続けられ、同年一〇月末に終刊となった。

ところで、以下各章でふれるように、『京城日報』はその時々に音楽関連記事を取り上げ、並々ならぬ音楽への関心を示していた。『京城日報』で音楽関連記事が急増するのは「文化政治」期である。『京城日報』は新聞報道だけでなく、「文化政治」を推進するために各種の文化事業も手がけていた。第四章で言及するように、音楽はその中心的な事業であった。「文化政治」期の朝鮮において、『京城日報』は朝鮮総督府の統治方針の代弁者だけなく、その理念を具体化し実践する事業主体でもあったのである。

続いて『毎日申報』の概要を簡単にみておきたい。一九一〇年の韓国併合の際、朝鮮総督府は朝鮮語新聞『大韓毎日申報』を買収し、『毎日申報』と改め自らの機関新聞とした。『大韓毎日申報』は一九〇四年にイギリス人ベセルらが創刊し、当時の旧韓国で最大の発行部数があった。日本の保護政治を厳しく批判し、これに対し韓国統監府は度々弾圧を加え、最終的には買収した。これで、『京城日報』と『毎日申報』は、朝鮮総督府の機関新聞として姉妹紙の関係となった。一九三八年四月に『京城日報』から独立し、『毎日新報』となった後、一九四五年の植民地解放により終刊となった。

『毎日申報』の音楽関連記事は、基本的に朝鮮人読者を対象としたものであり、朝鮮の音楽や朝鮮人の音楽活動に関する話題が多い。また、朝鮮人の教化を意図する日本人の論説も掲載された。日本人音楽家の活動では、朝鮮人にアピールして効果的なものが取捨選択され、掲載されていたようである。そして、『京城日報』の記事が重複して掲載されることもあった。『京城日報』が主体的に関わった音楽関連事業や話題については、朝鮮人に対しての報道が有益だと判断されたもののみ、『京城日報』の記事と重複しているように見受けられる。

ところで、韓国ではすでに『毎日申報』の音楽関連記事を網羅し、一覧化する研究及び作業が行なわれている。一九三〇年から一九四五年までの『毎日申報』の音楽関連記事は、網羅、抽出され、全文が二冊の書籍にまとめられた。『音・樂・學・5《매일신보》음악기사――1941〜1945――』（音楽学5《毎日申報》音楽記事――1941〜1945――）（音楽学研究会編一九九八）、『音・樂・學・6《매일신보》음악기사――1930〜1940――』（音楽学6《毎日申報》音楽記事――1930〜1940――）（韓国音楽学学会編一九九九）である。これらは資料として活用のしやすさにも配慮されている。

また、孫泰龍《ソン・テリョン》は、『毎日申報』が発刊された一九一〇年八月三〇日から、終刊となった一九四五年八月一五日までの音楽関連記事を対象に、題目、事項、関連人名を網羅、抽出し、『毎日申報音楽記事総索引』にまとめている（孫泰龍二〇〇二）。ハングル順による事項、人名索引と年月日順による題目索引に分けられ、こちらも利便性は高い。

一方、日本語で書かれ、対象とする読者を在朝日本人、朝鮮人としていた『京城日報』については、音楽関連記事の網羅された資料がない。『京城日報』の音楽関連記事を資料として用いた研究自体が、これまで日韓両国できわめて限られていた。筆者はこれまでも『京城日報』の音楽関連記事に注目し、拙稿や学会発表で積極的に紹介してきた[13]。また、二〇〇七年度から二年間、日本学術振興会科学研究費補助金の交付を受け、「朝鮮総督府の音楽政策に関する研究――一九一九年〜二五年の『京城日報』の分析を中心に――」（基盤研究C 課題番号：一九五二〇五七三、研究代表者：藤井浩基、研究分担者：安田寛・山内文登）という題目で、『京城日報』の音楽関連記事の一部を抽出し解題を行った。

最近では、山本華子と李知宣が『京城日報』の記事を通して、一九一〇年代の朝鮮における日本の伝統音楽事情に関する論文を相次いで発表している（山本・李知宣二〇一三、山本・李知宣二〇一四）。朝鮮在住の日本人がどのように伝統音楽に接していたかを、能楽、浄瑠璃、尺八など各種目に分けて、抽出した記事から明らかにしている。また、金志善は二〇一三年度から三年間、科学研究費補助金助成事業として「植民地朝鮮における邦楽の実態研究」を手がけ、『京城日報』が発行された一九〇六年から一九四五年までの邦楽に関する記事や広告を網羅的に抽出する作業を行っている。

以上、先行研究を概観すると、次のような傾向を見出すことができる。

第一に、音楽及び音楽教育の視点から韓国・朝鮮と日本の関係に言及した研究は、日韓両国とも一九八〇年代以降に公刊、発表されたものがほとんどであり、比較的新しい研究主題であることがわかる。一般読者向けの啓発書が比較的多く、学術書は限られている。

第二に、日韓両国の研究とも唱歌教育に焦点を当てたものが多い。たしかに、西洋音楽の受容、近代的な音楽教育基盤の形成、日本の植民地音楽教育政策などを考察する切り口として、唱歌教育の問題が浮かび上がってくることは自然である。唱歌教育は、植民地期朝鮮の学校教育制度に組み込まれており、カリキュラム、個々の唱歌自体、可視的なものである。その分析によって一定の傾向を導き出せよう。

第三に、被支配側の音楽的な営みとして、韓国・朝鮮人の音楽活動に焦点が当てられる場合が多い。支配側の音楽的な営みとして、日本人がどのように韓国・朝鮮に関与したかについての検討と記述は、全体的に多くはない。作詞者、作曲者名が列記されることはあっても、日本人個人が取り上げられ、その活動が詳しく論じられている例は限られている。通史的な研究の多い韓国の研究では、日本人の個人に焦点を当てた記述はさらに少ない。

以上のように、二〇〇〇年以降、研究が非常に多角的となり、すそ野が広がっていることがわかる。安田寛は『音楽教育学の未来――日本音楽教育学会設立40周年記念論文集――』で「音楽教育史の新たな地平をめざして」と題し、音楽教育史研究の一〇年間の動向を執筆した。そこで植民地教育史研究について「ここ一〇年間で盛んになり大いに成果を上げげた植民地に関する研究ではあるが、特に韓国に関して重複が目立ち相互の研究への目配りもやや不十分なところもあるので、ここら辺りで一端整理総括し、そこから見えてくる今後の展開に期待したい」と述べている（日本音楽教育学会編二〇〇九、一二一頁）。本書でも安田の指摘に留意したい。

五　研究の視点

以上の先行研究をふまえた上で、本書では、次の四点を考察の基軸に据える。

第一に、おもに支配側である日本側からの働きかけに重点を置く。すでに先行研究の傾向として、日本人の音楽的な営みの記述が少ないことを指摘した。そこで本書では、特に音楽をめぐって日本人がどのような朝鮮表象を形成したか、というプロセスを重視した。そのプロセスを経て、植民地統治における音楽文化政策、音楽教育政策、そして個々の実践や活動が展開される。本書では各章において言及を試みる。

第二に、本書では基本的な考察の主軸に「西洋音楽」を置く。筆者は、日本と朝鮮における近代音楽形成の一端が、西洋音楽を介した両者の双方向的な交流によってなされたものとみている。もっとも、植民地期朝鮮では、日本人邦楽関係者も多数活動していた。本来、西洋音楽と同様に日本音楽の視点からの検討も必要である。ただ、紙幅の都合もあり、ここでは西洋音楽に焦点化して論じる。なお、日本人の朝鮮の音楽に対する表象や対応には、視野を拡げておきたい。音楽をめぐる日本人の朝鮮表象において、朝鮮の伝統音楽の表象に関する言説が多数交わされたにもかかわらず、結果的には西洋音楽偏向になったことも重要な事実だからである。

第三に、本書で言及する音楽教育の概念についてである。植民地統治における音楽の実践には、唱歌教育のように学校教育制度のなかで、可視的かつ制度的に行なわれたものがある。植民地期朝鮮での唱歌教育に関する研究は、すでに一定の成果が蓄積されている。しかし、専門家教育や民間の音楽教育には、あまり関心が払われてこなかった。筆者は、不可視的かつ非制度的な音楽教育の実態解明が、植民地期朝鮮における音楽教育の全体像を把握するために、不可欠であると考えている。

第四に、旧韓国、植民地期朝鮮、解放後の朝鮮及び現代韓国と日本の関係において、音楽を通して関わった人物を中心に詳しくみていきたい。先行研究では、制度や作品の分析が中心で、人物誌の検討は十分に行われてこなかった傾向がある。本書では、個人による音楽的営為を重視し検討する。

注

(1) テレビ朝日系列「徹子の部屋」二〇〇一年一二月六日放映。
(2) 李元淑（一九九四、一一一頁）。
(3)『日本海新聞』一九九八年五月八日。
(4) 二〇〇三年一一月三日、韓国芸術総合学校音楽院・関庚燦教授研究室でインタビューを行った。
(5)「キロギ・アッパ」は、「(渡り鳥の) 雁の父親」という意味で、子どもの海外留学に母親が同行し、父親のみが韓国に残ってひとり寂しく働き、学費や生活費を仕送りするという家族のあり方をたとえた韓国の流行語である。過熱する受験競争や早期の海外留学志向のなかで、家族の離散状態と韓国に残る父親の孤独死や自殺が社会問題となり、二〇〇二年頃から一般に使われるようになった。

(6) 一九六〇年当時は、一九五五年に開学した桐朋学園短期大学であった。一九六一年四月に桐朋学園大学が開学し、音楽学部が設置される。なお、韓国学生文化使節団音楽班の訪問視察については、現在のところ、記録が確認できていない。

(7) 全日空社史編集委員会(編)(一九七二、三八頁)。

(8) 李王職雅楽部は、朝鮮王朝が一五世紀に、「典楽署」や「雅楽署」などに分かれていた国の音楽機関を再編、統合した「掌楽院」を前身とする。一九一〇年の韓国併合により、日本の宮内省管轄下の李王職に置かれ、「李王職雅楽隊」となり、一九二五年「李王職雅楽部」と改称した。宮廷音楽の保存、継承と、国の祭祀や公式の宴における演奏などを行なった。李王職雅楽部については、山本華子(二〇一一)が詳しい。

(9) オ・ジソンの著書は韓国語による文献であり、著者名もハングル表記の情報のみであったため、漢字での表記ができなかった。

(10) 創刊当初は、保護国としての韓国統治に批判的な韓国人や欧米人の言論に対し、保護政治の正当性を主張し、言論をもって対抗することをおもな目的としていた。最初は日本語版と韓国語版で発行されたが、半年余りで日本語版のみとなった。一九〇七年二月からは同じ目的から英字紙 *The Seoul Press* が発行された。

(11) ただ、このことに関連し、朝鮮総督府と『京城日報』の歴代社長との植民地統治方針の齟齬があったという指摘にも留意しておきたい。「朝鮮総督府と『京日』(『京城日報』の略)との関係は、副島の時代までは、総督府から独立することを志向する社長が続いた。徳富蘇峰も、秋月左都夫も、そして副島道正もそうであった。しかし、総督府はそのような『京日』を許容することはなかった。独立を志向する社長は、何れも中途で挫折して退社した。」(森山一九九三、二七頁)。

(12) 李錬は『京城日報』の発行部数が一九二五年頃には三分の一から四分の一程度まで激減したデータを示している。そのため、朝鮮総督府は『東亜日報』や『朝鮮日報』を停刊させるなどの言論弾圧をしたという(李錬二〇〇二、二〇〇六―二〇〇七頁)。

(13) たとえば一九九七年一〇月に開催された日本音楽教育学会全国大会(北海道教育大学札幌校)で口頭発表した

「『京城日報』にみるフランツ・エッケルト像——お雇い外国人教師の最晩年——」など。

第一章　エッケルトを通してみる旧韓国・植民地期朝鮮と日本

本章では、本論の前史として、一九世紀後半から一九一〇年の韓国併合に至る、朝鮮王朝末期、旧韓国における西洋音楽の受容について概略を把握する。その上で、日本人が旧韓国・植民地期朝鮮（以下、朝鮮）の音楽的状況をどのように知り及び、音楽をめぐる表象を形成していったかをさぐる。その糸口として、日本と旧韓国・朝鮮の両方で音楽活動を行ない、最後は京城で生涯を閉じたドイツ人音楽家エッケルトを取り上げる。一九〇〇年代から一九一〇年代半ばまで、旧韓国・朝鮮で活躍したエッケルトは、日本人が同地の音楽的状況を知る上で、限られた情報の窓口であった。ここでは特に、エッケルトの晩年と死をめぐる『京城日報』の報道を検証する。

一　朝鮮王朝末期、旧韓国における西洋音楽の受容

まず、朝鮮王朝末期[1]、旧韓国における音楽的状況について、西洋音楽の受容という観点から整理しておきたい。

江戸時代末期の日本が欧米諸国から開国を迫られていた頃、一四世紀末から約五〇〇年続いていた朝鮮王朝も、

同様な状況にあった。朝鮮王朝は、欧米列強の開国要求を頑なに拒否し、一八六四年には鎖国政策をとった。一八六六年のフランス艦隊の江華島攻撃（丙寅洋擾《へいいんようじょう》）、一八七一年のアメリカ艦隊の江華島攻撃（辛未洋擾《しんみようじょう》）をかろうじてしのいだが、王朝内では、鎖国派と開国派に分かれて内紛が起こった。そこに、明治維新後の日本が開国を迫った。一八七六年、朝鮮王朝は日朝修好条規を締結し、やむなく開国にふみきった。

その後も朝鮮王朝は、欧米諸国との接触や近代的な西洋文化の導入には、閉鎖的であった。西洋音楽の導入も、それに応じて遅れた。西洋音楽が積極的に導入され始めたのは一八八〇年代、いわゆる開化期になってからである。[2] 一八八〇年代に入ると、朝鮮王朝は欧米諸国の圧力に耐え切れず、一八八二年にアメリカと朝米修好通商条約を結ぶと、相次いでヨーロッパ各国と修好通商条約を結んだ。この頃から、朝鮮には西洋の文化が一気に入ってきた。なかでも、朝鮮社会に大きな影響を及ぼしたのは、アメリカのプロテスタント系キリスト教であった。キリスト教は、それまでの秩序が崩れた朝鮮の社会で、新しい精神の拠りどころとなり、急速に広まった。多くの宣教師が訪れ、近代的な教育システムとしてのミッションスクールや、西洋の近代的な医療事業を通じて、活発な伝道活動を行なった。この伝道活動で、普及したのが賛美歌であった。朝鮮人は、教会における賛美歌を通じて、西洋音楽と接触することになった。次第に西洋音楽は、朝鮮に根を下ろしていった。

そして、ミッションスクールでも音楽教育が始められた。当時のミッションスクールのうち、アンダーウッド（Horace G. Underwood, 一八五九—一九一六）[3] の設立した救世学堂（後の儆新学校、さらに現在の延世大学校）とアッペンゼラー（Henry G. Appenzeller, 一八五八—一九〇二）[4] の培材学堂は有名である。また、平壌の崇実学校は、特に音楽教育が盛んで、二〇世紀の朝鮮、韓国をリードしていく優秀な音楽家を輩出した。[5]

ミッションスクールでは、「唱歌《チャンガ》」という科目名で、おもに賛美歌が教えられた。また、一八八〇年代後半にはリード・オルガンも導入され、器楽の指導も行なわれた。その後、賛美歌は次第に民族主義的な性格をもつようになり、圧力を強める日本への抵抗歌へと変わっていった。この頃の唱歌《チャンガ》とは、賛美歌、西洋や韓国の民謡の旋律をそのまま用いて、新たな歌詞をつけたものである。有名なところでは、《愛国歌》（英国国歌、もとは賛美歌）、《鳥よ鳥よ》（朝鮮民謡）などがある。一九〇五年に日本の韓国統監府が設置されると、ミッションスクールでの音楽教育は禁止され、学校の外で「抗日愛国唱歌」として歌われるようになった。

朝鮮王朝は、一八九七年一〇月に自主独立の国家であることを内外に示すため、高宗《コジョン》国王が皇帝に即位し、大韓帝国と国号を改めた。一九〇四年には第一次日韓協約が結ばれ、日本による顧問政治が始まった。一九〇五年には第二次日韓協約により、韓国統監府が設置され、旧韓国は日本の保護国とされた。さらに、一九〇七年には第三次日韓協約が結ばれ、旧韓国政府の存在は有名無実のものとなった。日本が、旧韓国の音楽教育に関与してくるのは、ちょうどこの頃である。一九〇六年には、普通学校令、師範学校令が実施され、教育権は完全に日本に掌握された。この頃から韓国人を対象とした普通学校で音楽教育が行なわれるようになった。教科名は「唱《しょう》歌《か》」である。ここでは日本人が作った日本語の唱歌を教材に指導が行なわれた。日本式の唱歌教育の基盤は、一九〇七年に官立漢城師範学校の音楽教員として、小出雷吉が着任してから整えられた(6)。

フランツ・エッケルト（Franz Eckert, 一八五二—一九一六）が旧韓国に渡ったのは一九〇一年である。旧韓国・朝鮮に対する日本の音楽的な関与が、まだ本格化していない時期であった。賛美歌の普及を通じ、民衆レベルで西洋音楽が浸透しつつあった朝鮮王朝末期、旧韓国において、エッケルトに期待されたのは、宮廷軍楽隊の指導という国レベルでの本格的な西洋音楽の導入であった。

二　日本でのエッケルト

旧韓国での活動について言及する前に、日本でのエッケルトの活動についてみておきたい。エッケルトは、お雇い外国人教師として一八七九年の来日から二〇年にわたり日本で在勤した。海軍軍楽隊ではフェントン（John William Fenton, 一八三一—一八九〇）の後任として、音楽取調掛ではメーソン（Luther Whiting Mason, 一八一八—一八九六）の後任として敏腕を揮った。日本の近代音楽の揺籃期に大きな功績を残した、とエッケルトに対する後世の評価は高い。

エッケルトの日本での活動は、実に多彩であった。(7) 一八七九年に海軍軍楽隊の招聘で来日し、一八八三年からは音楽取調掛にも出講した。その間、《君が代》の選定委員となり、さらに《君が代》に和声をつけ、吹奏楽用の編曲に携わった。また、葬送行進曲《哀之極》を作曲した。一八九五年には、日本で最初のオペラ試演となったグノーの歌劇《ファウスト》で、指揮を担当した。エッケルトは、日本がドイツから招聘した最初の音楽家といわれる。野村光一は、「ドイツの正統な音楽の一端を初めてわが国に紹介したことは消し難い功績である」とし、エッケルトの功績のひとつに、日本へのドイツ音楽の紹介を挙げている（野村一九七一、一六〇頁）。また、エッケルトは、日本の音楽にも興味を持ち、寸暇を惜しんで日本の音楽の採譜や研究にも勤しんでいた（大森一九八六、四四頁）。このように、エッケルトにまつわるエピソードは尽きない。

エッケルトは、複数の職を兼ねていたため、多忙であった。それだけ、エッケルトの指導者としての人気は高かった。大森盛太郎は「温厚篤実なドイツ紳士」「素晴らしい教師としての人望があったことはいうまでもない」（大森一九八六、四四頁）と記している。

ここで、日本でのエッケルトに関する先行研究にふれておきたい。通史として、何節かがエッケルトに割かれたものには、三浦俊三郎の『本邦洋楽変遷史』（三浦一九三一）、遠藤宏『明治音楽史考』（遠藤一九四八）がある。エッケルト個人についての研究は、大月玄之の論文「お雇い外国人 フランツ・エッケルト」（大月一九八九）、中村理平の著書『洋楽導入者の軌跡——日本近代洋楽史序説——』（中村一九九三）がある。大月は、音楽取調掛での教授活動を中心に論じ、日本の音楽教育史に位置づけようとした。中村は、西洋音楽導入に重要な役割をはたした外国人について詳細に調査し、そのうち一章をエッケルトに割いている。特に離日後のエッケルトについても、エッケルトの遺族にインタビューをするなど、丹念に調査している。ただ、旧韓国赴任後のエッケルトと日本の関係や、日本人がエッケルトをどのように評価していたかについては、やや記述が少ない。本章では、中村の著書では考察の対象となっていない『京城日報』のエッケルトへの評価をみていく。それによって、これまでのエッケルト研究において死角となっていた部分を補完したい。

なお、二〇一四年度より、ヘルマン・ゴチェフスキを研究代表者とする科学研究費助成事業基盤研究（B）「近代日韓の洋楽受容史に関する基礎研究——お雇い教師フランツ・エッケルトを中心に——」が実施されている。(8) 筆者も研究分担者として参画している。目下、研究代表者自身によるグローバルな規模での一次資料の発掘により、エッケルトはもとより、エッケルトを取り巻く音楽環境や人的関係等の新知見が多数蓄積されつつある。二〇一六年には、その成果公開の一環として、東京大学駒場博物館でエッケルトに関する企画展「近代アジアの音楽指導者エッケルト——プロイセンの山奥から東京・ソウルへ——」が開催された。ここでは、これまで知られていなかったエッケルトの新たな人物像が明らかになった。

三 旧韓国赴任後のエッケルトと日本

1 エッケルトの旧韓国赴任

エッケルトは、日本での在勤を終え、一八九九年にドイツに帰国した。そして一九〇一年二月に、旧韓国政府の招聘でソウルへ赴任した。エッケルトの任務は、宮廷軍楽隊の養成であった。着任と同時に指導を始め、同年九月には、高宗皇帝の誕生祝賀会で、宮廷に招待された内外の貴賓を前に、華々しいデビューを飾っている（中村一九九三、三三〇―三三一頁）。

ところで、エッケルトの旧韓国赴任を、日本の音楽関係者はどのように知りえたのであろうか。管見の限りでは、エッケルトの詳しい動静を活字で伝えた最初の例は、一九〇八年一〇月の『音楽界』と思われる。「韓国の洋楽」と題した記事を、藤野奏風という人物が寄稿している。藤野は、ソウルのパゴダ公園で行なわれたエッケルト指揮による演奏について、次のように記している(9)。

記者は去る十日午後五時入園し見たるが楽員は韓人五十名の吹奏隊にして楽長独逸人エツケルト氏指揮杖を執れり、氏は曽て日本の海軍軍楽隊の教師なりしが解傭の後韓国に聘せられ今尚楽長たり、年齢六十歳以上ならん、寄る年波に鬢毛白く腰は稍屈みたれど元気頗る旺盛にして二十年前我か海軍に在りしときの面影は尚存せり、奏楽曲目は歌劇の抜萃曲にして長短緩急の妙趣洋人ならで斯く指揮し得べしとは思はれず、演奏数番の後指揮を楽長に譲りて氏は立去れり、是より代理の楽長の指揮にて方舞曲数番を演し最後に韓国の国歌を奏せり、概して演奏は記者の耳には上等の出来と聞へたり、尤も毎曲とも冒頭の発声に多少の耳障りあり、又流麗速転の技巧に物足らぬ心地せられ盤上球を転すとも云ふ可き連声は日本人ならモツトすべらかしを上手にやるかと思はれたり、是等は韓人の不器用なる点ならんも拍子の一致は極めて正確に保たれ気味よきタクトは維がれたり、韓人楽隊萬歳と云ふべし。

（藤野一九〇八、一六頁）

「韓人楽隊」とは、ここでは帝室音楽隊を意味する。一九〇七年七月の第三次日韓協約により、旧韓国軍隊は解散を強いられた。これにより同年九月に宮廷軍楽隊は「帝室音楽隊」へと改称された。続いて同年一二月には一部の軍楽隊員のみ掌礼院掌楽課に吸収され、縮小を余儀なくされた（ゴチェフスキ他二〇一六、一六頁）。ここで藤野は、帝室音楽隊の演奏の様子とエッケルトの健在ぶりを伝えている。演奏については、多少の難点を指摘しつつも、好意的に評価している。しかし、藤野は帝室音楽隊の今後を、次のように予想した。

或人の説に韓国にては何一つ日本に優るもの無きも唯一の楽隊のみは日本に優れりと、記者は斯く思はず、若し日本に優れりとせばソハ洋人が楽長にして洋楽を指揮する間のみ、若しもエツケルト氏解傭せられて韓人之に代はれりとせば必す駄目ならんと推想す。

（藤野一九〇八、一六頁）

藤野は、ある人の説として、日本よりも韓国が優れている唯一のものが帝室音楽隊であると述べた。それは、藤野の取材以前に、日本では帝室音楽隊への高い評価が語られていたことを示唆している。しかし、藤野は帝室音楽隊への評価を、エッケルトが西洋音楽を指揮する間のみと限定し、エッケルトの指導力に理由を一元化している。藤野は、さらにこの記事の最後でも「要するに韓人楽隊は兎に角エツケルト氏の下に在る間は音楽として聴くべき価値は充分に有り」と述べている（藤野一九〇八、一七頁）。

ここで読み取れるのは、第一に、エッケルトに対する評価が依然として高いということである。旧韓国に渡ったことへの是非については、特に何も述べられていない。第二に、技巧的な面では、日本人に比べ韓国人が劣っていると見なしていることである。玉を転がすような技巧的な箇所では、韓国人よりも日本人がうまく、韓国人はその点で無器用であるという。第三に、西洋人崇拝の強いことがうかがえる。西洋音楽は西洋人が演奏することによりその真価が発揮されるものととらえ、日本人及び韓国人の演奏が、西洋人に及ばないと考えている。韓国人の演奏に対して高い評価をしておきながら、それは西洋人が楽長在任中に限られ、いずれ駄目になるであろうという。エッケルトに対する崇拝、ひいては西洋人崇拝が根強かったことを示している。これも日本人による一種の表象である。

藤野の記事で興味深いのは、帝室音楽隊と日本の朝鮮駐劄軍楽隊を比較している点である。朝鮮駐劄軍楽隊の演奏については、次のように評している。

> 記者は或る日曜に奏楽を聴かんと該処に節を曳きなるが楽隊は半隊にて楽長工藤氏は出場せず、曲目は五番にして越後獅子とか軍用鞄とか何れも卑近のものなりき、顧みて聴衆を一瞥すれば韓人六分日本人四分の割合にて日本人には紳士らしきもの一人も見へず、按するに日本の紳士なるもの音楽と云ふものを蔑視し楽隊を聴く愚物なしと云ふ如き態度の人多ければ鼻下に八字髭を有する手合は斯かる場所に停立せざるものと見ゆ尤も奏楽曲目も野卑にして堂々たる紳士をチヤームする程の力も無く……。（藤野一九〇八、一五頁）

朝鮮駐劄軍楽隊は一九〇六年に創設され、朝鮮に駐留した。その初代楽長となったのが、陸軍戸山学校軍楽隊の初代隊長を務めた工藤貞次（一八六〇—一九二七）であった。工藤は一八八二年に軍楽隊最初の留学生として、パリに学んだこともある軍楽界の重鎮であった。工藤はエッケルトとも親交があった。《哀之極》の作曲の際は「エッケルトと工藤軍楽長とは協力して夜に日を継いで作曲を急いだ」という逸話もある（三浦一九三一、二八九頁）。

藤野の記事は、双方の楽長であるエッケルトと工藤の比較にもつながる。藤野は、楽長の工藤が指揮をしなかったことや半隊であったことにがっかりしたようであった。帝室音楽隊が、エッケルトの指揮で「長短緩急の妙趣」ある演奏をしたのと対照的である。レパートリーも、藤野にとっては魅力に欠けていた。《越後獅子》は、長唄《越後獅子》（九代目杵屋六左衛門作曲、一八一一年）によるもので、その旋律はプッチーニが歌劇《蝶々夫人》で用いたことでも知られる。徳丸吉彦は「この長唄『越後獅子』の旋律は、西洋楽器でもよく演奏された。例えば、戦前の日本の軍楽隊もこの旋律をよく使用し、連合艦隊司令長官時代の山本五十六（新潟県出身）の食事の際にはこの曲が演奏されたという」と述べ、この曲が、日本の軍楽隊の定番となっていたことを指摘している（徳丸二〇〇七、一一八頁）。日本の軍楽隊は朝鮮でも《越後獅子》を演奏していたのである。藤野は、このような日本の旋律に基づく曲や軍歌を「卑近なもの」と評し、エッケルトの指揮で歌劇の抜粋を演奏した帝室音楽隊と比較した。すなわち、藤野が朝鮮駐劄軍楽隊に期待したのは、西洋音楽だったのである。

さらに、藤野の記事で興味深いのは、聴衆に対する視点を持ち合わせていたことである。藤野は、朝鮮駐劄軍楽隊、帝室音楽隊それぞれの演奏に集まった聴衆にも、目を向けている。朝鮮駐劄軍楽隊の聴衆は韓国人六割、日本人四割であった。日本人の紳士は音楽を蔑視し、日本の軍楽隊にもかかわらず演奏を聴く気がないとし、日本人聴衆の態度に失望を隠さなかった。一方、帝室音楽隊の聴衆については、次のように描写している。

序に云ふ当日の聴衆は韓人七分欧米人二分日本人一分の割合なるが京城には欧米人の数に三十倍なる日本人が居住しながら斯く聴者の少きは如何なる理由なるか、蓋し日本人の音楽趣味低くしてワザ〱聴きに来る程の熱心家に乏しき故ならん。

（藤野一九〇八、一六―一七頁）

ここでは、韓国人の聴衆が七割、欧米人が二割、日本人が一割である。日本人の聴衆は朝鮮駐剳軍楽隊の演奏時よりも、さらにその割合が少ない。この状況を見て、藤野は、音楽に対する韓国人の関心の高さに比べ、日本人の関心の低さを痛感したのであった。

2 朝鮮の音楽的状況を伝えたエッケルト

一九一〇年、エッケルトは日本に来たようである。同年七月二五日の『東京日日新聞』は、「韓国に於ける音楽教師なるエツケルト氏は東京の令息を訪ふ為め来月初旬来朝すべし同氏は日本の泰西音楽は輸入したる我音楽界の大恩人なり」と報じている（日本近代洋楽史研究会一九九五、五二三頁）。エッケルトは、朝鮮の音楽的状況について、日本に情報をもたらしていた。翌一九一一年一月の『音楽界』に、東京高等師範学校教諭で、音楽教育界の中心的人物のひとりであった田村虎蔵が「韓国併合と音楽教育問題」と題した論考を発表した。[10] 田村は、朝鮮人と音楽、そしてエッケルトについて次のように述べている。

由来朝鮮国民は、其頭脳は数理に適せずと伝ふるも、技芸殊に音楽に勘能なる国民なりとは、吾人縷々之を耳にせる所なり。一例を挙げて之を証せば、我国西洋音楽の開拓に功労ありしエツケルト氏は、最早十数年来朝鮮宮廷音楽の指揮者《コンダクトル》として雇聘せられたるが其宮廷音楽の如き、楽士は勿論朝鮮人にして、其技術は我日本国に於てすら、容易に之を見ることを得ずと賞揚せらるゝ程なり。（田村一九一一、一三頁）

このころ、帝室音楽隊は、一九一〇年八月の韓国併合によって、日本の宮内省の管理下で李王家の家務を司る「李王職」に移管され、規模も縮小して、「李王職洋楽隊」と改められた。田村は、朝鮮人が「技芸殊に音楽に勘能なる国民」だと、日本で一般に言われていることを示している。その例として、エッケルトが、朝鮮人の演奏技術を日本の水準と比較して、高く評価していることを挙げている。すなわち、田村は、朝鮮人が音楽に優れているということを、エッケルトの言説を通して認識していたのである。

ただ、田村は「之を要するに、朝鮮国民の指導開発其人心統一と同化問題に就いては、我が音楽教育問題と、実に重大なる関係あることを忘却すべきにあらず」と続けた（田村一九一一、一三頁）。「音楽に勘能なる」ことを音楽教育に結びつけ、朝鮮人を同化させる手段として、音楽が植民地統治に資すると主張したのである。

四　エッケルトの最晩年と死——『京城日報』の記事より——

1　エッケルトの重体と死去を伝えた二つの記事

藤野奏風や田村虎蔵によって、エッケルトの活躍は日本でも紹介されていた。しかし、帝室音楽隊から李王職洋楽隊への再編、縮小など、実際のエッケルトを取り巻く環境は悪化していた。一九一四年には第一次世界大戦の勃発で、ドイツ人エッケルトは日本の敵性外国人となる。エッケルトは一九一六年に李王職洋楽隊の指導者の座を退いている。その経緯について、中村理平は病気を理由とした引退としているが（中村一九九三、三三七頁）、『京城日報』は後述するように、第一次世界大戦による敵性外国人を理由にした解任としている。(11)

エッケルトは一九一六年八月六日に京城の自宅で息を引き取った。死を前後して、エッケルトについて詳細な論評を行なったのは、『京城日報』であった。それだけ『京城日報』、そして朝鮮総督府がエッケルトの動静に注目していたといえよう。

死の翌日、八月七日の『京城日報』夕刊に、「『君が代』の作曲者 フランツ、エツケルト氏京城に病む」という見出しの記事が掲載された。これは亡くなる直前に書かれていたものである。エッケルトが亡くなったのは、八月六日の二一時頃とされており、翌日の夕刊には間に合わなかったのであろう。八月七日夕刊で重体を、翌八月八日の夕刊で死去を伝えた。八月八日の記事の見出しは、「『君が代』作曲者逝く 愛する日本の勲三等旭日章を佩びて」であった。

これらの連続した記事は、これまでふれられることのなかった、エッケルトに対する日本側の認識と評価を示すものである。七日の記事は、工藤忠輔という弁護士の談に基づいた内容である。(12) 八日の記事には執筆者名は付記されていない。

八月七日の記事では、エッケルトの晩年が「淋しい余生を送りつゝある」不遇なものであるとし、その上で「エツケルト氏は昨今宿《しゅく》痾《あ》革《あらたま》つて旭町黄鳥谷《あさひまちうぐいすだに》の自邸に余程重態に陥つて居る」と伝えた。「淋しい余生」をもたらしたものは、八月七日、八日の二記事を通じて「戦乱」とされ、第一次世界大戦が背景とされている。記事の話題は、エッケルト家のプライベートにまで及ぶ。「家にはマチルダ、エツケルト夫人が熱心に看病に尽くしつゝあるが子息は神戸に一人あつて、今一人は目下独逸の戦線に起ちまた愛婿のエミール、マルテル君は仏軍に

従ひ一家敵味方と別れて居る」と、エッケルトの不遇の原因を第一次世界大戦に導こうとしている。(13)

エッケルト家と親交があったとみられる工藤は、「氏は平素黄鳥谷の邸に在つて独り自分の作曲を弾奏して楽しみつゝあつた」と、李王職洋楽隊の指導者辞任後の日常について述べている。エッケルトが、社会情勢と自らの病状に即し、自宅で静かに暮らしていた様子がうかがえる。

2　『京城日報』にみるエッケルトへの評価

『京城日報』の二つの記事は、それぞれ「『君が代』の作曲者……京城に病む」(七日)、「『君が代』作曲者逝く」(八日)と見出しをつけたように、エッケルトの最大の業績を《君が代》の作曲とした。

エッケルトが《君が代》に関与したのは、式部寮が雅楽課有志から作曲を募った際、選定委員四名の中に入っていたことである。その後、エッケルトは吹奏楽用に和声をつけて編曲し、その楽譜は「大日本礼式」との題で発行された。エッケルトを作曲者と思い込んだ例は、一八八八年に「大日本礼式」が発行されて以来、かなりあったようである(中村一九九三、二五八頁)。

『京城日報』も、エッケルトを作曲者とみなした事例のひとつである。八日の記事には「海軍々楽隊の養成の傍ら熱心に日本音楽を研究し遂には彼の雄大荘厳なる『君が代』の作曲に当たつた」と書かれている。また、七日の記事では「氏はむかしから日本の音曲を西洋の音譜に直したもので彼の『越後獅子』『春雨』『梅ヶ枝』等の曲譜も皆此人の手に直されたものである」と書かれている。いずれの記事も《君が代》の作曲を、エッケルトの日本音楽への興味の延長線上にあるとし、エッケルトが《君が代》の作曲者として、いかにふさわしかったかを印象づけようとしている。

続いて『京城日報』は、「かかる隠れたる世界的音楽家……此の『君が代』の作曲者を弔てやりたい」（八日）と、両日の記事ともエッケルトを顕彰してしめくくっている。

七日の工藤談の記事はフランスの国歌を例に「仏蘭西では這回『マル《マ》セー《マ》ユ』の国歌を作ったルウジエ、ド、リエルをパンテオンに葬り大奈翁《だいなぽれおん》の墓と共にしたといふ」と、また、八日の記事は「大奈翁は曽てウイーンを攻囲中独逸国歌の作曲者たるハイドンの死を葬つた」と、ナポレオンやハイドンを引き合いに出した。七日の記事は、「本国の独逸では帝国楽師長たりしこともあり実に世界的の音楽的天才であつた」と評し、ハイドンとも比肩するような持ち上げ方をしている。

八日の記事には、さらに二〇〇字程度のコラムが付けられ、「世界列強の国歌は英の『コッド、セーブ、ザ、キング』が一番古い其の後独逸、丁抹、瑞西の諸国は英国々歌をそのまま頂戴した」と世界各国の国歌の由来が短く記されている。つまり、国歌の作曲者がいかに世界各国で重要視されてきたかを説いた上で、エッケルトを顕彰し、その死を丁重に弔わなければならないという。さらに、ハイドンやナポレオンを引き合いに出すことによって、スケールの大きな話題とし、日本の《君が代》がエッケルトという世界的な音楽家によって作られた由緒ある国歌である、という主張につなげているのである。

ただ、このように《君が代》の作曲者として顕彰されることは、エッケルトにとっては甚だ皮肉なことであった。エッケルトは、旧韓国赴任後まもなく、旧韓国政府の依頼で《大韓帝国国歌（愛国歌）》を作曲し、一九〇二年八月に制定公布されている。(14) こちらこそエッケルトの作曲によるものである。同時期に朝鮮に在住していたドイツ人で朝鮮文化研究家のアンドレアス・エッカート（Andreas Eckardt）は「亦朝鮮の国歌はEckertの作品であつた。然し今日其は日本政府によつて禁ぜられそして君が代を以つて其の代用として居る」と記している（エッカート一

九二六、三〇頁)。[15]そしてエッカートは、かつてエッケルトが日本の海軍省から《君が代》の作曲を依頼されたものの、日本独特の旋律を重視すべきと主張し、自ら選定に携わるのみに留まったという経緯を記し、エッケルトの無念さをほのめかしている。

一九一四年、第一次世界大戦の勃発によりドイツ人エッケルトは敵性外国人となった。その影響について、中村は「行動の自由もままならず、不遇の外国生活を強いられることになった」と記した(中村一九九三、三三七頁)。一方、同じドイツ人のエッカートは回想文で「戦争時にも拘らず日本政府は彼を捕へなかつた」と記している(エッカート一九二六、二五—二六頁)。堀内敬三は「第一次世界大戦に際会したが何等拘束を受けることなく」(堀内一九四二、九五頁)と記しており、エッケルトに対する日本の対応については諸説ある。

日本が日英同盟を表向きの理由としてドイツに宣戦布告した意図は、ドイツが一八九八年から租借していた中国の青島を攻略、占有することにあった。

『京城日報』は、ドイツ人エッケルトへの評価に、ある種の戸惑いを見せている。八月七日の記事では、李王職洋楽隊の辞職を「不幸戦乱の為」と、ドイツ人であることを理由にした。そして「假令《たとい》氏が敵国の人であるにしても頗る同情すべきことである」という一方で、エッケルトを「初めビスマークが東洋に手をのばさんとして医者のベルツと共に日本に送つた」人物としている。[16]これは招聘の経緯にも関わる意味深長な論評である。

それが八月八日になると、記事の雰囲気は一変する。前日の戸惑いは払拭され、エッケルトの親日家ぶりが前面に出てくる。日本から下賜された勲章について「故郷ジレジヤを見捨てて飽くまでも日本及び日本人を愛した此の世界的な音楽家は臨終に日本の勲三等の旭日章を佩びて死んだ……猶ほエツケルト翁は独帝から鉄十字章の名誉ある勲章を授けられたが臨終には唯だ旭日章のみかけて死んだ」と記した。ところが、実際に離日後の一八九九年に下賜されたのは勲五等旭日章であり、エッケルトはベルリンで受け取っている（中村一九九三、三一一頁）[17]。また、韓国政府も一九〇二年に旧韓国国歌作曲と宮廷軍楽隊指導の功績を讃え、第三等大極勲章を贈っている（中村一九九三、三三四頁）。

八日の記事にはマチルダ夫人の談も載っており、「妾共の愛する日本と妾共の祖国とは不幸干戈相見ゆることゝなりましたが雅量ある日本の人々は敵国人たる妾共を相変わらず愛して下さいます殊に昨日の京城日報には主人のことを載せていただき敵国人をまつ日本人の雅量を感謝しております」と、日本人の人情の篤さが強調されている。

このように、『京城日報』は一貫して、エッケルトがドイツ人であることに論点を集中させた。旧韓国・朝鮮とエッケルトの結びつきについては、まったくふれていない。

一九一六年当時は「武断政治」の時代である。朝鮮語新聞は軒並み廃刊に追い込まれ、『京城日報』は朝鮮人も読者に取り込んでいた。一連のエッケルトの死をめぐる報道もまた、在朝日本人だけでなく、朝鮮人も読者の対象としていたと思われる[18]。

中村理平は、「戦時中だったのにもかかわらず日本政府は彼の葬儀に参列し手厚く遇した」というエッカートの回想を引用し、エッケルトに対する日本政府の対応について「不遇な晩年を過ごしたエッケルトの最後に、日本政府がいくらかでも誠意をみせていることは、エッケルトに恩恵を受けた日本人としてわずかな救いを感じる」と述べている（中村一九九三、三三八頁）。確かに『京城日報』においても、エッケルトへの評価は高い。しかし、その記事を見る限り、それが日本政府の「誠意」といえるのかは検討を要する。むしろ、エッケルトの死は、エッケルトと日本との固い絆をアピールしようとする機会になったのではなかったか。

3　一九一〇年代の在朝日本人と音楽

朝鮮で、西洋音楽に関して日本人が影響力を及ぼしはじめるのは一九二〇年代の「文化政治」期以降である。エッケルトが活躍した一九〇〇年代から一九一〇年代半ばの旧韓国・朝鮮では、西洋音楽の主導的な立場にあったのは、やはり欧米人であった。

この点に関連し、一九二一年に朝鮮を訪れた田辺尚雄（一八八三―一九八四）は、当時の朝鮮の西洋音楽事情を次のように述べている。

> 当時の朝鮮における西洋音楽はきわめて微々たるもので、日本とは比較にならない。日本の国歌『君が代』の作曲に関係のあるドイツ人フランツ・エッケルトは明治の後期から朝鮮に移り李王家軍楽長として活躍し、公園で常に公開演奏を行なっていた。有名な箏曲家の宮城道雄さんはその演奏を聞いて新作曲の楽想を養なっていたが、エッケルトは大正五年（一九一六）七月に没して（宮城さんはその翌年に、朝鮮を引きはらって東京へ進出してしまった）、それ以後はこの企てもなくなってしまった。朝鮮には教会を中心として多数の西洋人も滞在するから、これらの方面から西洋音楽がひろまるべきはずであるが、当時朝鮮におけるキリスト教会には日本人はあまり出入りせず、また教会に集まる朝鮮人は思想的の方面にのみ心を向けていて、その芸術的方面には無関心の者が多い。
>
> それ故朝鮮における西洋音楽としては学校音楽のみであるといってよい。　（田辺一九七〇、八八―八九頁）

田辺は、東京帝国大学で物理学を専攻した後、音律や音響学の観点から日本音楽の研究を始め、一九二〇年代初めにすでに日本音楽を専門とした第一線の音楽学者として地位を確立していた。続いて東洋の諸民族の音楽への関心を深め、広くアジア各地の音楽の現地調査を行なった。[19] 音楽理論、音楽評論、音楽教育などにも高い知見を有し、大正、昭和を通じ、日本で最も有名な音楽学者のひとりであった。

田辺は、朝鮮は日本に比べると、西洋音楽が普及していないと分析した。田辺の認識では、そのようななかでもエッケルトの活躍は目立っていた。しかも、エッケルトが宮城道雄に影響を与えていたとするなど、田辺のエッケルトへの評価は高い。

ところで、田辺は朝鮮総督府の在朝日本人に対する音楽の奨励について、次のように述べている。

朝鮮が日本の総督府統治の下にあった時代は、民間人の生活の上に束縛の状態を強いられているので、したがって娯楽によって刺激を求める要求のあるのはもっともなことである。それゆえ民間の事業も追々整備するに従って、まずこれらの日本人が芸術の方面に渇望する。……この点に関しては当局でもいろいろ心配して、その相談もやり、また具体的な計画もあるが、結局日本音楽の奨励がもっとも主なものである。

（田辺一九七〇、八八頁）

田辺は、一九二一年当時、朝鮮総督府が在朝日本人に対して日本音楽を奨励していたと述べた。また、田辺は「長唄は京城でも平壌でもはなはだ盛んに行なわれており」とし、在朝日本人社会での音楽の中心が長唄であったことを示唆した（田辺一九七〇、八九頁）。もっとも、田辺自身わずか二週間の朝鮮滞在で見聞したことを記述しているので、その実態をどれだけ正確に把握していたかは、別途検討が必要であろう。ただ、前節までのところで言及してきたエッケルトに対する日本側の態度から、一九一〇年代の朝鮮では、日本人の西洋音楽における影響力が限定的であったことが浮きぼりになった。このことは、概ね田辺の評価とも合致するものといえよう。

宮城道雄（一八九四―一九五六）は一九〇七年から一九一七年まで、旧韓国・朝鮮で過ごした。一〇代半ばから二〇代半ばの頃である。宮城は、朝鮮での回想を一九三六年の随筆集『雨の念仏』で詳しく述べている。宮城の処女作《水の変態》（一九〇九）や《唐砧》（一九一四）は、この旧韓国・朝鮮時代に作曲されたものである。前者は雨音のリズムに、後者は朝鮮の女性が夕方に砧を打つ音風景に、インスピレーションを得て作曲された（宮城一九三六／二〇〇一、一一七―一一八頁）。宮城は同書に「朝鮮人の音楽的素質」という節を設け、次のように書いている。

> 朝鮮人は割合音楽の素質を持っている。どんな労働者のようなものでも何処かで音楽をしていると立ち止ったり、腰をおろしたりして聴いている。それが、ただ面白いという感じばかりでなく、真面目に聞いているのである。……私が外出する時に、いつも私の手引きをしていた朝鮮人がいた。二、三年私の家にいる間に、私の弾く曲をすっかり覚えてしまった。
>
> （宮城一九三六／二〇〇一、一一九頁）

宮城はこのような自身の経験をいくつか記した後、次のように述べる。

> 日本の人は朝鮮の音楽を亡国の徴があるというけれど、私は決してそんなことはないと思っている。朝鮮で聴くと中々暢んびりしてよいものである。……思い出したが、今でも不思議でならないのは、朝鮮人には、

調子外れの人というのが殆どないことである。

（宮城一九三六／二〇〇一、一二二頁）

宮城はこのように「朝鮮人の音楽的素質」を高く評価した。そして、もう一つ留意したいのは、宮城の指摘のなかで、日本人が朝鮮の音楽に「亡国の徴」があるといっていることである。植民地となった朝鮮の音楽を、日本人が「亡国の」という形容を用いて表象しているのである[20]。

宮城が示した「朝鮮人の音楽的素質」と「亡国の徴」は、音楽をめぐる日本人の朝鮮表象をみていく上で、典型的な二つのモデルとなる。次章以降、論を進めていく上で、留意しておきたい[21]。

五　本章のまとめ

本章では、まず、朝鮮王朝末期、旧韓国における西洋音楽の受容について、概略を把握した。一九世紀半ば、朝鮮王朝は欧米諸国の開国要求にさらされたが、開国を拒み続けた。結局一八七六年に日本の軍事的圧力によって開国を余儀なくされた。以後、一八八〇年代に朝鮮王朝が欧米各国と相次いで修好通商条約を結ぶと、一気に朝鮮に西洋の近代的な文化が流入した。西洋音楽は、アメリカのキリスト教宣教師によって、賛美歌として持ち込まれた。ミッションスクールでは、賛美歌を中心とした音楽教育が行なわれるようになった。

その後、日本は朝鮮への政治的、軍事的圧力を強めていった。日本は、導入したばかりの西洋音楽を旧韓国に持ち込もうとした。一九〇六年には朝鮮駐劄軍楽隊が置かれ、一九〇七年には漢城師範学校に小出雷吉が音楽教師として赴任し、日本の唱歌教育が始められた。韓国併合を前後して、日本が音楽においても様々なかたちで関与するようになったのである。

その背景には、日本が三次にわたる日韓協約により、植民地への足がかりを作ろうとする流れがあった。ミッションスクールにおける音楽教育は、日本の韓国統監府によって禁止され、そこに日本の唱歌が教育制度として入ってきた。

賛美歌という草の根的な西洋音楽の浸透に対し、国家レベルの西洋音楽導入として、エッケルトは旧韓国宮廷軍楽隊の指導者に迎えられた。エッケルトは二年前まで、日本でお雇い外国人教師を務めていた。

旧韓国赴任後のエッケルトについては、日本との関係を中心に検討した。エッケルトは五〇代から六〇代半ばまで、いわば第二の人生を旧韓国・朝鮮で過ごした。離日後まもなく旧韓国に赴任したエッケルトに対し、日本人は依然強い関心を持ち続けていた。エッケルトは、日本に旧韓国・朝鮮の音楽事情を伝える、数少ない窓口でもあった。エッケルトは、朝鮮人の高い音楽性を評価し、日本に伝えていた。田村虎蔵など日本の著名な音楽関係者も、そのことを伝え聞いていた。実際に、ソウルでエッケルトの指揮に立ち会った藤野の報告からも、エッケルトと朝鮮人の音楽に対する熱意と、その高い水準が伝えられた。すなわち、一九一〇年前後には、朝鮮人の高い音楽性をへの評価が、日本人の朝鮮表象として形成されつつあったのである。

最晩年のエッケルトに対する日本の対応については、『京城日報』の顕彰、追悼記事から検討した。『京城日報』の記事は、日本の西洋音楽導入の揺籃期に多大な貢献したエッケルトを讃えるものであった。ただ、その内容は、日本との関係を強調したものであり、旧韓国・朝鮮との関係への言及はまったくなかった。

エッケルトは、国歌《君が代》の作曲者とされ、ハイドンなどを引き合いに出され、過大に祭り上げられた。それは一種の虚像ともいえるものであった。そこには、日本の西洋音楽導入と近代的な音楽基盤の整備に正統性を与え、権威づけようとした『京城日報』の意図が見え隠れする。音楽において、日本が近代国家の列に加わったことを自認し、内外に示すには、それなりの地位と名声をもつ音楽家のお墨付きを必要としたのである。日本のみならず旧韓国・朝鮮でも高い評価を得ていたエッケルトは、その意味で都合のよい存在であった。

旧韓国・朝鮮は、音楽における日本の近代化を認めてくれる、あるいは認めさせることのできる、最も近く、都合のよい他者であった。つまり、近代化のお墨付きを与えてくれるべき他者は、エッケルトだけではなかった。旧韓国・朝鮮人にもその役割は期待されていたのである。音楽における日本の近代化を外から支えるという発想が、音楽にみる旧韓国・朝鮮と日本の関係史の基底にあったのである。

そもそもエッケルトが帰国後一年で旧韓国に赴任したことは、当時の日本の音楽関係者にとっては、内心複雑な心境だったはずである。韓国併合にむかって、日本の旧韓国への圧力が強まるだけでなく、第一次世界大戦が絡み、日独関係が複雑な様相を呈するなかで、晩年のエッケルトは翻弄された。そのエッケルトの死に際し、『京城日報』はエッケルトの業績を《君が代》作曲に収斂させ、日本との固い絆を演出したのであった。

一九〇〇年代および一九一〇年代の朝鮮では、日本人が直接的に及ぼした音楽的な影響は、欧米人に比べ限定的なものであった。しかも、日本人は、自ら導入したばかりの西洋音楽を朝鮮に移入するという文脈においては、エッケルトのような欧米人の権威が必要だった。

注

（1）朝鮮王朝は、李成桂《イ・ソンゲ》（一三三五―一四〇八）が一三九二年に高麗を滅ぼして成立し、一九一〇年の日韓併合まで五一八年にわたって存続した。朝鮮王朝末期は、一般的な時代区分として通用している一八六〇年から一九一〇年までを指すが、ここでは一八九七年に国号が大韓帝国に改められたことから一八九七年から韓国併合の一九一〇年までの期間については「旧韓国」と表記した。

(2) 一八七六年の日朝修好条規締結後、朝鮮王朝はそれまでの鎖国政策から海外の近代的な文化を積極的に導入しようとする開化政策へと転じた。一八八〇年代は外交、通商、軍事、農業、教育、医療等の各分野で外国人を雇用して、西洋的な近代化に向けた様々な事業や改革が試みられた。この時期は特に「開化期」とよばれる。しかし、資金難、開化派と対立する守旧派の抵抗、さらには日本や清の内政干渉により一連の政策は失敗に終わった。たとえば、伊藤亜人他監修（一九九六、四三二頁）を参照。

(3) アメリカのプロテスタント（長老派）宣教師、言語学者、教育家。一八八五年に朝鮮に渡り、自ら朝鮮語を学び、聖書の朝鮮語版やキリスト教関係の新聞を発行するなど活発な宣教事業を行なった。一九一五年には、後に延世大学校となる儆新学校大学部を設立した。

(4) アメリカのプロテスタント（監理派）宣教師で教育家。一八八五年に朝鮮に渡り、朝鮮宣教会、培材学堂を創設した。聖書の朝鮮語訳の翻訳事業にも力を注いだことで知られる。

(5) 崇実学校は一八九七年にプロテスタント（長老派）宣教師ベアードによって設立された。卒業生で音楽家になった人物としては、金仁湜《キム・インシク》、金永煥《キム・ヨンファン》、朴泰俊《パク・テジュン》、玄濟明《ヒョン・ジェミョン》等がいる。

(6) 小出雷吉（一八六七—一九四七）は、音楽取調掛、東京音楽学校に学び、鳥取県尋常師範学校教諭、東京府尋常師範学校助教諭、東京府師範学校教諭を経て一九〇七年に旧韓国に渡った。漢城官立師範学校、京城第一高等普通学校で教鞭を執るかたわら、旧韓国学部編纂『普通教育唱歌集第一輯』等の編集、発行に携わった。小出雷吉については、朴成泰（一九九九）、高仁淑（二〇〇四、三〇—四八頁）が詳しい。

(7) エッケルトは一八五二年四月五日、旧プロイセン領のシレジア州ノイローデ生まれ。来日前はドイツで海軍の軍楽隊員を務めていたという。

エッケルトの日本でのおもな職歴をまとめると、以下のようになる。ゴチェフスキ他（二〇一六）を参照した。

一八七九年　海軍軍楽隊教師（一八八九年迄）
一八八三年　音楽取調掛兼任（一八八六年迄）
一八八七年　宮内省式部職兼任（一八八九年より専任、一八九九年迄）
一八八九年　陸軍戸山学校軍楽基本隊兼任（一八九四年迄）

一八九一年　近衛軍楽隊兼任（一八九二年迄）
一八九五年　海軍軍楽隊兼任（一八九九年迄）

（8）日本学術振興会科学研究費助成事業・基盤研究（B）「近代日韓の洋楽受容史に関する基礎研究――お雇い教師フランツ・エッケルトを中心に――」（課題番号二六二八四〇一八）研究代表者ヘルマン・ゴチェフスキ、研究分担者藤井浩基・塚原康子・酒井健太郎・大角欣矢、研究協力者李京粉・閔庚燦・都賀城太郎・安田寛。期間は、二〇一四年度から二〇一七年度までである。

二〇一六年三月一二日～六月二六日には、東京大学駒場博物館で、フランツ・エッケルト没後一〇〇周年記念特別展「近代アジアの音楽指導者エッケルト――プロイセンの山奥から東京・ソウルへ――」が開催された。また、同五月二八日には、東京大学駒場キャンパスで「国際シンポジウムと演奏会　フランツ・エッケルトとその時代」が開催された。さらに六月二三日には、同じく東京大学駒場キャンパスで、オーボエとピアノによるエッケルト作品の記念演奏会が開催された。

（9）パゴダ公園はソウル中心部にある公園で、もとは李氏朝鮮の護寺である大円覚寺の跡地であった。国宝級の仏塔や碑石が並び、当時からパゴダ公園とよばれ朝鮮人の憩いの場であった。この公園では毎週定期的に、李王職洋楽隊や朝鮮駐剳軍楽隊の野外演奏が行なわれていた。三・一独立運動発祥の地としても知られる。

（10）田村虎蔵（一八七三―一九四三）は、鳥取県の出身で、鳥取県尋常師範学校に学んだ。在学中に同校の教諭をしていたのが小出雷吉であった。田村はその後、小出と同じく東京音楽学校専修部に学ぶ。高仁淑は、田村と小出が師弟関係、同窓関係にあることに注目している（高仁淑二〇〇四、三五頁）。田村と小出の間で旧韓国の音楽事情について情報が交わされていた可能性も考えられる。

（11）「今年の四月まで李王職音楽隊の養成に努めたが不幸戦乱のため契約期間限り解庸となつた」（『京城日報』一九一六年八月七日夕刊、三頁）。

（12）工藤忠輔は弁護士あるいは法学士の肩書きで度々『京城日報』に寄稿する論客であった。

（13）エッケルトの家族構成については中村（一九九三）、ゴチェフスキ他（二〇一六）が詳しい。

（14）大韓帝国愛国歌は、一九〇二年一月二七日に高宗皇帝が議政大臣の尹容善《ユン・ヨンソン》に制定を命じ作らせたものである。尹容善は学者を集めて歌詞を制定し、エッケルトに作曲を依頼した。エッケルトに依頼したのは、当時まだ朝鮮人作曲家がいなかったこと、日本の君が代の編曲をし外国に紹介した経験をもつこと、エッケルトが朝鮮の雅楽の研究も手がけ、朝鮮の伝統音楽にも造詣が深いという理由からだった。朝鮮の伝統音楽の要素を入れつつ、国際的にも通用する国歌の作曲が求められた。閔庚燦（二〇〇六、四〇―四二頁）を参照。

(15) 一九〇五年に韓国統監府が設置されると、統監府により禁止され、公開の場では歌うことができなくなったという（閔庚燦二〇〇六、四二頁）。

(16) ベルツ（**Erwin von Bälz**, 一八四九―一九一三）は、一八七六年にお雇い外国人教師として東京医学校（東京大学医学部の前身）に招聘された。宮内省侍医を務めた後一九〇五年に帰国した。

(17) エッケルトは一八八三年に勲六等旭日章を下賜されていたが、帰国にあたって一八九九年九月六日付で勲五等旭日章が下賜された。すでにエッケルトは離日しており、ベルリンの日本公使の手を経てエッケルトに届けられたという（中村一九九三、三一一頁）。

(18) 韓国併合後、寺内正毅朝鮮総督は朝鮮語新聞の発行を禁止したばかりでなく、日本語新聞にも厳しい言論統制を加えた。この時期、自由な言論活動ができたのは唯一『京城日報』であった。森山（一九九三、八頁）を参照。

(19) 田辺尚雄が一九二一年四月に行なった朝鮮音楽調査については、田辺自身の詳細な記録が『中国・朝鮮音楽調査紀行』（東洋音楽選書一一）（田辺一九七〇）にまとめられている。

(20) たとえば、梶山季之は植民地期朝鮮を主題とした代表作「族譜」の中で、主人公の日本人、谷六郎が朝鮮の民謡《トラジ》を聴いた印象として次のように描写している。「その歌の節まわしには、ひどく哀調がこもっていて、それ亡国の民の、流浪の民の韻律だった。……朝鮮の民謡はどうしてこんな、悲しい響きに満ちているのであろう。この侘しい旋律は、この民族の運命を象徴しているのかも知れぬ」（梶山一九五二／二〇〇二、一二頁）。もっともこれは小説であり、時代も一九三〇年代後半の朝鮮を舞台にしているため単純に引き合いに出すべきではないかもしれない。ただ、一九三〇年に朝鮮で生まれ、少年時代を朝鮮で過ごした梶山ならではの音楽をめぐる表象が少なからず反映されているのが、「族譜」であり、別の代表作「李朝残影」である。「李朝残影」にも朝鮮の音楽に関わる場面が多数出てくる（梶山一九六三／二〇〇二）。

(21) 「亡国の音楽」は永池健二の指摘するように中国の『楽記』や狛近真の『教訓抄』等に出てくる概念である（永池一九八八、六一―六二頁）。また、朝鮮でも『三国史記』に新羅に滅ぼされた伽倻の音楽や伽倻琴の表象として「亡国の調」という表現が使われているという（たとえば、李殷直 一九八九、九頁）。

第二章　柳宗悦・兼子夫妻の朝鮮渡航音楽会

――一九二〇年代朝鮮の西洋音楽受容――

一九一九年三月に朝鮮で三・一独立運動が起きた。日本はこれを武力で鎮圧し、多くの朝鮮人の犠牲が出た。かねてより、朝鮮の美術に関心のあった柳宗悦は、武断的な植民地統治のあり方を批判した。そして、朝鮮人への償いと思慕の念を表明しようと、一九二〇年五月に夫人で声楽家（アルト）の柳兼子を伴って朝鮮に渡航し、柳兼子の独唱による音楽会を開催した。柳夫妻の音楽会は、その後一九二八年まで六度の渡航により開催された。本書では、朝鮮における一連の柳夫妻の音楽会を「朝鮮渡航音楽会」とよぶことにする。

本章では、朝鮮渡航音楽会と、その伏線にあった柳宗悦の音楽観の形成と変遷を通して、植民地期朝鮮の音楽に、日本人がどのように関与していったかを考察する。

一　研究の現状と本章の視点

宗教哲学者、民芸運動の創始者として知られる柳宗悦（一八八九―一九六一）[1]は、一九二〇年から一九二八年までの約八年間に、夫人で声楽家（アルト）の柳兼子（一八九二―一九八四）[2]を伴って、六度にわたり朝鮮に渡航し、音楽会を企画、開催した。音楽会は柳兼子の独唱会というかたちで行なわれ、回数は確認できるだけで三〇回以上に及ぶ。[3]しかも、朝鮮に日本人演奏家が渡航し、本格的な独唱会、あるいはリサイタルを開いた例は、柳兼子が最初といってよい。[4]柳兼子の独唱会は、朝鮮近代の西洋音楽受容史においても、特別な位置をしめている。例えば「声楽演奏会のはじまり――韓国で声楽家による本格的な演奏会は一九二〇年にはじめて行なわれている。日本人アルト歌手柳兼子によってソウルのＹＭＣＡで開かれたものである。柳兼子は民俗学者柳宗悦の妻である」（李御寧編一九八八、一六二―一六三頁）や「朝鮮に親しい柳兼子女史の公演だけに、朝鮮人からの人気は普通の日本人の音楽家とは比べものにならない……」（『東亜日報』一九二七年一〇月一〇日、原文は朝鮮語、筆者訳）といわれている。柳兼子の音楽会ほど、何年にもわたり行なわれ、かつ朝鮮の聴衆に支持された日本人の音楽会はなかったといえよう。

一九一九年三月一日、日本による過酷な植民地統治への抵抗運動として、三・一独立運動が起きた。冒頭で述べたように、日本はこれを武力で鎮圧し、朝鮮人に多数の犠牲が出た。かねてより朝鮮の美術に興味をもち、朝鮮を訪れた経験もある柳宗悦は、日本の武断的な植民地統治を批判し、朝鮮人への償いの気持ちを綴った「朝鮮人を思ふ」（柳一九一九／一九八一）、「朝鮮の友に贈る書」（柳一九二〇b／一九八一）を、相次いで発表した。さらに柳宗悦は、朝鮮人への自らの思慕を何とか具体的な行動にして表明しようと、朝鮮で柳兼子の音楽会を開こうと計画した。

しかし、なぜ朝鮮への思慕の表明が音楽会というかたちであったのか。そして、なぜ音楽でなくてはならなかったのか。柳宗悦に関する研究は多いが、柳宗悦と音楽を直接結びつけて論じた研究は多くない。比較的早い段階として拙稿「柳宗悦の音楽観（1）——朝鮮渡航音楽会を通して——」（藤井一九九六a）、「柳夫妻の朝鮮渡航音楽会の諸相——柳宗悦の音楽観（2）——」（藤井一九九六b）がある。

ところで、柳兼子に関する研究も次々に発表されている。小池静子の『柳兼子の生涯——歌に生きて——』（小池一九八九）、松橋桂子の『楷書の絶唱——柳兼子伝——』（松橋一九九九）は、いずれも柳兼子に声楽を師事した著者が書いた評伝である。梶谷崇の論文「京城の音楽会——『朝鮮民族美術館設立後援 柳兼子音楽会』の諸相——」（梶谷二〇〇四）は、音楽会を主催した『東亜日報』に焦点を当て、音楽会が柳宗悦の活動の付随的なものではなく、『東亜日報』の「文化主義」的な事業に合致したものとして受け容れられたと分析した。また、柳兼子が当時の朝鮮における女性像の形成に影響を与えたことにもふれている。金希貞《キム・ヒジョン》の論文「朝鮮における柳宗悦受容——柳兼子の独唱会をめぐって——」は、柳宗悦が朝鮮における芸術の近代化過程においてどのように受容されたかを問い、その媒体として柳兼子の独唱会を取り上げている。朝鮮側の視点から、独唱会の意味や役割を分析し、朝鮮人が柳夫妻の受容を、自らの近代化と民族的な団結の手段としてとらえていたとまとめている（金希貞二〇〇三）[5]。

本章では、まず、柳宗悦の音楽との関わりについて、朝鮮渡航音楽会以前の日本での活動をもとに整理する。その上で、柳夫妻の朝鮮渡航音楽会が、どのような目的と経緯で行なわれたのか、さらに朝鮮でどのように受容され、一方で影響を及ぼしたのかを検討する。

なお、本書で特に「朝鮮渡航音楽会」とよぶのは、柳兼子は朝鮮に在住して音楽活動を行なったわけではなく、その都度、日本から朝鮮に渡航し、短期間滞在して音楽会を開いたからである。また、「音楽会」という用語については、「独唱会」、「リサイタル」と同義で用いていることをことわっておきたい。あえて「音楽会」にこだわるのは、当時は「音楽会」という言葉が通用しており、柳宗悦も著作でほとんど「音楽会」に限定して使っていたからである。[6] そのことをふまえ、柳宗悦の音楽観をできるだけ文章に反映させたい。[7]

二　日本における「音楽会」文化の形成——柳宗悦と『白樺』——

1　柳宗悦と西洋音楽

一九一〇年、日本では、文学や芸術に興味を抱いていた学習院の卒業生や在学生が集まって、雑誌『白樺』を創刊した。[8]『白樺』は、大正時代の文化運動の象徴として知られた雑誌である。『白樺』同人にとって、音楽は発足当初から文学や美術と並ぶ活動領域であった。音楽の専門家はいなかったが、萱野二十一がリヒャルト・シュトラウスの歌劇《エレクトラ》についての評論を投稿し、尾崎喜八がロマン・ロランの「今日の音楽家たち」を翻訳し連載するなど、音楽の記事や話題にも事欠かなかった。[9] また、柳宗悦、武者小路実篤、志賀直哉らも音楽好きであった。特に柳宗悦は、音楽においてもリーダー的な存在であった。[10] ただ、柳宗悦は音楽に関する本格的な論説はあまり書いていない。[11] 柳宗悦の音楽との関わりは、音楽会の企画、開催というかたちで具体化されていた。

『白樺』では創刊直後の一九一〇年七月から、「蓄音機音楽会」を開いていた（『白樺』一九一〇年八月号、二九頁）。同年秋には『白樺』に近い立場にあり、音楽界の指導的存在でもあった田村寛貞（一八八三—一九三四）[12]が、学習院出身者で音楽愛好家を募り、音楽鑑賞団体「音楽奨励会」を立ち上げた。『白樺』は「音楽会の欠乏を感じつゝある吾等にとりて、又若き音楽者に同情ある吾等にとりて、この様な企ては非常に嬉しく思はれる、……同人の友の田村が其任に当ると云ふ音楽に趣味を持たるゝ方に此企てを賛成して頂きたい事を吾等同人からも敢て御希ひしておく」（『白樺』一九一〇年一〇月号、七六頁）と支援を表明している。哲学者・鶴見俊輔は「『白樺』が小さな同人雑誌であるとしても、当時まだ愛好者の広い層をもっていなかった西洋音楽の専門家の卵たちにとって、かれらの助力は心づよかっただろう」と述べ、『白樺』が日本における西洋音楽の揺籃期を支えたことを示唆している（鶴見一九七六、七七頁）。

田村寛貞は学習院に学び、西洋音楽史の分野では日本の草分け的な存在であった。田村は東京音楽学校で教鞭を執り、そこでドイツ語を教えた生徒が、後の柳兼子であった。柳宗悦と兼子の初対面は田村邸であった。その後、柳宗悦と兼子は、四年にわたる交際を経て結婚する。

一九一一年三月、帝国劇場が完成し、音楽会と西洋音楽の愛好者も著しく増えた。音楽会を主催する会員制の鑑賞団体も乱立の様相を呈していた。なかでも主要な三団体は明治音楽会、フィルハーモニー会、音楽奨励会であった。これらは、それぞれ組織母体、目的、会場が異なり、独自の活動をしていた。その乱立ぶりは「その成功を急ぐの余り、演奏者の引張合を始め、若くは会員の募集に衝突を為すが如きことあり、延いては相互の間に、嫉妬排擠を事とするに至らんか」というほどであった（『音楽』一九一一年一月号、三頁）。

『白樺』は当初、音楽奨励会を支援していたが、運営手法への齟齬から、柳宗悦と田村寛貞と間には、徐々に溝ができ始めていた。音楽奨励会は「青年華族の主唱に係り、演奏者も亦、悉く青年新進の音楽者なり……青年音楽家の保護奨励と、会員自身の音楽趣味の養成とを目的」としたものであった（『音楽』一九一一年一月号、三頁）。柳宗悦は「あの会をとりまくAtmosphereは、今迄どう見ても私には芸術的な処はありませんでした、ひどく云へば利害関係を見出すばかりでした」と評し、失望を隠さなかった（柳一九一一／一九八一、四二頁）。

柳宗悦は、兼子への手紙に『白樺』の声として「若し今の私達が音楽者だつたら、きつと田村などに反抗した会を起すにちがいない」と書いた（柳一九一二／一九八一、四二頁）。その決意は、一九一三年一一月八日に開催された白樺主催第一回音楽会となって結実した。つまり柳宗悦は音楽奨励会からたもとを分かち、自ら新しい音楽会の企画、開催に乗り出したのである。

2 白樺主催音楽会

『白樺』一九一三年一一月号には、音楽会の趣意書となる「白樺主催音楽会に就て」が掲載された。「極めて芸術的性質の乏しい今迄の多くの演奏は、既に吾々に何ものをも与へなくなつてゐる」と既存の鑑賞団体の企画を断じた上で「今の音楽会によつて与へられる内容に対しては遥かに程度を高めてゐる」と自信を表明した旗揚げ宣言であった。その目指す方向は、「内容ある芸術品に接し得る機会」の提供と「曲目は、出演者の意に充ちたものを択んで」もらうことの二点が示された（『白樺』一九一三年一一月号、八九頁）。いずれも、柳宗悦が従来の鑑賞団体の傾向を批判し、克服しようとする意図に沿ったものである。音楽奨励会は、一回の舞台で数多くの出演者、しかも新人を登場させ、小品でプログラムを組んでいた。それに対し、白樺主催音楽会は評価の定まった演奏家に得意な曲を演奏させ、質の高い音楽会を目指した。第一回の白樺主催音楽会は一九一三年一一月八日に帝国ホテルで開催され、四名の音楽家が出演し、その一人が中島兼子、後の柳兼子であった(13)。

白樺主催音楽会の実質的な運営が、柳宗悦の手に委ねられていたことは、兼子への書簡で、サルコリら出演者の折衝を依頼していることでも明らかである(14)。音楽会を企画する上で『白樺』の理念を最もよく体現したのは、やはり兼子であった。柳宗悦は兼子に「吾々が音楽会をするのも、一つは奨励会等の方法がいやでやるのだから、そこに出演する位なら何も貴嬢に白樺の会で唱つてくれと云ひ出しはしない」（柳一九一三b／一九八一）と音楽奨励会との訣別を求めた。そこで、兼子も活動の中心を『白樺』に置くことにした。一九一四年三月、『白樺』は第二回の白樺主催音楽会を京都で開催した。この時は兼子のソロ・コントラルト・リサイタルとして行なわれた。ソロ・リサイタルは、柳宗悦における音楽会の理想のかたちであった。兼子にとっても初めてのソロ・リサイタルであった。曲目は兼子の得意のレパートリーで構成されたが、宗悦の意向も大きく反映されていた。たとえば、宗悦は、ワーグナーの歌劇《タンホイザー》について、志賀直哉に「兼子に此頃ワグナーをやつてもらつてゐる」と書いた書簡を送っている（柳一九一四／一九八一）。宗悦と兼子は、この音楽会を前にした一九一四年二月に結婚した。

一九一七年、西洋美術の紹介にも積極的だった『白樺』は、白樺美術館の設立運動を開始した。運動の中心にいた柳宗悦は、募金のための展覧会と音楽会を企画する。兼子は全面的に協力し、一九一八年一月から各地で独唱会を開いた。武者小路実篤は「柳の細君の白樺美術館の音楽会は予期の倍以上の盛会で、席がなくつて、多くの人に立つて戴くやうな有様だつた」と書いている（武者小路一九一八）。松橋桂子は一連の白樺美術館設立募金のための独唱会を「日本人による声楽リサイタルの嚆矢」と位置づけている（松橋一九九九、一〇六頁）。白樺美術館設立のための募金音楽会には兼子以外の演奏家も出演した。一九一八年一二月の音楽会には、当時のピアニストで最も評価の高かったいわれる久野久子が出演した。音楽会は盛況で多額の美術館設立への寄付金も得た。(15)

しかし、白樺主催音楽会は久野の音楽会を最後にその火を消した。その頃から『白樺』では、新たに白樺演劇社の設立が模索されていた。一九一九年には第一回の演劇公演が行なわれている。演劇への傾倒は、演劇場建設構想につながり、白樺美術館と並行して募金が始められた。しかし、演劇場も美術館も建設には至らなかった。資金不足と共に、この頃には同人が各自の活動に分かれ、かつての『白樺』の結束力が失われていた。

美術館建設、演劇運動がいずれも頓挫したなかで、柳宗悦が中心となって企画され、絶頂期に幕を閉じた白樺主催音楽会は、成功した企画であった。このことは柳宗悦が自らの企画、運営の力に自信をもつことにつながったと考えられる。

久野の音楽会の後、『白樺』に音楽会の広告記事が掲載されたのは、二件のみであった。いずれも『白樺』の主催ではないが、うち一つは一九一九年一〇月号に掲載された「柳兼子独唱会」の広告であった。この独唱会は柳兼子自主企画と思われる。従来のような募金の目的はなかったが、『白樺』に掲載されたので柳宗悦の関与があったはずである。松橋桂子は、柳兼子の独唱会を本邦初の女流声楽家の自主リサイタルと位置づけている(16)（松橋一九九九、八七頁）。音楽鑑賞団体乱立の時代に、白樺主催音楽会を経験してきた柳兼子が、自主企画のリサイタルという新たな音楽会のスタイルを打ち出した点で、この独唱会の意味は大きかったはずである。そこに至るプロセスには、柳宗悦の音楽観と「音楽会」観が反映されていたのである。柳宗悦の音楽会の企画は、次なる展開を迎えようとしていた。一九二〇年五月の朝鮮渡航音楽会である。

三　朝鮮渡航音楽会の経緯と実際

1　三・一独立運動

一九一九年三月一日の正午、京城のパゴダ公園に集まった独立運動家や学生たちは、独立を宣言するとデモ行進を始めた。三・一独立運動のはじまりである。

背景には当時の世界情勢があった。第一次世界大戦後、世界的にも民族運動や革命運動への動きが活発化していた。ヨーロッパでは、ロシア革命の余波によりドイツやハンガリーの革命が起こり、ポーランドなど東欧諸国で民族国家が成立した。中国では国権回復運動が起こった。一九一九年一月のパリ講和会議で、アメリカのウィルソン大統領が民族自決主義を提唱したことは、世界の被支配民族に歓迎され、朝鮮でもこの機会に独立運動を起こそうとする気運が高まっていた。

一九一〇年代、朝鮮半島北部では義兵運動とよばれる朝鮮人の武装抗日運動が続けられていた。しかし、次第に日本軍の鎮圧で、運動は弱体化し、日本に対する朝鮮人の憤懣はいっそう蓄積していった。

一九一九年一月二一日に朝鮮王朝最後の皇帝、高宗《コジョン》が亡くなった。高宗は日本の保護政治の不当性を国際的に主張しようと、オランダのハーグで開催された第二回万国平和会議[17]に密使を派遣するなど、日本に抵抗する朝鮮人の象徴的存在でもあった。しかし、それらの抵抗策が日本の妨害で失敗すると、日本により強制的に退位させられた。高宗の死後まもなく、その死因が日本による毒殺だったという噂が広まり、朝鮮人の日本への反感は極限に達した。

そのようなか、天道教[18]教主の孫秉熙《ソン・ビョンヒ》を筆頭に、朝鮮の宗教界の主要人物からなる民族代表三三名が、高宗の葬儀に合わせて独立運動を計画した。しかし、決行日の三月一日当日、民族代表は予定を変更し、近くの料亭で独立宣言書を朗読し万歳をすると、朝鮮総督府に自首した。一方、パゴダ公園には五〇〇〇名をこえる学生が集結し、「朝鮮独立万歳」を叫びながらデモを始めた。デモには市民が加わって、数万人から数十万人の波となった。京城での決起は、たちまち全国に広がった。特に、日本の圧政に苦しんでいた地方の農民や労働者の抵抗は激しかった。この運動は、数ヶ月にも及ぶ大規模なものとなり、一五〇〇回以上の集会が開かれ、二〇〇万人以上の朝鮮人が加わったといわれる。[19]

日本側はこの非暴力の運動に対し、軍隊と警察を大規模に動員し武力で鎮圧した。その結果、七〇〇〇名以上の死者、一万五〇〇〇人以上の負傷者、四万人以上の検挙者が出た[20]。

決起から数ヶ月後、三・一独立運動は終息した。朝鮮の独立は実現しなかったが、朝鮮人の民族意識の高揚だけでなく、アジアの民族運動の先駆けとして、国際的にも影響を与えた。そして、何よりも日本政府と朝鮮総督府が植民地統治方針を転換するきっかけとなった。

日本国内では「騒擾事件」とよばれ、一部の朝鮮人による暴動とみなすむきが強かった。しかし、運動の長期化と激化が伝えられると、植民地統治のあり方を批判する論調も生まれた。たとえば、民本主義者の吉野作造らは、民族独立をめざす朝鮮人の姿勢に一定の理解を示し、それまでの植民地統治に対する日本人の反省を促した。そして柳宗悦も、植民地統治のあり方を批判し、朝鮮人への償いと思慕の念を表明したのであった。

2　朝鮮渡航音楽会開催の目的と経緯

柳宗悦は、三・一独立運動の際に、日本が行なった朝鮮人への弾圧を厳しく批判し、一九一九年五月に「朝鮮人を想ふ」という論説を『読売新聞』に寄稿した（柳一九一九／一九八一）。「朝鮮人を想ふ」は、幼方直吉《うぶかたなおきち》が「（三・一独立運動の）一ヶ月後（四月）にかかれ、当時、日本人として公に朝鮮人を弁護した最初の文章である」（幼方一九六一、六七頁、括弧内筆者補足）と評価したように、当時としてはかなりセンセーショナルな文章であった。その後約一年、柳宗悦は朝鮮への償いと思慕の念を募らせていた。柳宗悦は、その気持ちを目に見えるかたちにして朝鮮人に伝えようと、朝鮮で柳兼子の音楽会を計画した。柳宗悦は兼子との連名で早速「『音楽会』趣意書」を作り、周辺関係者に協力を求めた。

　吾々は朝鮮の人々が芸術的感性に優れてゐる事をその歴史によつて知つてゐます。吾々は隣邦の人々に対する兼々の信頼と情愛とのしるしに今度渡鮮して音楽会を開きその会を朝鮮の人々に献げるつもりです。又日鮮人協力の文芸や学芸の雑誌を計営したいと志してゐます。かゝる仕事は二つの心が互の平和に進む意味深い最初の一歩だと信じてゐます。

　私達はその計画を遂行する為に茲にその資金を集めたく思ひ内地の各処で最初に音楽会を開き、来て下さる方々の浄財に待とうと思ふのです。

（柳一九二〇a／一九八一、一七二頁）

　ここで重要なのは、柳宗悦が「吾々は朝鮮の人々が芸術的感性に優れてゐる事をその歴史によつて知つてゐます」と書いた点である。柳宗悦は、それ以前に朝鮮の美術工芸を通じて朝鮮人の優れた芸術的感性を評価していた。ここで、芸術的感性に応えるため音楽会を企画したということは、柳宗悦のいう芸術的感性のなかに、音楽的感性も含まれていると考えてよいだろう。

　柳夫妻は、朝鮮に渡る前の一ヶ月を国内での演奏旅行に費やし、資金を調達した。上述したように、柳宗悦は『白樺』で活動し、催しの企画、運営の手腕は、同人の中で抜きん出ていた。ここでもその段取りは非常に手慣れていた。ただ、「朝鮮の友に贈る書」では「貴方がたは私の此企を受けて被下るだらうか」とも書き、不安がなかったわけではなかった（柳一九二〇b／一九八一、五〇頁）。ともかく柳宗悦にとって朝鮮での音楽会は、これまで培った音楽会企画、運営の手腕を、別の舞台でも試そうとする新たな挑戦でもあった。

音楽会にむけての準備は、朝鮮側でも着々と進められていた。柳宗悦は特に京城での音楽会が『東亜日報』主催、すなわち朝鮮人の主導で行なわれることを、趣意書に適ったものとして喜んだ。『東亜日報』は、「文化政治」の政策であった朝鮮語新聞の発行許可により、創刊されたばかりの有力紙であった。(21) 柳夫妻の音楽会は、『東亜日報』創刊後まもなく行なわれた。

こうして一九二〇年五月、その後約八年にわたって続くことになる朝鮮渡航音楽会が始まった。

3　朝鮮渡航音楽会の実際

柳兼子は、京城に到着した翌日の五月四日から、一〇日間の滞在中に七回の音楽会を行なった。松橋桂子は「朝鮮で初めての兼子の独唱会は、朝鮮の洋楽史上初めてのリサイタル」と述べている（松橋一九九九、一〇一頁）。たしかに柳兼子の音楽会は、朝鮮における本格的な西洋音楽の音楽会として最初期のものであった。さらに、音楽会が反響を呼び起こしたのは、柳夫妻が朝鮮人を対象としたことにあった。柳兼子の音楽会の後、日本人音楽家が朝鮮を訪れるようになるが、柳兼子と他の日本人音楽家の違いはこの点にある。

この点について柳宗悦は、次のように回想している。

彼は最初かゝる会が京城の様な所では、高貴な人々の助力なくしては決して行はれないと屡々注意された。……それが事実であるならば尚更彼の会は一般の人々の厚意によつて、一層平民的に開かれねばならぬと考へられた。彼は又今日の情況では日本人が、朝鮮人の間で満足な会を開く事は出来ないとも云はれた。且つ又それが可能であつても、朝鮮人の手のみでよき結果を齎し得る会は開き得ないと迄云はれてゐた。

（柳一九二〇c／一九八一、五九頁）

この回想から、当時の朝鮮における音楽会の状況が読み取れる。第一に、音楽会が何らかの力を持つ者の支援がなければ開催できなかったという点である。幼方直吉は「総督府の援助を一切うけず、市民的な立場を貫いている」（幼方一九六一、六七頁）と評価している。逆にいえば、普通は朝鮮総督府の支援や関与がなければ、音楽会は成り立たなかったということである。第二に、「今日の情況では」日本人の企画は朝鮮人に受け入れられないと日本人が考えていたことである。「今日の情況」とは、三・一独立運動の後だけに、朝鮮人の抗日的な感情が高まっていることを指したものであろう。第三に、朝鮮人が音楽会を企画、運営する力を持ち合わせていないと、日本人がみていたことである。

しかし、柳夫妻の音楽会は、朝鮮人聴衆に好意をもって受け入れられた。初回の盛会ぶりは、翌一九二一年に早速、第二回目の朝鮮渡航音楽会が実現したことでもわかる。柳宗悦は『改造』一九二〇年一〇月号に掲載された「彼の朝鮮行」で、最初の音楽会の折にすでに「（朝鮮の聴衆が）更に第二回の会をさへ要求した」と書いている（柳一九二〇c／一九八一、五九頁、括弧内筆者）。実際、柳夫妻の音楽会は回を重ねるごとに、朝鮮の聴衆の支持を高めていった。一九二七年の朝鮮渡航音楽会では、「朝鮮に親しい柳兼子女史の公演だけに、朝鮮人の人気は普通の日本人の音楽家とは比べものにならない」（『東亜日報』一九二七年一〇月一〇日、原文は朝鮮語、筆者訳）と評されるほどになっていた。柳夫妻の第一回目の朝鮮渡航音楽会から七年が経ち、日本人の音楽会が珍しくない頃でも、柳兼子の人気は絶大だった。

ところが、第二回以降の渡航音楽会は、柳宗悦にとっては「思慕のしるし」ではなかった。柳宗悦は『白樺』一九二一年一月号に「『朝鮮民族美術館』の設立に就て」と題した文を発表した（柳一九二一ａ／一九八一）。朝鮮の美術品を蒐集した美術館を京城につくるため、その資金を寄付金によって集めたいという趣意書である。柳宗悦は早速同月、単身朝鮮に渡り美術館設立の準備に取りかかった。この時、柳宗悦に協力したのが朝鮮総督府に勤めていた浅川伯教《のりたか》、(22)巧の兄弟であった。柳宗悦は朝鮮総督府の計らいで建物を景福宮内に借りることになった。(23)

一九二一年六月、柳夫妻の二度目の朝鮮渡航音楽会が開かれた。音楽会の目的は「朝鮮への思慕」の表明から、美術館建設の寄付金を募ることに変わっていた。音楽会は、朝鮮民族美術館に対する朝鮮人聴衆の期待とあいまって盛況であった。『東亜日報』は音楽会の模様を、次のように報道している。

満都の人々が首を長くして待っていた柳兼子夫人の独唱会は、予定と同じ昨夜午後八時慶雲洞の天道教会で本報編集局長李相協氏の司会で開催された。今回の独唱会は朝鮮青年男女の血が沸く朝鮮民族美術館設立後援であり、青年男女の心情に共鳴されたことが大きく、定刻前から押し寄せて入って来た。……新しい文明の清水を飲もうと、そして優れた民族の正義を表そうと集まってきた千人を超える男女で溢れていた。……柳兼子夫人の独唱が始まると、場内の聴衆はまさしく感電したかのように沈黙してしまった。……誰もが感激のあまり涙を流した。聴衆の感情は一層高ぶり、割れるような拍手で火のようになった感情を表すのであった。

（『東亜日報』一九二一年六月六日、原文は朝鮮語、筆者訳）

このように『東亜日報』は、柳兼子への賛辞とともに朝鮮人聴衆がいかに沸いたかを記している。

四　朝鮮渡航音楽会の朝鮮への影響と西洋音楽移入

1　「音楽会」の導入

柳兼子が朝鮮渡航音楽会で披露したプログラムは、マイヤベーア、グルック、シューベルト、ロッシーニ、ワーグナー、リヒャルト・シュトラウス、サン＝サーンスの作品など幅広かった。六度にわたる柳兼子の朝鮮渡航音楽会のプログラムを概観すると、わずかな例外を除いて、古典派からロマン派に至る西洋の声楽作品で占められていた。ワーグナー、リヒャルト・シュトラウスなど、初心者が聴くにはやや難解と思われる作品が含まれることもあった(24)。

柳兼子のレパートリーには、柳宗悦の音楽観が反映されていた。柳宗悦は名人芸的な技巧を前面に出す作品を嫌い、柳宗悦なりの「芸術的内容」をもった作品に取り組むよう交際中から兼子に求めていた(25)。ワーグナーやリヒャルト・シュトラウスの作品を取り上げたのも、柳宗悦の意向によるものとされる(26)。

ところで、ここでの「音楽会」も、本章第二節での言及と同様に、ソロ・リサイタルの意味で用いている。あらためて定義するならば、演奏会名に一人の演奏家の名前を冠し、その演奏家の演奏を中心として、一回のステージを構成するスタイルの演奏会としておきたい。柳宗悦は、その著作において、「演奏会」や「独奏会」、「独唱会」という言葉は使わず、ほとんど「音楽会」という表現を用いていた。

さて、柳夫妻の「音楽会」の斬新さを確認するため、朝鮮における一九二〇年前後の「音楽会」事情を、簡単に把握しておきたい。李宥善《イ・ユソン》が一九一八年頃の音楽会について、次のように述べているのが参考となる。

この頃の演奏会は「アカデミック」な独奏会というわけではなく、独唱、合唱の声楽を中心とし、余興として器楽独奏をはさめるという学芸会のようなものであった。

（李宥善一九八五、一二八頁、原文は韓国語、筆者訳）

つまり、「学芸会的な」音楽会がほとんどであったところに、柳夫妻の朝鮮渡航音楽会が行なわれたわけであり、その影響は大きかったに違いない。

ところで、柳兼子より以前の一九一六年一二月には、ピアニストの小倉末子《すえこ》(27)（一八九一―一九四四）が京城で音楽会を開いている。小倉はドイツに学び、アメリカでも活動するなど、当時としては数少ない海外での活動経験のあるピアニストであった。当時、東京音楽学校講師を務め、日本のピアノ界の草創期を代表する存在であった。小倉の音楽会については『京城日報』が詳しく伝えている。柳兼子の音楽会と比較する上で、小倉の音楽会をみておきたい。

小倉の音楽会は、一九一六年一二月一九日に朝鮮ホテルで開催された。小倉の母校でもある神戸女学院の同窓生、京城在住の欧米人、基督教青年会などが中心となって企画、開催した。音楽会の名前は「小倉末子女史音楽会」であるが、小倉末子のピアノのほかに、「京城外人団の一粒選りの大家」として、キリスト教関係の欧米人四名が出演した。彼らは、小倉の独奏の前後や合間に、独唱や合唱を披露した。小倉はバッハ＝リストの《前奏曲とフーガイ短調》、ショパンの《バラード》《幻想即興曲》《子守歌》、リストの《泉のほとり》などを演奏した。

『京城日報』は、「実に日本も音楽が進歩致しましたものですね。京城などでこんな音楽が聴かれやうとは夢にも思ひませんでした」（ゲール博士夫人）、「全く天才ですね……此処に来て居る外国の人が皆驚いて居ます」（スミス氏）と、いずれも外国人が絶賛したコメントを載せ、盛会ぶりを伝えた（『京城日報』一九一六年一二月二〇日朝刊）。小倉は一二月二二日には昌徳宮で高宗皇帝の御前演奏を行なったほか、在朝日本人の各種歓迎会に招かれるなど、一〇日ほどの滞在期間中に精力的に演奏を行なった。

このように小倉末子の音楽会は、対象とする聴衆をおもに朝鮮在住の欧米人と日本人としていた。特に、朝鮮在住の欧米人が、この時期も西洋音楽では幅を利かせていたようである。そして音楽会のスタイルは、やはり独唱や合唱を前後や間にはさむものであった。

そうしてみると、柳夫妻による「音楽会」のスタイルが、当時の朝鮮において、いかに斬新なものであったことがわかる。

2　西洋音楽と朝鮮人聴衆

柳夫妻の音楽会は、対象とする聴衆を在朝日本人ではなく朝鮮人としていた。ただ、プログラムは、特に朝鮮人を意識するものではなく、日本国内で行なっていた内容とあまり変わらなかった。その後も、朝鮮の民族服を着て歌うなど、朝鮮人聴衆へのサービスを演出することもあったが、レパートリーは徹底して自分の路線を貫いた。その意味で柳兼子の朝鮮渡航音楽会は、日本人のフィルターを通した西洋音楽を移入するものにほかならなかった。一九二〇年五月三日の『東亜日報』には、「柳夫人独唱会曲目解説」が掲載された（『東亜日報』一九二〇年五月三日）。また、一連の関連記事でも曲目を解説するものが多い。この点については、梶谷崇も指摘しており、

「これは朝鮮社会において西洋音楽がほとんど流布していなかったことをうかがわせる。また同時に、西洋音楽を社会へ浸透させようという『東亜』側の意図によるものでもあったであろう」と分析している（梶谷二〇〇四、三一頁）。

また、一九二一年四月に朝鮮を訪れた田辺尚雄も同様な印象を書き残している。

当時朝鮮における西洋音楽はきわめて微々たるもので、日本とは比較にならない。……時どき洋風の音楽会も開催されかなり名の売れた演奏家が来れば相当に歓迎もされるが、これとて真に高尚な芸術家として迎えるというよりも、むしろ珍らしい興業ものとして歓迎される傾きがある。（田辺一九七〇、八八―八九頁）

これは田辺が一九二一年四月当時を回想したものである。一九二一年までのところで、「洋風の音楽会」で、しかも「かなり名の売れた演奏家が来れば」といえば、柳兼子の音楽会ぐらいに限られるのではないかと思われる。田辺の調査直後の一九二一年六月には、「朝鮮民族美術館設立募金・柳兼子夫人独唱会」が開催されており、田辺が柳兼子の音楽会を指している可能性も考えられる。

それでは、柳兼子の音楽会に、どのような朝鮮人客層が参集したのだろうか。『東亜日報』は「新しい文明の清水を飲もうと、そして優れた民族の正義を表そうと集まってきた千人を超える男女」としている（『東亜日報』一九二一年六月六日、原文は朝鮮語、筆者訳）。当時、朝鮮人対象とした西洋音楽の音楽会の絶対数が少なかった。朝鮮の西洋的近代化を望み、西洋の芸術、文化との接触を求めていた朝鮮人聴衆にとって、柳夫妻の音楽会は絶好のタイミングで行なわれたといえよう。高崎宗司は、柳夫妻の音楽会について「東亜日報社の事業方針、編集方針と柳の思想が、少なくとも一部は重なっていた」と指摘する（高崎一九七九、九八頁）。梶谷崇は『東亜日報』の関わり方について「宗悦の思想や事業計画に関する記事よりも、むしろ兼子の音楽会の記事の方がより多く分量が割かれていたし、また、宗悦の活動については、宗悦の意図する、日本人と朝鮮人とが『心の友となる』というような、友好関係の構築を目的とした活動として報道されるよりも、むしろ朝鮮民族の発展を期す『文化主義』的な文脈へと読みかえられて、報じられていた」と分析する（梶谷二〇〇四、三〇頁）。このような朝鮮人社会の変化が、柳夫妻の朝鮮渡航音楽会を受け容れる素地を形成していたことは確かである。

ただ、『京城日報』によると、一九二〇年の五月の朝鮮渡航音楽会では、聴衆には朝鮮人だけでなく、朝鮮在住の欧米人と日本人がかなり含まれていたようである。このことについては第四章で言及する。

3　柳夫妻の朝鮮渡航音楽会が日本人音楽家に与えた影響

柳夫妻の朝鮮渡航音楽会は、日本人音楽家が渡航して音楽会を開催するモデルケースとなった。柳夫妻の音楽会以降、日本人音楽家の渡航は著しく増加した。一九二二年六月には、声楽家の武岡鶴代が、ピアノ伴奏の榊原直《なおし》とともに、朝鮮で音楽会を開いている。(28) 一九二二年七月の『音楽界』には「武岡鶴代女史と榊原直氏の朝鮮行」と題し、相次ぐ日本人音楽家の渡航について、次のような記事が掲載されている。

> 最近我が楽界の隆盛と共に朝鮮に於ける洋楽の普及も亦著るしいもので……小倉末子女史柳兼子夫人等語る処によつても、聴衆の真面目で而も理解のあることにはいづれも好感を持つて居られるが、武岡鶴代女史も……同伴のピアニスト榊原直氏と朝鮮に渡り、平壌京城等を始じめ名地《ママ》を巡演することゝなつたといふ。

(『音楽界』一九二二年七月号、三九頁)

この記事からは、柳兼子が朝鮮人の聴衆について好意的な情報を伝えていたことがわかる。ピアノの榊原直は柳兼子の伴奏者として、最初の朝鮮渡航音楽会に同行した。武岡鶴代、榊原直はいずれも、国立《くにたち》音楽大学の前身である東京高等音楽学院の草創期から、教鞭を執っていた。柳兼子も一九五四年から一九七二年まで、国立音楽大学教授として教鞭を執った。「理事長中館耕蔵は大正年代から兼子の演奏会をしばしばマネージメントし、榊原直は長い間兼子のピアノ伴奏をつとめ、矢田部勁吉と武岡鶴代は演奏グループ『東京コンサート』の仲間である」(松橋一九九九、二七九頁)というように、いずれも柳兼子と親しい人物であった。

また、金志善の調査から、東京高等音楽学院は植民地期の朝鮮から音楽留学生をたくさん受け入れたことが明らかにされている(金志善二〇〇六、二六頁)[29]。特に、榊原直は洪蘭坡《ホン・ナンパ》[30]が同学院に入学した時の保証人にもなっている(遠藤二〇〇三、一二〇—一二三頁)。渋川久子は論文「東京高等音楽学院史の研究(二)」で、東京高等音楽学院の朝鮮からの留学生について次のように述べている。

> 学校には創立時から朝鮮(現在の韓国、北朝鮮をふくむ。当時は日本領。)出身の学生が学んでおり、卒業時には学校から賞を授けられたり、推薦されて読売新人演奏会に出演した人もいた。……内地の唯一の官立の音楽専門学校東京音楽学校は、入学資格に特に差別的条件はつけていなかったが、金淳烈(昭和一五年学院予科入学)によれば、当時東京音楽学校は朝鮮の学生は予科に一名、予科に採用しなかった時に師範科に一名採用する程度だった。だから音楽を学ぼうとする学生の多くは、差別のない国立や武蔵野を選んだという。

（渋川一九八八、一八九頁）

このように、東京高等音楽学院は一九二六年の設立時から、朝鮮人留学生に対し、幅広く門戸を開いていた。洪蘭坡や韓国の愛国歌の作曲者として知られる安益泰《アン・イクテ》ら、(31)韓国近現代の錚々たる音楽家が留学していたことからも、そのことがうかがい知れよう。

柳兼子の朝鮮渡航音楽会がきっかけとなって、同学院の教員が朝鮮を訪れるようになったことが、ひいては同学院における朝鮮からの音楽留学生受入に、間接的につながっていったとみることもできる。

五　柳宗悦の「音楽会」の否定

柳夫妻の朝鮮渡航音楽会は、一九二八年に行なわれた六度目の渡航で最後となった。柳宗悦は一九二四年に朝鮮民族美術館の設立を成し遂げた。そして次の関心は、日本民芸館の設立にあった。柳兼子も一九二八年の朝鮮渡航音楽会直後にドイツに遊学し、同年末に帰国すると、日本での活動に専念した。日本のマネージメント業の充実につれ、柳兼子の音楽会の企画、開催も、柳宗悦の手から離れていった。(32)柳宗悦が、白樺主催音楽会、朝鮮渡航音楽会で、音楽会の企画、開催に手腕を発揮した時代は終わった。

柳宗悦は、一九二九年にハーバード大学の講師として、約一年間の滞米生活を送った。その折、柳宗悦はボストン交響楽団の演奏会を聴き、その素晴らしさに感動した。柳宗悦は、ボストン交響楽団の団員の八割が、アメリカ人ではなく外国人であると知り驚く。その一方で、演奏曲目がヨーロッパの作品で占められていることに疑的内容のある音楽について、次のように延べた。

問を感じた。つまり、米国の音楽とは何なのか、という疑問であった。柳宗悦は「ジャズ程米国趣味のよく現れたものはない」とジャズに惹かれるようになった（柳一九三〇／一九八二、五二一頁）。そして、かつて傾倒した芸術的内容のある音楽について、次のように延べた。

私はベートーヴエンやブラームス等の音楽が下らないものだと云ふのではない。だがそれ等の音楽には大なる欠陥があると云ふ事に気づかない訳にゆかない。それはどう云ふ点か。それ等の音楽が民衆の中にも活きてゆく音楽となり得ないと云ふ点である。私の様に多少の教養を持ち、音楽的環境を持ち、さうして音楽を少なからず聴いた者にさへ、それ等の曲目を聴くには心の用意がいる。もうそれ等は専門家に所属する音楽である。簡単に云へばむづかしい音楽である。少数の人にだけより分らない音楽である。さうして少数の金持ちに属する音楽である。それは一つの固い城壁に立籠る音楽である。（柳一九三〇／一九八二、五二三頁）

これまで柳宗悦は、自己の音楽観を音楽会の企画、開催で具体化してきた。しかし、柳宗悦は自身の歩みに否定的な立場をとり始める。「民衆の生活に即する音楽、これこそ将来の音楽の一大方向であると云はねばならない」（柳一九三〇／一九八二、五二二頁）と音楽観の方向転換をした柳宗悦は、八年後の一九三八年から三年続けて沖縄を訪れ、民衆の音楽に触れてさらに大きな衝撃を受けた。

多くの国で、音楽は音楽会の音楽に変りました。ですが音楽会に行かなければ、いゝ音楽が聞けないと云ふことは、それだけ平常の生活から音楽が去つて了つたことを意味するでせう。それは決して幸福なことではありません。……音楽会が必要になつたのは寧ろ変態な現象なのだと云へるのです。

（柳一九三九／一九八一、六三―六四頁）

柳宗悦は自ら築いてきた「音楽会」を否定した。朝鮮渡航音楽会後、実に一〇年が経っていた。さらに柳宗悦は「沖縄の思ひ出」のなかで、次のように述べている。

近頃の東京などでは、音楽は音楽会の音楽で、家庭の音楽ではありません。まして日々の暮らしが音楽の中にあるのではありません。バッハとかベートーベンとかを云々する知識人は多くても、それは生活とは別のことで、何か遠いものです。所が沖縄では音楽や踊が身に滲み渡つてゐて、それがない所に、暮しがない有様です。吾々は何か音楽に就いての考へを改めねばならないやうに強く感じました。

（柳一九四八／一九八一、四二二―四二三頁）

最後の一文は、柳宗悦が自身の音楽観の転換を自覚した表われである。以後、柳宗悦は音楽に関わる表立った活動からは手を引いている。柳宗悦が覚醒したのは「民衆の生活に即する音楽」であった。これこそ柳宗悦が民芸運動で追究した、民衆の日常生活に息づく美、名も無い職人が日常生活のために作った日用品に見出す美、すなわち「民芸の思想」につながるものである。仏教研究者・増谷文雄は、柳宗悦の「美の鑑賞眼」の遍歴を次のように述べている。

先生ははやくから、『ブレークの言葉』などにおいて、すぐれた美の鑑賞眼を示しておられたのでありますが、その眼をヨーロッパからめぐらして、朝鮮、そして日本へと帰られたというべきでありましょう。そして、やがて柳先生がその生涯をかけた民芸の仕事がはじまったのであります。
（増谷一九八二、一頁）

柳宗悦の音楽への眼差しも、ヨーロッパから朝鮮を経て日本へ、そして「音楽会の音楽」から「民衆の生活に即する音楽」へと至ったといえよう。ただ、柳宗悦は朝鮮において、「音楽会」という西洋音楽の伝播のかたちをもたらしたものの、朝鮮人の生活に即した音楽へ眼差しを向けることはできなかったのであった。

六　本章のまとめ

本章では、まず、日本の近代における西洋音楽の普及と浸透が「音楽会」という伝播のかたちによってなされていく過程を、柳宗悦と音楽との結びつきから導き出した。そして、「音楽会」という文化が、柳夫妻の朝鮮渡航音楽会として、植民地期朝鮮へと展開していった流れをさぐった。

柳宗悦の音楽への関心は、まず、白樺主催音楽会を開催することで具体化された。柳宗悦は音楽会を企画する才能は図抜けており、『白樺』の充実期を築いた。柳宗悦は「音楽会」、さらにいえば、「リサイタル」というかたちを、近代の日本に導入し、定着させるのに重要な役割をはたした人物であった。もちろん、その陰には柳兼子の存在があった。

柳宗悦は三・一独立運動をきっかけに、日本の植民地統治のあり方を批判した。そして、朝鮮への償いと思慕の念を表明するため、一九二〇年五月、柳兼子の独唱による朝鮮渡航音楽会を開催した。柳宗悦が自らの思慕を音楽会で表したのは、朝鮮人の芸術的感性を評価していたからであった。つまり、第一章でもふれた朝鮮人の音楽性を評価する日本人の朝鮮表象が、柳宗悦の脳裏にもあったと思われる。柳兼子も朝鮮人が音楽好きであると認識していた。

柳兼子の朝鮮渡航音楽会は、一九二〇年五月当時の朝鮮では、日本人による西洋音楽の音楽会としては、初めての例であった。さらに、現在の「リサイタル」に相当する、アカデミックで、かつフォーマルな「音楽会」として行なわれたことも、従来にない試みであった。柳宗悦は、『白樺』で培った「音楽会」という文化と運営の力を、朝鮮でも試したのであった。

第一章で述べたように、朝鮮における西洋音楽の導入ルートは、キリスト教の宣教師、エッケルトによる宮廷軍楽隊や李王職洋楽隊の指導、日本の朝鮮駐劄軍楽隊、そして日本式の唱歌教育などであった。これらに、日本人音楽家による「音楽会」という伝播のかたちが加わったことになる。

それまでの西洋音楽移入において幅を利かせていたのは、宣教師やエッケルトなど欧米人であった。日本人も西洋音楽については、特にエッケルトの功績を公に認め、エッケルトと日本のつながりを強調することで、日本の西洋音楽の正統性をアピールしていた。そうした欧米人優勢の朝鮮の西洋音楽土壌に、彗星のごとく現れたのが柳兼子であった。朝鮮における西洋音楽が、従来のような欧米人の独占的なものから、日本人の関与するものへと移行していくきっかけとなったのが、柳兼子の音楽会であった。

柳宗悦は一九二九年以降、自らが日本と朝鮮で試み、培ってきた「音楽会」を否定する。一九二九年、アメリカ滞在中にジャズに出会い、一九三〇年代後半に沖縄で同地の音楽に出会ったのが、直接のきっかけであった。

「音楽会のための音楽」ではなく、その土地、その民衆が育んできた「民衆の生活に即する音楽」に価値を見出すようになったのである。柳宗悦の音楽観の転換は、彼のめざした「民芸運動」の思想と相通じるものがある。逆に言えば、このような視点、すなわちジャズや沖縄の音楽への覚醒を、柳宗悦がもう少し早く経験し、朝鮮で実践したならば、柳夫妻の朝鮮渡航音楽会は別の様相を呈したかもしれない。

注

（1）柳宗悦は、一八八九年東京生まれ。学習院に学び同高等科在学中に『白樺』の創刊に参加する。東京帝国大学哲学科卒業。宗教哲学を研究するかたわら芸術にも幅広く関心を持ち、特に朝鮮の美術工芸に惹かれ一九一六年以降度々朝鮮を訪れる。一九一九年三月の三・一独立運動をきっかけに日本の朝鮮統治に対して批判的な立場をとる。一九二〇年以降、六度にわたり夫人・柳兼子の独唱会を朝鮮で開催。また、朝鮮の美術、工芸品の保存を目的に一九二四年京城に「朝鮮民族美術館」を設立。バーナード・リーチ、濱田庄司、富本憲吉、河井寛次郎らとの親交の中で、無名の職人の作る民衆的工芸品に新たな美を見出し一九二五年に「民芸」という概念を提示した。その後、本格的な「民芸運動」を展開し、一九三四年には日本民芸協会を設立、さらに一九三六年には東京に「日本民芸館」を創設した。以後、沖縄をはじめ日本各地の工芸の調査、研究、紹介するなど活動を拡げた。一九五七年文化功労者。一九六一年に七二歳で亡くなった。

（2）柳兼子は、一八九二年東京生まれ。六歳から長唄の稽古を始める。東京音楽学校でハンカ・ペッツォルドに師事し声楽を専攻し、在学中より演奏活動を行なう。一九一四年柳宗悦と結婚。一九二八年ベルリンに遊学。帰国後、リサイタル、放送等で活躍し、日本のアルト歌手の第一人者としての地位を築く。国立音楽大学教授として後進の指導にも当たった。一九六一年紫綬褒章受章。一九六五年芸術院恩賜賞受賞。一九八四年に九二歳で亡くなった。

（3）小池（一九八九）、松橋（一九九九）のデータをもとに、筆者が『京城日報』等における音楽会開催の情報を加えて概算した。

（4）孫泰龍編著『毎日申報音楽記事総索引』（孫泰龍二〇〇一）をみると、同書が扱っている一九一〇年八月三〇日から一九四五年八月一五日までの間で、柳兼子の音楽会以前に京城で行なわれた日本人音楽家による演奏会は、一九一六年一二月に京城青年会主催で開かれた小倉末子ピアノ独奏会のみである。ただ、実際には現在でいう純粋な意味での独奏会ではなく、小倉のほかにも複数の出演者がいた。

（5）金希貞は先行研究として拙稿（藤井一九九六ａ）にふれ「朝鮮での兼子の独唱会について本格的に触れているものとしては藤井浩基（「柳宗悦の音楽観——朝鮮渡航音楽会を通して——①」『北東アジア文化研究』第三号、一九九六年二月）による論文が一つある。しかし、これは兼子の独唱会と柳宗悦の音楽観の関わりをめぐる研究で、朝鮮側を中心として論じられた研究ではない」と述べている。ただ、筆者は同年続けて「柳夫妻の朝鮮渡航音楽会の諸相——柳宗悦の音楽観②——」（藤井一九九六ｂ）を発表し、朝鮮側の音楽会の受容についても若干言及している。

（6）一九二〇年五月の最初の渡航の折には「音楽会」という表現が使われていたが、その後一九二一年以後「独唱会」「演奏会」「独唱大会」という表現が用いられた。最も頻度の多いのは「独唱会」である。ただ、柳宗悦は著作の中で「独唱会」「演奏会」という表現は用いず、「音楽会」のみ用いている。

（7）本章第四節1項で再度この定義を試みている。

（8）本書では、『白樺』（複製版、一九六九—一九七二、京都：臨川書店）を資料として用いた。

（9）萱野二十一は劇作家・郡虎彦（一八九〇—一九二四）のペンネーム。萱野は創刊第二号となる一九一〇年五月の『白樺』第一巻第二号で評論「歌劇としてのエレクトラ（リヒアード、シュトラウス）」を投稿している。詩人・尾崎喜八（一八九二—一九七四）は一九一六年四月からロマン・ロランの『今日の音楽家たち』の英訳を和訳して連載した他、ベルリオーズやベートーヴェンについての評論を寄稿した。

（10）たとえば、音楽会の話題が書かれている志賀直哉宛の書簡を挙げておきたい。「三日に戸山学校の音楽隊が、ワグナーの何とか云ふのをするのだそうです。非常にいいとの事……」（柳一九〇八／一九八一、六頁）

（11）音楽に関するまとまった評論としては『白樺』一九二一年三月の「エルマンを聞く」がある程度である（柳一九二一ｂ）。

(12) 田村寛貞（一八八三―一九三四）は学習院を経て東京帝国大学哲学科卒業。音楽史を専門とし、東京音楽学校教授、東京帝大講師として教鞭を執った。ハンスリック著『音楽美論』（田村寛貞訳）を紹介した他、『ベートーヴェンの第九シンフォニー』等の著書で、西洋音楽史、音楽美学の草分け的存在であり、近代日本で最初の音楽学者ともいわれる。

(13) プログラムはハルグローブのピアノ独奏でドビュッシーの《月の光》他、原途子のピアノ独奏でリストの《こびとの踊り》、中島兼子のアルト独唱でビゼーの歌劇《カルメン》より《ハバネラ》、サルコリのテノール独唱でプッチーニの歌劇《西部の娘》より、中島兼子とサルコリの二重唱でヴェルディの歌劇《トロヴァトーレ》より第四幕の二重唱（『白樺』第四号第一〇巻一九一三年一〇月号、広告頁）。

(14) たとえば、一九一三年九月一八日付の中島兼子宛の書簡で柳宗悦は次のように書いている。「音楽会は色々相談の結果十一月八日（土曜）にする事にしてゐる。それでサルコリー氏の方の都合も大変によくなると思ふ、今度行つた時、その事を話しておいてほしい。『有島及其友達からなつてゐる白樺社主催の音楽会』だと云ふ事もサ氏に話しておいてほしい。……原さんとサ氏と、貴嬢のする曲名、作曲者名を、なるべく早く（来る二十三四日頃迄に）知らせてほしい。サ氏にはDuetの外二つ位唱つてほしいを思つてゐる。」（柳一九一三c）

(15) 久野久子（一八八四―一九二五）は、東京音楽学校でピアノを専攻し、卒業後同校の教授になった。大正期には日本のピアニストの第一人者として活躍し、とりわけベートーヴェンの演奏に定評があった。一九二三年には文部省の派遣でドイツに留学し、リストの高弟エミール・フォン・ザウアーに師事するが、現地では評価されず失意のため同地で自殺した。

(16) 松橋桂子は「わが国の女流声楽家の自主リサイタルの歴史は、この時の兼子のリサイタルから始まる。女流と限定しなければ、山田耕筰が前年とこの年に二回独唱会を開いているので、それに続く」とし、柳兼子が自主リサイタルの開催においても草分け的な存在であったと位置づけている（松橋一九九九、一〇七頁）。

(17) 一九〇七年六月、高宗はオランダのハーグで開かれた第二回万国平和会議で、第二次日韓協約の不当性を訴えようと密使を派遣した。しかし、参加を拒まれた上に、日本政府もこの派遣を不法行為とし、高宗を責め、退位させた。この事件をきっかけに、日本はさらなる旧韓国への圧力を強め、第三次日韓協約を結ばせると旧韓国の内政全般を監視した。

（18）天道教は、朝鮮王朝末期に起こった民衆宗教である東学を引き継ぐ宗教として、東学第三代教主の孫秉熙が一九〇五年に宣布した。東学はキリスト教（西学）に対する朝鮮の学を意味し、民族主義の高まりを背景に生まれた。

（19）『朝鮮韓国近現代史事典第二版』によると、一五四二回の集会、二〇三万三〇九八名が参加したという（韓国史事典編纂会・金容権編著二〇〇六、二〇〇頁）。

（20）『朝鮮韓国近現代史事典第二版』によると、七五〇九名が死亡、一万五九六一名が負傷、検挙者数は四万六九四八名に上った（韓国史事典編纂会・金容権編著二〇〇六、二〇〇頁）。

（21）『東亜日報』は、朝鮮総督府が「文化政治」の一環として打ち出した朝鮮語新聞の発行許可によって、一九二〇年四月に創刊された朝鮮語による日刊紙である。朝鮮の民衆の声を表現し、民主主義、文化主義を標榜することを掲げた。朝鮮統治への批判的な言論もしばしば行なったため、植民地期に四回の停刊処分を受けている。一九四〇年廃刊。創刊した金性洙《キム・ソンス》は、独立運動家であると同時に実業家であり、朝鮮総督府や日本の資本との結びつきも強かったとされている。植民地解放後一九四五年一二月に復刊され、現在も有力朝刊紙として発行されている。

（22）浅川伯教《のりたか》は朝鮮陶磁器研究家、浅川巧は朝鮮総督府管轄下の朝鮮林業試験場技師であった。兄弟共に柳宗悦の朝鮮民族美術館の設立に協力した。美術工芸研究や養苗技術開発等を通じて朝鮮人と厚い親交をもち、朝鮮人からも愛された稀有な日本人として日韓両国で現在も高い評価を受けている。高崎宗司（二〇〇二c）が詳しい。

（23）景福宮内の観豊楼を借りる際には、斎藤実朝鮮総督の計らいがあったという。このことについては、高崎宗司（一九七九、九九―一〇〇頁）が詳しい。

（24）参考までに、五月四日のプログラムを挙げておきたい。松橋（一九九九、一〇一―一〇三頁）を参照した。曲名の表記は現在通用されているものに修正した。
トーマ：歌劇《ミニヨン》より「君よ知るや南の国」、「遠くより哀れな児は来ぬ」
シューベルト：《夕映えの中に》《死と乙女》《春の信仰》
ピアノ独奏（榊原直）
マイヤベーア：歌劇《予言者》より「ああ、わが子よ」「恩恵を施したまえ」

ウェーバー：歌劇《魔弾の射手》よりカヴァティーナ「たとえ雲に閉ざされていても」
ヴェルディ：歌劇《トロヴァトーレ》より「炎は燃えて」
シューマン：《月夜》、チャイコフスキー：《なぜ薔薇は萎んだか》、リヒャルト・シュトラウス：《何も知らず》
ピアノ独奏（榊原直）
ビゼー：歌劇《カルメン》より「ハバネラ」「セギディーリャ」

(25) 柳宗悦が一九一一年兼子に宛てた書簡には以下のような要求がみられる。「技巧としての芸術に止まらずして内容のある芸術に」（柳一九一一a、三八頁）。

(26) たとえば、水尾比呂志による柳兼子へのインタビューで、柳兼子が以下のように答えている。

「――奥様の歌についていろいろ批評なさるとか、そういうことはありましたか。

柳：しますとも。『この頃、こういう歌がね、ヨーロッパで偉い人が歌って、はやってるんだよ』ってね。まあ、シュトラウスのサロメの曲の譜なんかをわざわざ取り寄せて、私にくれるのは有難いんです。ところが、私のパートじゃないんですのよ。」

（水尾一九八一、七頁）

(27) 小倉末子（一八九一―一九四四）は大正、昭和初期に活躍した日本のピアニストの草分け的な存在。東京音楽学校を中退し、ベルリン高等音楽院に留学。アルトゥール・ルービンシュタインらを育てた名教師ハインリッヒ・バルトに師事した。その後渡米しシカゴの音楽学校で教鞭をとり、一九一六年より東京音楽学校教授を務めた。一九三七年に勲四等瑞宝章受章。小倉末子は『白樺』とも交流があり、白樺主催の音楽会にも出演したことがある。また、柳兼子とは伴奏者として協演したこともある。

(28) 武岡鶴代（一八九五―一九六六）はソプラノ歌手として大正から昭和にかけて活躍した。一九一九年東京音楽学校研究科修了。一九二一年東京音楽学校講師。一九二六年東京高等音楽学院創立に加わる。以後、同音楽院、国立音楽大学教授として教鞭を執った。

榊原直（一八九四―一九五九）はピアニスト、伴奏者として大正から昭和にかけて活躍した。一九一九年東京音楽学校研究科修了と同時に同校講師。一九二六年東京高等音楽学院創立に加わり、以後、同音楽院、国立音楽大学教授として教鞭を執った。朝鮮人、韓国人留学生を積極的に受け入れ、指導はもとより生活面においても支援を惜しまなかったという。洪蘭坡を受け入れ指導したこともあった。

(29) 武岡鶴代、榊原直の略歴については、国立音楽大学調査・校史編纂室（編）（一九九六、八頁）を参照。

金志善は『韓国作曲家辞典』（李春美編一九九九、ソウル：韓国芸術総合学校韓国芸術研究所）のデータに基づき、朝鮮人留学生の留学先の割合をグラフ化している。そのうち、三一％が東京高等音楽学院であり、最も割合が高い。次は東洋音楽学校の二二％である。

(30) 洪蘭坡（本名 洪永厚一八九七―一九四一）は「韓国近代音楽の父」ともよばれ、植民地期朝鮮で作曲、ヴァイオリン演奏、音楽評論、音楽教育、音楽雑誌編集・発行など幅広い音楽活動を行なった。また文筆にも優れ、新聞紙上で小説や随筆の連載を行なうなど多面的な才能を発揮した。日本と米国に留学し、日本では東京音楽学校、東京高等音楽学院に学び、新交響楽団のヴァイオリン奏者としても活動した。

(31) 安益泰（一九〇五―一九六五）は、平壌の崇実学校に学んだ後、東京高等音楽学院に留学。チェロを専攻した。その後アメリカ、ハンガリー、オーストリアに展開し、ハンガリーではコダーイに、オーストリアではリヒャルト・シュトラウスに薫陶を受けた。指揮者としても活躍し、ベルリンフィルハーモニー管弦楽団を指揮したことでも知られる。また、作曲家としても知られ、一九三六年に現在歌われている韓国の《愛国歌》を作曲した。

(32) 前節でふれたように、東京高等音楽学院理事長の中館耕蔵は柳兼子のマネージャーを務めていた。

第三章　「文化政治」における音楽の奨励
――朝鮮総督府政務総監・水野錬太郎の音楽奨励策と在朝音楽家・石川義一――

本章では、「文化政治」期とよばれる一九二〇年代の植民地期朝鮮において、朝鮮総督府[1]によって音楽が奨励された実態を検討する。音楽の奨励について、朝鮮総督府の政策として明文化されたものを見つけることはできない。ここでは、朝鮮総督府政務総監[2]・水野錬太郎と、在朝日本人音楽家で朝鮮総督府にも勤務した石川義一を[3]、音楽の奨励を主導したキーパーソンとして取り上げ、異なる立場の二人の言説から、音楽奨励策の実相を導き出す。

一　「武断政治」から「文化政治」へ

一九一九年三月の三・一独立運動の勃発により、第二代朝鮮総督・長谷川好道は更迭され、同年八月、海軍大将・斎藤実《まこと》が第三代朝鮮総督に就任した。斎藤は、それまでの「武断政治」をあらため、新たな植民地統治政策として「文化政治」を打ち出した。これは当時の日本の首相、原敬が標榜した「内地延長政策」に基づき、朝鮮人の同化を図ろうとしたものであった。

斎藤は総督就任直後の九月三日、新しい施政方針を訓示した。この訓示が「文化政治」とよばれるようになったきっかけとなる。糟谷憲一は、訓示の内容をもとに「文化政治」における代表的な三つの標語として、「文化ノ発達ト民力ノ充実」「一視同仁」「内鮮融和」を挙げている（糟谷一九九二、一二三―一二六頁）。すなわち、朝鮮人が「文化の発達と民力の充実」を成すこと、天皇の臣民として日本人と同等にみなされるようになること（一視同仁）、そのために日本人と朝鮮人が対立せずに融和すること（内鮮融和）の三点が示されたのである。

なお、水野直樹は、「文化政治」期について、「通常三一年までを〈文化政治期〉とするが、二七年までとする説もある」という（水野一九九六、三八〇―三八一頁）。斎藤は一九一九年から一九二七年まで、さらに一九二九年から一九三一年までと、二度にわたって朝鮮総督を務めた。斎藤の総督在任期間をもとに、時期区分に各説があるという指摘であろう。(4) 本書では、朝鮮総督府による音楽の奨励とその波及の実態を勘案し、「文化政治」期を一九一九年から一九三一年までとする説をとる。さらに、第五、六章で言及するように、筆者は「文化政治」における音楽の奨励が、一九三一年以降も「心田開発運動」や「皇民化政策」にも引き継がれていったとみている。

さて、「文化政治」では具体的な政策として、総督武官制の廃止、憲兵警察制度から普通警察制度への転換、言論・出版・集会・結社の取締りの緩和、「会社令」の廃止、地方諮問機関の設置、産米増殖計画、第二次朝鮮教育令の制定などが実施された（糟谷一九九二、一二二頁）。しかし、これらは、それまでの統治政策を根本的に転換したものではなかった。たとえば、斎藤実以降も朝鮮総督に文官が就任したことはない。普通警察制度が実施されても警察機構は拡充された。ただ、言論・出版の取締りの緩和では、朝鮮語新聞の『東亜日報』や『朝鮮日報』の発行が許可された。また、会社令の廃止により、朝鮮の民族資本による起業が許可されるなど、「武断政治」期にはなかった支配の緩和もみられた。もっとも、それらは同化政策の一環として、支配に対する朝鮮人の不満の蓄積を回避しようとするものであった。ごく一部の社会的地位のある朝鮮人を、地方諮問機関の評議会などの委員に任用したり、朝鮮人の官吏の登用や待遇改善をしたりするなど、様々な懐柔政策が行なわれた。糟谷は「文化政治」を「民族運動の発展を抑えるために治安維持力の強化を重視するとともに、朝鮮民族を分裂させて、少くとも上層の多数は植民地の側に引き寄せようとする分裂・懐柔政策を用いた支配であったと言うことができる」と結論づけている（糟谷一九九二、一四四頁）。

以上は、「文化政治」の重要な政策と位置づけられているものであるが、言い換えれば朝鮮総督府が示した可視的な政策である。一方で、明文化されず、実態の見えてこない不可視的な政策もあった。その一つが音楽の奨励である。音楽の奨励に関して、明文化された法令などは管見の限り見当たらない。しかし、高崎宗司は、一九二三年以降の柳宗悦と「文化政治」の関係を論じた際、「柳が批判した武断政治は姿を消し、美術や音楽が奨励される時代になった」（高崎二〇〇二b、一三一頁）と述べ、「文化政治」で音楽が奨励されたことを指摘している(5)。

こうした背景には、「文化政治」期の朝鮮で進みつつあった近代社会の形成があった。「文化政治」と音楽を結びつける上で、まず当時の朝鮮の社会や風俗の動きを把握しておきたい。その点で、並木真人はわかりやすく当時の京城の様子をまとめており参考になる。

「文化政治」のもと、一九二〇年代から三〇年代にかけての朝鮮では、都市を中心に近代社会の形成が進んだ。当時京城とよばれた現ソウルの人口は急増し、日本帝国有数の都市へと発展した。道路の拡張、城壁の撤去や高層建築の登場などは、都市の景観を一変させた。街路には路面電車や自動車が行き交い、電気や水道の設備も徐々に充実し、官庁や大企業の従業員を中心に俸給生活者が増加した。それにともない、百貨店や映画館、喫茶店、カフェなど都市的な消費文化を代表する施設が目につくようになった。人々の洋装や洋髪も漸次普及し、日本食や洋食など、外食の習慣も広まっていった。ラジオや電話、電報など新たなメディアが導入され、レコードも発売された。さらに、欧米の文化や芸術も、おもに日本を経由する形で受容された。（並木二〇〇四、一五一頁）

ここで注目したいのは「欧米の文化や芸術も、おもに日本を経由する形で受容された」という点である。すでに第一章、第二章で、西洋音楽が朝鮮に導入されたルートとして、日本人による音楽的な関与について言及してきた。それが政治性をもち、組織的かつ具体的になっていくのが「文化政治」期である。本章では、「文化政治」において音楽の奨励が行なわれていたことを確認し、実際にどのような音楽奨励策が構想、実践されていたのかを明らかにする。

そこで検討の主軸となる二人のキーパーソンを挙げておきたい。

一人は水野錬太郎である。水野は、一九一九年八月、斎藤実の朝鮮総督着任と同時に政務総監に就任し、一九二二年六月まで二年一〇ヶ月間その職にあった。水野は「『文化政治』の実質的な第一人者」（稲葉一九九四、四五頁）、「『文化政治』の生みの親が原敬であったとすれば、育ての親は水野錬太郎」（稲葉一九九四、五六頁）といわれるように、「文化政治」を検討する上で最も重要な人物のひとりである。しかも、次節で言及するように、水野は音楽と関係が深かった。

もう一人は石川義一である。石川は音楽の専門家として、音楽奨励策の理論的な基盤を固め、浸透させる実質的な働きを担っていた。
もっとも水野と石川が協働して音楽の奨励に当たったわけではない。ただ、結果的に二人が「文化政治」の音楽奨励策の基盤を作ったことは間違いない。

二　朝鮮総督府政務総監・水野錬太郎による音楽の奨励

1　水野錬太郎の略歴

水野による音楽奨励策について言及する前に、簡単に水野の経歴についてふれておきたい(6)。

水野錬太郎は、一八六八年秋田藩士水野立三郎の長男として、東京に生まれた。一八九二年に東京帝国大学法科大学法律学科を卒業し、第一銀行勤務を経て農商務省に入った。その後、内務省に転じ、一八九七年には著作権法の調査、研究、制定に携わった。それにより、日本における著作権法の草分けとして知られた。一九一二年には貴族院議員、一九一八年には内務大臣となった。一九一九年には朝鮮総督府政務総監に就任し、一九二二年六月の辞任まで同職を務めた。帰国後、再び内務大臣(一九二三～一九二七年)、文部大臣(一九二七～一九二八年)を歴任した。一九三〇年に東洋協会会長、一九三八年議会制度審議会総裁、一九四三年興亜総本部統理等を務めた。音楽に関するところでは、一九二九年に日本作曲家協会会長、一九三一年に社団法人大日本作曲家協会会長、一九四〇年には大日本音楽著作権協会会長となっている。一九四五年一二月に戦犯となったが一九四七年九月に指定から解除された。一九四九年一一月神奈川県大磯町で死去した。

2 水野錬太郎と音楽――著作権法の学者として――

水野と音楽の結びつきは、略歴からもうかがえよう。水野は、日本における著作権法の草分けとして知られ、朝鮮総督府政務総監に就任する以前から、著作権法を通じて音楽との関係が深かった。

一八九四年、日本政府は一八五八年に江戸幕府がアメリカ、イギリス、フランスなどと結んだ不平等な通商条約の改正に調印した。条約改正に際し、日本は国際的な著作権保護条約であるベルヌ条約同盟に加盟する必要に迫られた。そこで、日本政府は国際的に通用する著作権法の制定を急いだ。当時、内務省参事官であった水野は、その調査、研究を命ぜられ、スイス、イギリス、ドイツ、アメリカなど欧米諸国で、各国の著作権制度の調査を行なった。水野は帰国後の一八九八年に、旧著作権法を起草した。その著作権法は、翌一八九九年に公布、施行された。日本はベルヌ条約同盟にも加盟した。この仕事によって、水野は名実ともに著作権法の第一人者となった。

水野は著作権法の調査、研究により、音楽にも少なからず通じていたと思われる。大家重夫によれば「演奏」という用語も水野が考案したといわれる（大家二〇〇三、一〇九頁）。水野は作曲家の小松耕輔や中山晋平、音響物理学者の田中正平ら音楽関係者とも接触があった。小松耕輔は、自叙伝『わが思い出の楽壇』の中で「昭和四年五月十一日、法学博士水野錬太郎を推して本会会長とし承諾を得た。同氏は本邦の著作権法の最初の草案者であった」と書いている（小松一九五六、六七頁）。ここでいう「本会会長」とは、日本作曲家協会の会長のことである。ヴィルヘルム・プラーゲ（Wilhelm Prage, 一八八八―一九六九）がヨーロッパの著作権管理団体の代理人と称し、高額の著作権使用料の請求、訴訟を行った、いわゆる「プラーゲ旋風」の際には、会長として実質的な対応に当たることもあったという（大家一九九九、四一頁）。

3　水野錬太郎の音楽奨励策——官立音楽学校設置構想を中心に——

水野は一九一九年八月に朝鮮総督府政務総監となった。上述した斎藤総督による施政方針の訓示には「文化的制度の革新」、「文明的政治」といった文言が挿入されていた。稲葉継雄によれば、これらはいずれも水野の「文化的政治を行ふことを、適当の所へ挿入するやうに」という指示によるものであったという。また、稲葉はこのように「文化政治」という言葉自体が水野によって作られたものであったと指摘する（稲葉一九九四、五〇頁）。

政務総監時代の水野が音楽に関わった事例に、音楽学者・田辺尚雄との面会がある。田辺は一九二一年四月に京城を訪れ、四月一日に到着してから四月一三日に出発するまで一〇日余、朝鮮の雅楽の調査を行なった(7)。そもそも田辺が調査を行なったのは、宮内庁楽部楽長の上真行から、朝鮮では李王職雅楽部の廃止が検討されていることを聞かされたからであった。田辺は、危機的な状況を打開するため、朝鮮の雅楽や楽器を調査して、それらの保存と李王職雅楽部の存続を、朝鮮総督府に訴えようとしたのであった。

田辺は、到着翌日の四月二日には、早速政務総監官邸を訪問し水野と面会している。

> それより総督府に政務総監水野錬太郎氏を訪問した（当時総督斎藤実大将は上京中）。折から水野氏は外出中であったので夕方の面会時間を約して《ママ》、一旦宿に帰り、夕四時に水野政務総監の官邸を訪問した。水野氏には私の先生の中村清二博士の紹介状もあって、水野総監も快く面会され、私の要求に対してできるだけ援助する旨承諾され、李王家雅楽を映画（当時は活動写真と言った）撮影してもらうことも承知され、私は大いに満足して宿に帰った(8)。
>
> （田辺一九八二、一〇四—一〇五頁）

ところで、水野が力を入れた政策に教育政策があった。[9] 特に、一九二二年の第二次朝鮮教育令の改正に際しては主導的な役割を果たした。[10] 第二次朝鮮教育令では、新たに大学、専門学校における高等教育が標榜され、建前としては、朝鮮人学生が日本人と同様に高等教育を受けられることになった。

水野は大学の設置を政務総監就任直後から模索していた。三・一独立運動の後、朝鮮人による民立大学設立運動が起こり、[11] それを契機に一九二〇年八月から具体的な検討が進められた。一九二四年五月には、京城帝国大学予科が設置された。すでに水野は政務総監を辞めた後であったが、同大設置への路線を敷いたのは水野であった。

さて、水野の音楽奨励策は、その教育政策に関する言説にみることができる。水野の政務総監在任当時に学務局長であった渡辺豊日子は、次のように証言する。

> 朝鮮に大学を置くことに定った時、内外から朝鮮には大学は早過ぎる。殊に法文科を置くのは以ての外であるとの批難もありましたが、水野総監は「時勢の赴くところ止むを得ない。しかし自分にも一つの考えがある。朝鮮人は昔から音楽、絵画、彫刻方面に民族的に相当特長がある。それらを閉却して空理空論の基となる法文科のみを希望するのはよくない。ゆくゆく法文科大学を作った後には美術学校、音楽学校を作って見たい」と話されていたことを記憶します。
>
> (友邦協会編一九八四、五六頁)

渡辺の証言にみるように、水野の音楽奨励策は、官立音楽学校設置構想として模索された。

水野自身も一九三七年当時の回想として、次のように述べている。

或る時、余は青年朝鮮画家の主催に係る、書画展覧会に行つたことがある。見るとなかなか書も巧みであり、画も相当立派に出来て居るのを見た。そこで此の方面の奨励に、少しく意を須ひたならば、美術家として立派な者も出来るであらうし、また朝鮮人の無意味な政治論などを、さういふ方面に向けることが出来るであらうと考へたのである。茲に於て余は朝鮮に医科、法科、専門学校の外に、美術学校、音楽学校といふものを設けて、その方に人心を向はしめて、所謂趣味教育、情操教育を施さうと企てたのであるが、予算の関係上それは実現するに至らなかつた。しかしながら美術展覧会を開設するといふ事は、あまり経費を要することでもないから、先づ第一着手として之を興さうと考へたのである。

（『朝鮮行政』編輯総局編一九三七、二五七―二五八頁）

それでは、実際に構想はどの程度進んでいたのであろうか。立案に携わったという元朝鮮総督府殖産局長の松村松盛は、一九三六年当時の回想として、次のように述べている。

当時の総督、政務総監等は、自治運動にすさんだ、民族の情操を純化するために、芸術教育を為すの必要を認められて、美術、音楽などの教育施設に関する立案を命ぜられて、それぞれの教育機関並に社会教育の施設などを立案したのであるが、経費の都合上、その実現されたものは、此等の中で、僅に朝鮮美術展覧会だけであった。

（松村一九三六、二〇一頁）

渡辺、水野本人、松村の証言をまとめると、官立音楽学校設置構想の概要は、次のように整理できる。

（一）水野は朝鮮人が芸術的に優れていることを認識していた。
（二）朝鮮人の政治的関心をそらすことが目的であった。
（三）朝鮮人に対する情操教育として位置づけられた。
（四）音楽学校と共に美術学校の設置が構想されていた。
（五）予算、経費の問題で実現しなかった。
（六）比較的経費のかからないという理由で朝鮮美術展覧会は実現した。

ここで、朝鮮総督府による美術の奨励として実現した朝鮮美術展覧会について、簡単にみておきたい。朝鮮美術展覧会については、金恵信《キム・ヘシン》（二〇〇五）が詳しい。

朝鮮総督府は美術の奨励策として、官立美術学校設置と官立展覧会を計画していた。官立美術学校設置は、官立音楽学校と同様に予算の問題で見送られた。一方で、官立展覧会は「朝鮮美術展覧会」として実現へと進んだ。一九二二年一月には「朝鮮美術展覧会規程」と「朝鮮美術審査委員会規程」が正式に発表された。そして、第一回朝鮮美術展覧会は、一九二二年六月、京城府永楽町にあった商品陳列館で開催された。斎藤総督も出席して盛大な開会式が行なわれ、一般公開された翌日には来場者が三〇〇〇人を超える盛況であったという。水野は同月、政務総監を退任し帰国すると、加藤友三郎内閣の内務大臣に就任した。朝鮮美術展覧会開催は、水野の政務総監在任中に、かろうじて間に合ったのである。金恵信は「植民地支配の元締めである朝鮮総督府の肝煎りで、日本の帝国美術展覧会に倣い、日本から有力な美術家を審査員に招いて審査を行なって入賞作品を決定する重要な文化イベントであり、植民地政策、文化統治の一環であった」と述べている（金恵信二〇〇五、八頁）。

水野の構想に基づいて実現したこの展覧会は「鮮展」とよばれ、以後一九四四年まで二三年にわたって続いた。

三 音楽家・石川義一による音楽の奨励

1 石川義一に関する研究の現状と本節の視点

石川義一（一八八七―一九六二）は、一九二〇年代から三〇年代にかけて、朝鮮で音楽活動を展開した。その活動は、作曲、ピアノ演奏、音楽に関する論説の執筆、音楽教育、朝鮮の民謡に関する研究、李王職雅楽部での雅楽の採譜など、実に多岐にわたっている。『音楽年鑑大正一一年版』では、京城で活躍する在朝日本人音楽家五名のうち、筆頭に石川義一の名が挙げられている（加藤他編一九二二、六八頁）[12]。

一方、日本国内での石川の知名度と評価は高いものではなかった。石川の活動が断片的に新聞、雑誌で紹介されたり、寄稿や投稿が掲載されたりすることはあっても、その音楽家像を俯瞰できるような資料はなかった。

石川について、本格的に焦点を当てたのは音楽評論家の秋山邦晴（一九二九―一九九六）である（秋山二〇〇三）。秋山は、アメリカで学んだ石川が、大正末期から昭和初期にかけて「未来派音楽」と自称し、海外の作品紹介や自作の発表をしていたことに着目した。石川は不協和音の多用や滑稽な曲名をつけたことなどから、風変わりな作曲家としてレッテルを貼られ[13]、ほとんど顧みられることなく忘れられていた。秋山は、石川を近現代日本の作曲界の流れの中に組み込んで再評価を試みた。ただ、石川と朝鮮との関わりについては、わずかにふれられているのみで、秋山の関心は石川の作曲の手法と思想にあった[14]。石川の経歴についても、たとえば留学歴など、筆者の調査と若干異なる情報もあり検討が必要である。

筆者は拙稿（藤井二〇〇四）で一九二〇年代前半を中心に、朝鮮における石川の音楽活動をまとめた。石川の活動の調査は、植民地期朝鮮における音楽の実態だけでなく、日本の近現代音楽史を明らかにしていく上でも、重要な意味があると思われる。

そこで、まず石川が朝鮮に渡った前後の活動歴を中心に、情報を整理するところから始めたい。続いて石川が執筆した新聞、雑誌の記事から、朝鮮での音楽活動の実像を明らかにしていく。その上で、石川の音楽奨励策へと論を進めたい。

2　石川の経歴

石川の経歴については、秋山邦晴も記述しているが、筆者のもつ資料と異なる情報が含まれている。それらの点を指摘しながら、石川の経歴を整理したい。まず、朝鮮に渡る以前の石川の経歴を、秋山の記述からみていく。

石川義一（いしかわ・よしかず）一八八七年（明治二〇）四月一三日、福島県相馬郡長塚村に生まれた。一九〇六年（明治三九）に相馬中学を卒業後、半年ほど代用教員をつとめ、その年の九月に、単身アメリカに渡った。一九歳のときである。

カリフォルニア州サクラメントのベリングス女史という音楽家について、個人的にピアノと英語を学んだ。そして八年後の一九一四年に、カリフォルニア州サン・ホセ《ママ》市のパシフィック大学（College of the Pacific）の音楽部に入学。ピアノと作曲を学んで、四年後の一九一九年（大正八）に同校を卒業。成績表をみると、作曲のセオリーなどはかなり成績がよかったようである。

一九二〇年（大正九）に帰国。⑮

（秋山二〇〇三、一三四―一三五頁）

まず、「義一」の読み方が「よしかず」となっている。参考までに『音楽年鑑 昭和一三年度版』をみると、読み仮名は「ギイチ」となっている（大日本音楽協会編一九三八、一三三頁）。筆者が複数の資料を調査したところ、「ぎいち」という読み方が多い。

次に学歴である。『音楽年鑑 昭和一三年度版』では「シカゴ大学音楽部出身」となっている（大日本音楽協会編一九三八、一三三頁）。秋山によると、カリフォルニアで学んだとなっているが、一九二二年二月の『朝鮮公論』には、石川が自ら「私は北米合衆国のナイヤガラ地方で一冬暮らしたことがあります」と書いている（石川一九二二a、六五頁）。石川が米国内の複数の箇所に滞在経験があったことはうかがえよう。秋山によると、石川はアメリカに一四年間滞在していたことになる。石川がアメリカに学んだことは、たとえば『音楽年鑑 昭和三年版』の「楽壇名士録」に「曽て米国へ留学した事がある」（楽報社編、加藤長江・白井嶺南監修一九二七、三頁）と記されており、当時は数少ないアメリカへの留学歴のある音楽家として、認知されていたようである。

石川が朝鮮に渡った後について、再び秋山の記述を見てみたい。

一九二〇年（大正九）に（アメリカより）帰国。翌年には朝鮮平安南道の朝鮮総督府社会課長となり、一九二八年（昭和三）まで勤めた。この間、当時の李王家から朝鮮雅楽の研究を依頼され、この仕事は一九四三年（昭和一八）五月まで、一五年間を費して、五線記譜化したりした。その数は二八三曲、五千ページに及んだ。こうして、かれは昭和三年にともかく朝鮮から帰国して、作曲活動をはじめるのだが、李王家の嘱託

となったために、その後も、たびたび朝鮮に渡っている。（秋山二〇〇三、一三四―一三五頁、括弧内筆者補足）

秋山によれば、石川が朝鮮に渡ったのは一九二一年である。確かに石川に関する情報が朝鮮で見られ始めるのは一九二一年四月である。一九二一年四月二〇日、二一日、二二日の三日にわたり『京城日報』に、石川が執筆した論説「音楽と時代思想」が「上」「中」「下」に分けられ、それぞれ掲載された（石川一九二一a、一九二一b、一九二一d）。姉妹紙である『毎日申報』には一九二一年四月二一日、二二日、二三日の三日にわたって、「音楽と時代思想」（原題は「音楽과時代思想」）が、「上」「中」「下」に分けられ、それぞれ掲載されている（石川一九二一c、一九二一e、一九二一f）。

続いて『京城日報』には四月三〇日、五月一日、五月三日の三回にわたって、やはり石川の執筆した論説「鮮人教育と音楽」が「上」「中」「下」と三回に分けられてそれぞれ掲載された（石川一九二一g、一九二一i、一九二一k）。『毎日申報』にはその朝鮮語訳として「朝鮮人教育と音楽」（原題は「朝鮮人教育과音楽」）が四月三〇日、五月一日の二回にわたってそれぞれ掲載された(16)（石川一九二一h、一九二一j）。

ところで、石川の連載は、どの回も第一面に掲載された。両紙ともこの論説を重視していたことがわかる。『京城日報』ではこの時期、音楽に関する記事は、第三面に掲載されることが普通であった。

また、石川は五月一日に『京城日報』と『毎日申報』が主催した「家庭大音楽会」に声楽の竹村虎子、ピアノの金永煥《キム・ヨンファン》らと出演し、自作のピアノ曲を演奏した。これが実質的な石川の京城での音楽会デビューであった。この「家庭大音楽会」は石川の勤めていた京城女子高等普通学校を会場に無料で開催され、聴衆は在朝日本人、朝鮮人とも対象になっていた。

石川の論説が連載されたのと時を合わせて、四月三〇日の『京城日報』は「音楽大会に出演の石川氏の半生苦しみと悩みが生んだ滞米実に十有四星霜」という見出しで、大きく紹介した。その記事は、石川を「多年米国に於いて斯道の研鑽を積んだ天才的芸術家」と評した上で、朝鮮に来たことについて「今回の氏の着任も其の人格の致す処で一般音楽的気分の向上をはかり、日鮮融合の根本をなさんとの意である」と紹介している（『京城日報』一九二一年四月三〇日）。このように、一九二一年四月から五月にかけて『京城日報』、『毎日申報』とも、石川を集中的に取り上げた。それだけ「文化政治」における音楽の奨励において、石川に期待するものが大きかったといえよう。また、これらの情報をまとめると、石川が本格的に音楽活動を開始したのは、一九二一年四月であり、朝鮮に来てまもなくの時期ではなかったかと思われる。

ところで、石川執筆による論説および家庭音楽会の記事の両方において、何度も引き合いに出されているのが、田辺尚雄の名前である。石川は「音楽と時代思想」（上）の冒頭で「今回、田辺理学士が我が朝鮮に来られて主として音楽の必要を宣伝された」（石川一九二一a）と記し、田辺への傾倒を表している。[17] 田辺が一九二一年四月に朝鮮を訪れ、朝鮮の雅楽について現地調査を行なったことは前節でふれた。田辺の『中国・朝鮮音楽調査紀行』に、石川について述べている箇所がある。

四月十三日　晴

今日は私の朝鮮滞在の最後の日である。……朝突然何の予告もなく、まただれの紹介もなく一人の男が訪ねて来た。会ってみると日本人ばなれした矮小の人で日本語も何となくタドタドしく、いうところを聞けば「石川義一というハワイ生まれの二世で、ピアニストでかつ作曲家であるが、日本に来ても知人もなく仕事もないので朝鮮に来たのであるが、貴君の名を新聞で見たので何とか就職口を探してもらいたい」というのである。いかにも朴とつな人なので「それではちょうど李王職雅楽の楽譜（五線譜）作成の仕事をやってもらいたいと思うので、それをやってくれるのならお世話しよう」といったら「それはぜひやりたい」というので、石川君を総督府や李王職の人に紹介状を書いて与えた。

（田辺一九七〇、五九―六〇頁）

田辺の記述には、いくつか注目すべき情報が含まれている。

第一に、石川が「ハワイ生まれの二世」という点である。真偽は定かでないが、秋山の記述にはない情報である。また、石川がアメリカに留学していたことへの言及はない。

第二に、石川が田辺に就職の世話を依頼した点である。田辺の記述からは、石川に職がなかったように読めるが、四月二一日から五月一日にかけて『毎日申報』に掲載された論説では「女子高普教諭」と肩書きが記されている。同じ内容による四月三〇日の『京城日報』の「音楽と時代思想」（上）には、「私の二三週間の経験に依りますと鮮人の音楽を好くと云ふ点から見れば到底内地人の及ばぬ所です」と書かれている（石川一九二一g）。「女子高普」とは、京城女子高等普通学校のことである。[18] 普通学校を終えた朝鮮人女子学生を対象としており、教育課程には教科として「音楽」が組み込まれ、週二時間ないし一時間の授業が行なわれていた。記事には「二三週間の経験に依りますと」とあり、石川は田辺に面会した四月一三日には、すでに同校で教えていた可能性がある。

田辺は、石川の求めに応じて、李王職雅楽部における雅楽の五線譜採譜作業への従事を勧め、朝鮮総督府や李王職雅楽部に紹介状を書いて与えたという。『旧植民地人事総覧　朝鮮編四』で一九二一年七月二日から同年一一月一日までの記録を見ると、石川はこの後、朝鮮総督府に職を得て、「平安南道平壌府庁訳生」[19] となっている

（日本図書センター複製一九九七、一一二頁）。一九二四年四月一日の『京城日報』には、「（石川が）朝鮮の子守歌を内地で演奏する」（括弧内筆者補足）という記事があり、石川の肩書きは「作曲家として有名なピアニスト平安南道社会課勤務石川義一氏」と記されている（『京城日報』一九二四年四月一日）。

以上のことから、石川が一九二一年四月の段階で教諭として勤務していた京城女子高等普通学校を辞し、七月から一一月の間に朝鮮総督府の職員として平壌府庁に赴任したものと考えられる。

石川は一九二八年に帰国し東京に拠点を移すが、李王職雅楽部で雅楽を五線譜に採譜する作業に関わっており、その後も毎年朝鮮に来ては数ヶ月間滞在し作業に携わった。日本では積極的に自作自演による作品発表会、ピアノの演奏会を開催したが、あまり評価はされなかった。一九四〇年代以降、石川はほとんど楽壇から姿を消し、教員や英語の通訳など音楽以外の仕事を行なっていたようである。

石川は一九五六年に脳溢血で倒れ病床についたまま、一九六二年、東京で亡くなった。七四歳であった。

3 朝鮮における石川義一の音楽活動――「文化政治」を背景に――

石川は作曲家、ピアニストとして活発に活動した。秋山邦晴は「かれは昭和三年にともかく朝鮮から帰国して、作曲活動をはじめるのだが……」（秋山二〇〇三、一三五頁）と、石川の作曲活動の開始を、朝鮮から帰国後としている。しかしながら、石川は朝鮮在住時にも、作曲と自作の演奏活動を行なっていた。

上述したように、一九二一年五月一日開催の「家庭大音楽会」では、石川が最初に登場し自作によるピアノ演奏を行なった[20]。その後も石川は、朝鮮総督府に勤務しつつ、作曲家、ピアニストとして、日本と朝鮮を往復し、自作を中心とした演奏会を行なっていた。朝鮮総督府における石川の業務が、実際どのようなものであったかはわからないが、石川は比較的自由に演奏活動を行なうことができたようである。そのことがよくわかるのは、一九二四年四月一日の『京城日報』の記事である。

作曲家として有名なピアニスト平安南道社会課勤務石川義一氏はかねて朝鮮音楽を内地に紹介したいとの宿望であったがいよいよ……来月の五日に東京帝国ホテルにて演奏し次で十二日には京都の公会堂にて十三四日頃大阪で演奏する予定であるが若し都合が出来たら郷里の福島市にても演奏してみたい心算である。

（『京城日報』一九二四年四月一日）

この演奏旅行がスケジュールどおり行なわれたとすれば、一〇日近く日本に滞在したことになる。石川は朝鮮総督府に勤務しながらも、音楽活動が容認されていたのであろう。この記事には、石川の言として「これが内鮮融和の一助とならなくともその幾分なりと朝鮮民情を解して戴けたらこの上もない喜ばしいことである」と記されている（『京城日報』一九二四年四月一日）。石川は自らの演奏活動を「文化政治」に資するものとしてアピールすることを欠かさなかった。

4　石川義一の音楽教育観

石川は文筆活動にも積極的で、頻繁に雑誌、新聞等に寄稿していた。朝鮮に渡った当初は、音楽活動よりも執筆活動で知名度を高めていた。すでにこの段階から、石川は「文化政治」を支持し、音楽の奨励に貢献しようしていた。特に『京城日報』一九二二年四月二二日の「音楽と時代思想（下）」では、鮮明にその姿勢が示されている。

内鮮人の和合を最も有効に且つ最も完全にするのは無形の糸なる音楽でならなければならぬと思ふ。……音楽は生活難を美化すると同時に時代時代の霊感の結晶であるので社会教化には最も大切な芸術である、殊に目下の朝鮮の如き状態に於ては音楽を以て文化運動をなすに非ざれば到底なし得ざることと私は思ふ。

(石川一九二一d)

この論説は、朝鮮での活動を開始した石川が、かなり意気込んで書いたものと想像できる。音楽に関する知見を織り交ぜて持論を展開したが、実質的には「文化政治」と音楽の奨励を支持する内容であった。

石川は、朝鮮に渡ってすぐ京城女子高等普通学校教諭となった。一九二一年四月当時、田辺尚雄に就職の世話を依頼したとするならば、石川は女子高等普通学校教諭という職に満足していなかったか、その職以上のキャリアを求めていたかが考えられる。

石川は続いて「鮮人教育と音楽」と題した論説を『京城日報』に発表した。この文章でも「内鮮融和」を掲げ、そのための音楽教育の必要性を力説した。石川をそのように導いたのは、石川が感じていた朝鮮人の高い音楽性であった。石川は自らの実践経験を交えて、京城女子高等普通学校での音楽教育の様子を描写し、四月三〇日の『京城日報』に次のように書いている。

音楽を味ふと云ふ点から云へば内地人より朝鮮人の方がズット上であると思ひます。私の二三週間の経験に依りますと鮮人の音楽を好くと云ふ点から見れば到底内地人の及ばぬ所です。
従つて彼等は目下非常なる熱心を以て音楽を渇望して居るのです。現に我等の学校の生徒は鐘が鳴つても音楽の教室から出て行かふとはしないでもう一度唱へたいと生徒から注文される事が度々あります。……学校で習つた唱歌は朝な夕なの彼等の霊魂の絶ざる慰めであると同時に彼らの生命であります。

（石川一九二一g）

ここで石川は朝鮮人に対する唱歌教育の必要性を主張している。そして、石川は五月三日の『京城日報』に掲載された「鮮人教育と音楽（下）」の最終段落で、朝鮮人に対する音楽教育の条件を述べて締めくくっている。

朝鮮人を教育する事には色々の必要なる条件もありませう。けれども朝鮮古来の音楽を研究し且つ其研究の結果を作曲して一般の朝鮮の音楽の方面より根底から教育するに限ると思ひます。我々音楽家は唯徒らに研究の結果を公表するのみでは足りません。此等の結果を音符に現し其の上其れを実行せねばならぬ。

（石川一九二一k）

「朝鮮古来の音楽の研究」に言及した点は、田辺尚雄が四月に行なった朝鮮の音楽調査の際、講演でその必要性を強調したことに影響を受けている。田辺の講演の内容は「音楽上に於ける内鮮の関係」と題し、四月八日から四月一三日まで五回にわたって『京城日報』に連載された。第一面の最上段から掲載されており、『京城日報』の力の入れ方がうかがえる。その中で「此の貴重なる李王家の古楽を大いに内地人は尊重して之を永く保護して行く責任があらうと思ひます。今や此古楽が漸次衰へて行く現状を見て私は洵に慨嘆に堪へず、今回当地へ之を調べに参りました次第であります」と述べている（『京城日報』一九二一年四月一三日）。

石川はその後、朝鮮の伝統音楽への関心を高め、特に民謡と雅楽について独自の研究を重ねる。[21] それは次第に朝鮮人を懐柔し、教化するためのものではなくなっていった。朝鮮の伝統音楽との関わりは、音楽の専門家としての重要なライフワークに変貌していった。なかでも、田辺尚雄から紹介された、李王職雅楽部で朝鮮の雅楽を五線譜に採譜する作業は、石川にとって最も重要な仕事となった。この作業については次節で言及する。

四　石川義一の官立音楽学校設置構想

1　官立音楽学校設置を求める石川の主張

石川が官立音楽学校設置を主張し始めるのは、朝鮮総督府の機関雑誌『朝鮮』一九二一年六月号に掲載された「社会教化は先づ音楽から」という一二頁にわたる論説においてである。

内鮮人の融和に最も大切なる音楽を如何にして人々の心に感銘さすか。曰く一日も早く朝鮮音楽学校を設立するにある。……殊に朝鮮人の音楽家の必要なることは目下の一大急務ではあるまいか。

朝鮮音楽学校を設立して出来得るだけ音楽の社会教化に必要なる所以、並に朝鮮総督府の文化運動をしてより以上有功ならしめたい。朝鮮に朝鮮音楽学校を設立すると云ふ事は、其事其侭内鮮融和にもなり、且文化運動をして世界に表現する為めにも最も良策だと思ふのである。……一小音楽学校設立位の予算が出来ざる理由は何処にもないのである。真の心より内鮮人融和を願ふならば、又は目下宣伝しつゝある文化運動をして百年以後までも継続する大決心ならば何故に一小音楽学校設立の予算を立つる事が出来ざるか。

（石川一九二一ｌ、二〇三—二〇四頁）

石川は、このように音楽学校設置を強く主張した。音楽学校の具体的な中身についてはまったくふれられてはいないが、朝鮮総督府に向かって要求していることから、官立であることを前提にした議論であろう。

ここで注目したいのは、官立音楽学校設立を含めた文化運動について、単に朝鮮における「内鮮融和」にとどまらず「世界に表現する為めにも最も良策」と述べた箇所である。このことに関連し、石川は結論で、「今や凡ての事は国際的にならんとしつゝある。……朝鮮の一角に突発した事件は朝鮮の事件であると同時に国際的の性質を帯びる。同様に一社会の教化の善悪は其社会に取つてのみの善悪でなしに必ず国際的に世界に拡大さるゝ。故に我々は最も注意を要するのである」と述べている（石川一九二一ｌ、二〇六—二〇七頁）。「朝鮮の一角に突発した事件」とは、三・一独立運動のことを指していると思われる。確かに欧米各国は一九一〇年の韓国併合以前から、日本の韓国・朝鮮統治に対して厳しい目を向けていた。初代韓国統監の伊藤博文も、英字紙*The Seoul Press*(22)を発行し、欧米向けに日本の旧韓国統治を正当化する対策をとっていた（森山一九九三、一一頁）。「文化政治」期については、長田彰文が「斎藤が朝鮮に赴任後、解決しなければならなかった課題として、三・一運動への残虐な鎮圧ぶりによって諸外国、とりわけ米国が日本に対して向けるに至った視線の厳しさを緩和することがあった」と述べている（長田二〇〇五、二八九頁）。

このように石川は、日本が朝鮮に官立音楽学校を設置し、文化運動に力を入れていると世界にアピールすることが必要だと説いた。同じ論説の中で、石川はアメリカの事情をしばしば引き合いに出している。

全米国で昨年中に音楽に費した金は七億五千万弗即ち十五億円であつた。十五億円と云へば日本政府の本年度の全予算に該当する。斯の如く欧米各国では音楽に力を用ふるのである。欧米各国が音楽を盛んにしたからと云ふて我が東洋も音楽を盛んにせねばならぬと云ふ理由はない。然し諸君が深夜黙想すれば我が東洋の思想界の危機を如何にすべきかに思ひ至る出あらう。実際其問題に就て吾人は楽観を許されないのである。

（石川一九二一1、二〇二頁）

数字の正確さはともかくとして、具体的な数字を挙げてアメリカとの比較を試みている。そして引用後半では「楽観は許されない」と警告のような調子になっている。これはアメリカでの生活の長かった石川ならではの視点であろう。三・一独立運動当時アメリカにいた石川は、日本の朝鮮統治に対して厳しい米国世論を、直接知ることができたのではなかろうか。そして、石川の官立音楽学校設置構想は、日本と朝鮮のみを視野に入れたものではなく、米国在住経験をもつ石川の世界観から生じたものではなかっただろうか。

2 石川の音楽学校設置構想と音楽観

ところで、音楽学校設置の必要性を唱える石川が、取り扱うべき音楽についてどのように考えていたのであろうか。

アメリカで音楽を学び、一四年の米国生活を経た石川だけに、取り扱う対象には西洋音楽を想定していたと思われがちであろう。しかし、石川は意外にも重視すべきは、「朝鮮古来の音楽」であるとした。石川の持論は、「内鮮融和」のために音楽を奨励すべきというものであった。その理論的な裏づけを、「朝鮮古楽は我が国の奈良朝及び平安朝音楽の元祖であつて我が雅楽の手本であるからです」と、朝鮮の雅楽と日本の雅楽が共通のルーツをもつことに求めた（石川一九二一ｌ、二〇二頁）。そして「全東亜の楽曲の趣きを昔の侭に今日まで保存されて居るのは宮内省の雅楽と李王職のそれとであります。……内鮮共に残存してあると云ふ事も不思議であります。而して内鮮人の真の霊魂の結合は此の雅楽の保存された様に昔から今日まで、絶えず或力が活動しつゝあつたのではあるまいか」と続けている（石川一九二一ｌ、二〇二頁）。

石川が雅楽について強調し始めた背景には、やはり田辺尚雄の影響があった。田辺が朝鮮総督府に朝鮮の雅楽の保存を提案したように、石川も「雅楽は李王家に依つて千余年以前の昔から伝はつて今猶ほ残つて居ります。最もわざわざ高価な費用を掛けなくつても音符で保存されますから差支ありませんが朝鮮の此古楽は余り外国人にも知れて居ない様です」といい、後に自らが李王職雅楽部で雅楽の五線譜を採譜することにも、含みを持たせているように読める（石川一九二一ｌ、二〇二―二〇三頁）。

一方、西洋音楽について、石川は次のように述べる。

> 音楽の太古からの発達を見ると、東洋は原始的音楽其侭を保存し、西洋は科学的に人工を加へて目下の状態にまで漕付けたのです。然し乍ら西洋音楽は未だ国際的音楽とは云ひません。勿論東洋の音楽を以て国際的音楽とも云ひ兼ねますけれども、我々内鮮人は我々の両祖先が今日まで苦心して保存して呉れた古楽をも国際的音楽の一部分として世界音楽の一大融和のために使用したい。（石川一九二一ｌ、二〇三頁）

石川の説明は決して理路整然としたものではない。ただ、石川が西洋音楽をこのように貶価的にとらえようとするのも、西洋音楽を欧米で学んだ経験をもっているからこそ、朝鮮の伝統音楽の素晴らしさにも気づき、相対化できたといえなくもない。

石川は、自ら設置を唱える官立音楽学校について、どのような音楽を取り扱うかについては言及していない。西洋音楽を取り扱うべきとも、朝鮮の伝統音楽を教えるべきとも言ってはいない。ここに石川の朝鮮音楽学校設置構想における具体性の不足と限界がある。

3 李王職雅楽部での活動

石川は田辺の紹介により、李王職雅楽部で朝鮮の雅楽を五線譜に採譜する作業に携わることになった。この経緯について、韓国国楽界の重鎮であった成慶麟《ソン・ギョンリン》によると、石川は当時の朝鮮総督府李王職長官の篠田治策(23)と親しく、篠田の娘に石川がピアノの個人教授をしていたこともあり、採譜作業に携わる上で、特別な待遇を保証してもらっていたようである（成慶麟一九七八、三二九頁）。

植村幸生は、石川がこの作業に携わった時期を「一九二七年前後から雅楽部のレパートリーの採譜に着手したが、採譜作業の本格化は一九三三〜三四年ごろからと思われる」としている（植村二〇〇三、六六頁）。石川が朝鮮総督府を辞め、ひとまず日本に帰ったのが一九二八年であり、石川は日本と朝鮮を往復しながら作業に携わったことになる。成慶麟によれば、毎年夏になると朝鮮にやって来て、数ヶ月滞在して作業をするというものだったという(24)。

石川は、五線譜への採譜作業を自らのライフワークとして一生懸命取り組んだ。韓国国立国楽院には、石川の肉筆による《重光之曲》が現在も保管されている。

そもそも石川には、朝鮮の雅楽を専門的に学んだ経験がまったくなかった。その採譜作業はどのようなものであっただろうか。表向きには、石川はひたすら楽師に演奏をしてもらい、それを聴音して自らの手で書き取っていったことになっている。(25) しかしながら、その作業は当時より李王職雅楽部でも問題視されていた。張師勛《チャン・サフン》(26)は「私たちの雅楽が、石川の手で誤って採譜され公開されるのを、ただ座視していてはいけないのではないかと考え、雅楽採譜の基本態度から決めて、私たちの手で分担して採譜し、石川には総譜の清書だけしてもらうということで妥協させた」と回想している（韓国国立国楽院国楽研究室編一九九一、一四六頁、原文は韓国語、筆者訳）。また、石川は採譜したものを、いつもピアノで演奏していた。たとえば、一九三八年七月二〇日の『毎日新報』には、ピアノで雅楽を演奏する石川の写真が掲載されている（『毎日新報』一九三八年七月二〇日）。この態度も楽師たちは容認できなかったという（成慶麟一九七八、三三〇頁）。

石川が携わった採譜作業は一九三九年に完成したとされるが、実際に出版はされなかった。その過程で、この採譜作業について報道した新聞記事は『京城日報』、『毎日申報』、そして日本国内の新聞でも複数あった。しかも、そのほとんどが石川の業績として扱っていた。(27) しかし、石川が力を注いだ採譜作業は、日本の音楽界でも大きな話題とはならなかった。

この採譜作業には、日本人では五十嵐悌三郎も携わったといわれている。第五章で石川の関わりを含め、この採譜作業について再度言及する。

五 官立音楽学校設置構想の実際

ここまで「文化政治」の音楽奨励策について、水野錬太郎と石川義一の言説から、朝鮮における音楽学校設置構想を軸に検討してきた。この構想が、朝鮮総督府で実際に具体化をめざしたものとして議論されていたことは、一九二一年八月の『東亜日報』に相次いで掲載された記事によって裏づけることができる。最初は一九二一年八月七日の「美術学校設立計画」と見出しのついた記事である。(28)

総督府ではこのところ、文化の向上に伴い漸次芸術的知識が必要と感じ、朝鮮に音楽学校と美術学校を設立するよう計画がある。ただ、予算の関係上今年、明年中にこの設置を見るのは到底無理であろうと思われたが、速やかに設置に向けて動き出し、遠くない将来に実現を見ることができそうである。

(『東亜日報』一九二一年八月七日、原文は朝鮮語、筆者訳)

ところが、三日後の八月一〇日には「古来芸術保存音楽学校は来後年から」と見出しがついて、次のような内容に変わっている。

音楽学校及美術学校設置に対する予算は当初来年度予算に計上される予定であったが、明年度の総督府の予算が甚だ膨張し、これを来後年の予算に編入することになったので、学校も来後年から始まることになる。総督府では明年度から朝鮮古来の音楽美術等に対してこれを永久に維持保存するため、この関連施設を予定している。

（『東亜日報』一九二一年八月一〇日、原文は朝鮮語、筆者訳）

つまり、音楽学校と美術学校の設置は見送られ、その代わりに朝鮮古来の音楽、美術の保存に対して予算を当てることにしたというのである。朝鮮古来の音楽については、同年四月に田辺尚雄が朝鮮に伝統音楽の調査に訪れて、李王職雅楽部の存続を訴え、朝鮮総督府もその求めに応じていた。また、李王職雅楽部において朝鮮の雅楽を五線譜に採譜する計画が持ち上がり、田辺尚雄が石川義一にその計画への参画を持ちかけていた。

一方、美術については一九二一年より、柳宗悦が本格的に朝鮮美術の保存運動を展開していた。同年六月には「朝鮮民族美術館設立後援柳兼子音楽会」が開催された。その音楽会を主催したのは『東亜日報』であり、同紙は柳宗悦の朝鮮民族美術館設立に対して非常に協力的であった。朝鮮総督府もこの計画に協力し、柳宗悦は斎藤実総督の計らいで、朝鮮民族美術館の建物を景福宮内に借りることになった。

このように、「文化政治」における芸術の奨励は、当初、音楽学校、美術学校設置構想を軸に進められていたが、一九二一年八月以降、時期を同じくして模索されていた朝鮮の伝統的な芸術の保存に方針転換されたのであった。

八月一二日の『東亜日報』には、「音楽及美術学校の設置計画　品格向上との関係」と見出しのついた、やや長めの論説が掲載されている。ここでは、総督府が予算の関係で、音楽学校、美術学校の設置計画を延期し、同時に朝鮮古来の音楽美術の芸術品を永久に維持するための諸施設を設ける、と一〇日の記事とほぼ内容で切り出されている。そして、次のように芸術文化の重要性が述べられている。

この計画は、朝鮮の文化の向上を推進するものであり賛同したい。芸術は、朝鮮人の日常生活を豊かなものとする。経済的な豊かさとともに、精神的な豊かさがなければ文明的な生活はできない。……急務中の急務は、産業と教育である。教育では実業教育と普通教育が重要であり、文化的な生活の根本である。しかし、これらの基礎となるのは、人格、品格である。金銭的に豊かでも趣味が悪く、武力は強くても心情が美しくなければ、その生活は貧しく憐れである。朝鮮人は経済的には貧しい。それは趣味が貧しいからであり、知が枯れれば情も枯れ、趣味や情感が枯れれば経済的にも枯れる。円満な生活には芸術的な感情を涵養する機会が必要である。そのために音楽や美術に関する学校施設が必要である。この計画に賛意を表し、一般社会の注意を喚起したい。

（『東亜日報』一九二一年八月一二日、原文は朝鮮語、筆者訳）

この記事の執筆者は朝鮮人であろう。『東亜日報』が標榜していた文化主義がよく表れている一方で、石川義一に見られる「内鮮融和」を目指そうとする姿勢は感じられない。また、朝鮮古来の芸術の保存への賛同というよりも、再来年後に延期された音楽学校、美術学校の設置計画への賛同と読むことができよう。

一方で、このような文脈は、芸術や文化によって、朝鮮人の政治的、経済的な不満をそらし、「内鮮融和」につなげようとする、朝鮮総督府の「文化政治」のねらいと表裏一体となる危うさもはらんでいた。実際この記事は、石川義一が展開した設置構想の必要性と内容の重なる箇所も多く、その論法も石川の「社会教化は先づ音楽から」（石川一九二一ｌ）とよく似ている。

官立音楽学校設置構想が延期となった後も、石川義一は引き続いて設置を求める声を上げ続けた。翌一九二二年二月の『朝鮮公論』に寄稿した論説「朝鮮の冬と音楽」では、「然らば朝鮮の冬期に如何にして音楽を普及するかと云ふ方法になります。第一朝鮮に音楽学校を設立すると云ふ事にあります。私の主張する音楽学校は官立でも私立でも孰れでもよい。必ずしも官立でなくとも差支がない。音楽学校を創設すると云ふ事は、朝鮮の音楽界をして統一することに帰着します。即ち学校を中心にして音楽を普及することになります。……第二に各小学校及び普通学校に出来得るなら、一人づゝの音楽専科教員を置くことである」と主張している（石川一九二二b、六六頁）[29]。官立による設置の見通しが厳しいことから、私立でもよい、とややトーンダウンしている。

ここで、水野、石川以外にもこのような構想を主張した例があったことを示しておきたい。石川の論説に前後して、一九二二年三月の『朝鮮』に忠清北道清州郡守の山崎駿二が「朝鮮教育に関し心付きたる一二の事項」と題した論説を発表している[30]。その中に、音楽学校設置にふれた箇所がある。

現在の朝鮮に於て未だ美術学校・音楽学校の必要を唱導されざるは頗る奇怪とす。……平素音楽・文芸・美術等により精神を和げ所謂風月を友とするのを雅量を培ひ、一種云ふべからざる「デリケート」の妙味を体得し、円満なる知情意の発達を期し得べし。故に朝鮮に於て文学・美術・音楽の教育機関を設置し、国民に趣味の普及発達を期するは決して無要の意にあらざるなり。

要之鮮人は一般に空理空論を好むの通弊あるを以て、教育に当りては一面公民教育により公共の観念を教へ、又一面に於て実業教育、美的教育により自覚ある穏健着実なる国民の養成に努むるを至当とす。

（山崎一九二二、二一八頁）

ここでは、実業教育に対するかたちで芸術教育を位置づけていること[31]、また、水野や石川と同様に、芸術教育の目的を、朝鮮人の教化に置いていることがわかる。そして地方の郡守まで、このような官立音楽学校設置を求める声を上げていたところを見ると、音楽学校設置構想は「文化政治」期の朝鮮で、それなりに浸透していたものと推測できる。

一方、日本でも同じ頃、この構想は一九二二年一月の『音楽界』で、「朝鮮の音楽学校」という記事となっている。

朝鮮にても近年洋楽が目覚ましい勢を以て発達して来たが……比年音楽を研究せんとする者益々多く、又朝鮮人の音楽的天才に富で居る事も其原因となつて、朝鮮総督府は今度愈々音楽学校を設立する事とした、原来朝鮮には李王家の音楽隊があつて、音楽の普及発達に貢献して居たのであつたが、先きにこれが廃されてからはこれに代るべきものもなく、朝鮮の識者は皆之を遺憾として居た所であつたから、今度の此企は皆喜で其開校の日を待て居る、現に東京に在学して居る朝鮮の子弟の中には、故国に学校が設立された暁は帰国して其方に入学したいといふ希望を有たものも少くない様だ、いづれにしてもかゝる文化的事業が開始される事は極めて喜ぶべき事である。

(『音楽界』一九二二年一月号、一九頁)

この記事は、一九二一年八月に構想が見送られてから半年が経っているが、水野や石川が模索した構想を裏づける内容となっている。朝鮮で西洋音楽が目覚しい勢いで普及している様子や、朝鮮人の音楽性への高い評価、そして、この構想が「文化政治」の一環として位置づけられていることが確認できる。

この後、再び具体的な計画として音楽学校設置が話題に上るのは、一九三〇年代後半になってからである。

「明後年」に延期された計画は実現することはなかった。

六　本章のまとめ

以上、「武断政治」から「文化政治」に植民地統治方針が転換された一九二〇年代の初めを中心に、「文化政治」の音楽奨励策について検討してきた。

まず、「文化政治」が始まる経緯を概略した。続いて、音楽の奨励を提唱した二人のキーパーソンとして、水野錬太郎と石川義一を取り上げ、それぞれの立場から構想し、実践した音楽奨励策を検討した。「文化政治」における音楽奨励策は明文化されていない。本書では、水野や石川の言説を分析することにより、不可視的な政策としてその実相を導き出した。その主軸となったのが朝鮮に官立音楽学校を設置する構想であった。

水野は、「文化政治」を主導し、朝鮮人の抱く朝鮮総督府の統治に対する不満や政治的な関心をそらすため、芸術の奨励を掲げた。その具体策として構想したのが音楽学校、美術学校の設置であった。水野の言説や、水野に近い朝鮮総督府関係の人物による証言から、水野がこの構想の具体化を指示していたことが確認できた。

水野が音楽を奨励した背景には、朝鮮人が芸術的に優れているという認識があった。水野の経歴や人間関係からは、水野が日本における著作権法研究の先駆者であり、音楽にも少なからず通じていたこと、大日本作曲家協会会長などを歴任し、これらの役職を通して音楽関係者との接触があったことが確認できた。

水野は一九二一年四月に朝鮮の雅楽を調査に来た田辺尚雄とも面会し、田辺の調査に協力することを約束した。そして、田辺が朝鮮総督府に要望したとされる李王職雅楽部の存続や朝鮮の雅楽の保存なども、概ね実現の方向に動いたところをみると、実質的な行政のトップにあった水野の影響が少なからずあったものと思われる。

石川義一は、故郷福島県の旧制中学を卒業すると同時に渡米し、アメリカで作曲とピアノを学んだ。当時、音楽を学ぶには異例のコースであった。石川は一九二〇年に日本に帰国し、一九二一年に朝鮮に渡った。朝鮮では、音楽教員を務めるかたわら、新聞や雑誌に音楽の奨励についての寄稿をし、音楽の専門家として頭角を現した。田辺尚雄に仲介を頼むなどして、朝鮮総督府とつながりをもち朝鮮総督府の職員にもなった。一連の音楽活動によって、石川のマスコミでの露出度は、一九二〇年代前半の在朝日本人音楽家では群を抜いていた。

石川が朝鮮で活動を始めた一九二一年は、「文化政治」が始まって約二年が経っていた。同年朝鮮に来た石川は、四月から立て続けに、音楽の奨励を支持する論説を、『京城日報』や『毎日申報』、雑誌『朝鮮』に寄稿した。内容の中心は官立音楽学校設置の必要性であった。

石川は自らの体験をもとに、朝鮮人の音楽性の高さを評価し、論説でも強調していた。石川は、日本人よりも朝鮮人の方が音楽的に優れているとも書いた。石川は、このような朝鮮表象をもとに、音楽で朝鮮人を教化すべきという主張につなげていった。

石川の官立音楽学校設置構想は、具体的に学校の中身をデザインするものではなかった。むしろ、その必要性を音楽の専門家の立場から、理論的に裏づけようとした試みに終始した。設置の必要性の一つは「内鮮融和」に資するという主張であった。理論的な裏づけとして石川が持ち出したのが、朝鮮の雅楽と日本の雅楽が共通のルーツをもつという考えであった。つまり、音楽もルーツは同じなので、音楽を通して互いが融和すべきだというのである。「文化政治」の標語「一視同仁」につながる議論でもある。ただ、この発想は石川が独自に考え出したものというよりは、一九二一年四月に朝鮮を訪れた田辺尚雄が雅楽の保存を訴えたことに影響を受け、持論に組み込んでいったものであった。そして、石川は西洋音楽よりも朝鮮の伝統音楽を重視すべきと主張した。

設置の必要性のもう一点は、音楽学校を設置することで、日本が朝鮮において文化運動を重視していることを海外、特に欧米にアピールすることにあった。それによって、三・一独立運動で日本に向けられた海外の厳しい視線をかわすことができるという発想であった。そこには、アメリカ在住経験のある石川ならではの世界観が反映されていた。

結局、音楽学校設置は予算の都合ということで見送られたが、その代わりに、朝鮮古来の音楽、美術の保存に対して、予算が当てられると報道された。朝鮮古来の音楽については、李王職雅楽部の存続と李王職雅楽部において朝鮮の雅楽を五線譜に採譜する計画につながっていったと考えられる。

注

（1）朝鮮総督府は一九一〇年から一九四五年まで日本が朝鮮においた植民地統治機関。頂点に位置する朝鮮総督は勅令により選任され、朝鮮における政務のすべてと陸海軍の統率と防衛を担った。

（2）朝鮮総督府政務総監は総督府内の文官の最高ポストであり、総督府の業務を実質的に担い、各部局を監督した。

（3）音楽の奨励に関して明確な政策として明文化されたものが現段階では見つからないため、「音楽奨励政策」とせず「音楽奨励策」という表現を用いた。

（4）歴代の朝鮮総督は以下のとおりである。

初　代　寺内正毅（一九一〇年一〇月～一九一六年一〇月）
第二代　長谷川好道（一九一六年一〇月～一九一九年八月）
第三代　斎藤実（一九一九年八月～一九二七年四月）
同代理　宇垣一成（一九二七年四月～一九二七年一二月）

第四代　山梨半造（一九二七年一二月〜一九二九年八月）
第五代　斎藤実（一九二九年八月〜一九三一年六月）
第六代　宇垣一成（一九三一年六月〜一九三六年八月）
第七代　南次郎（一九三六年八月〜一九四二年五月）
第八代　小磯国昭（一九四二年五月〜一九四四年七月）
第九代　阿部信行（一九四四年七月〜一九四五年八月）

（5）高崎宗司（一九七九、一〇六—一〇七頁）は、この根拠として『朝鮮統治秘話』（「朝鮮行政」編輯総局編一九三七、二五〇頁）における水野錬太郎の言と石川義一「朝鮮の冬と音楽」（石川一九二二b）を示している。

（6）水野錬太郎の経歴については、おもに尚友倶楽部・西尾林太郎編『水野錬太郎回想録・関係文書』（一九九九）、大家重夫（一九九九、二〇〇三）、稲葉継雄（一九九四）等を参照した。

（7）田辺尚雄によると朝鮮の雅楽の調査は、宮内省楽部楽長・上真行から調査の必要を相談された田辺が、長岡半太郎の計らいで財団法人啓明会より得た研究費により、個人的に行なったとされる。李王家の雅楽の調査の他、妓生の音楽の調査、日本と朝鮮の音楽についての講演なども行なった。その調査旅行記は、単に朝鮮の伝統音楽に関する調査報告にとどまらず、当時の朝鮮の政治状況や風俗など多角的な視点での情報を与えてくれるものである。なお、この調査旅行についての検討は、植村（一九九七）が詳しい。

（8）中村清二は東京帝国大学物理学科教授であった。同学科の卒業生には、音響学や音楽理論の日本の草分けとしても知られる田中正平（一八六二—一九四五）がおり、同学科の人的ネットワークは音楽界との結びつきが少なくなかった。田中正平は大日本作曲家協会の幹部として水野錬太郎の会長就任にも関わった。

（9）水野錬太郎は一九二〇年一二月に組織された朝鮮総督府の臨時教育調査委員会の委員長となって、一九二二年二月四日の第二次朝鮮教育令公布を主導した。佐野（二〇〇六、五七頁）、稲葉（一九九四、五三—五五頁）を参照。

（10）第二次朝鮮教育令の最大の特徴は、第一次朝鮮教育令が朝鮮人を対象としていたのに対し、朝鮮人と共に在朝日本人（いわゆる「内地人」）も対象としたことである。朝鮮人と在朝日本人を同格に扱い「内鮮一体」を表向きに実現させたものであった。ちなみに唱歌については第一次朝鮮教育令とまったく変わっておらず、カリキュラム上で唱歌が重視されたわけではないことを付記しておきたい。鈴木（二〇〇六、一八八―一九四頁）を参照。

(11) 三・一独立運動後、朝鮮人有識者の間で朝鮮人の朝鮮人による朝鮮人のための大学設立をめざす「民立大学設置運動」が起こった。斎藤総督と水野はこの運動を警戒し、日本の東洋大学の分校を設置する代替案を提示するなどしたが、結局、その運動を朝鮮総督府自体が取り込む形で、京城帝国大学の設置へと検討がなされた。稲葉（一九九四、五二頁）を参照。

(12) 金永煥、石川義一、小出雷吉、橘柔能、竹村虎《ママ》、大場勇之助の六名が挙げられている。金永煥は朝鮮人ピアニストとして草分け的な存在である。朝鮮人として初めて日本（東京音楽学校）に音楽留学したことでも知られる。竹村虎は声楽家「竹村虎子」のことである。

(13) たとえば石川の作品には、ピアノ曲《朝の味噌汁》《沢庵》《百ドル紙幣狂想曲》など奇抜な題名のものが多い。『音楽年鑑　昭和三年版』の「楽壇紳士録」には、「作曲に南無妙法蓮華経その他奇警なものが多い」と書かれている（楽報社編、加藤長江・白井嶺南監修一九二七、三頁）。

(14) 秋山は、石川が自らの音楽を「未来派音楽」と自称していたが、一九一〇年頃のイタリアにおけるルイジ・ルッソロらの「未来派音楽」を念頭に置いたものではなく、アメリカの作曲家レオ・オルンスタイン（Leo Ornstein, 一八九三―二〇〇二）の不協和音を多用するという意味でのモダニズムに影響されたものであると指摘した。また、アメリカで学んだ石川の斬新でそれなりに独創的な作曲法や思想が、明治以来のドイツ志向の強い日本の楽壇では「異端」として受け入れられなかったのではなかったかと考察した。

(15) 「サン・ホセ市」は、サンノゼのことと思われる。

(16) 内容はほぼ同じであるが、編集の都合のためか段落や内容の順序が若干異なっている。また、『京城日報』の見出しには「鮮人教育」という表現が使われる一方、『毎日申報』の見出しは「朝鮮人教育」となっている。両紙それぞれが自紙の読者を想定し、表現を使い分けていることがわかる。

(17) 田辺尚雄は朝鮮滞在中に確認できるだけでも六回の講演を行なっている。植村幸生が作成した調査旅行の日程表によると、四月六日「音楽上に於ける内鮮の関係」（京城・高等女学校）、同七日「日本古楽と朝鮮雅楽の関係」（政務総監官邸）、同一〇日「邦楽の過去と将来」（平壌・高等女学校）、同一一日「雅楽に関して」（京城・宋秉畯別邸）、同一二日「音楽に関する通俗的な話」（京城・鉄道学校講堂）、同一三日「家庭と音楽」（京城・愛国婦人会）が確認できる（植村一九九七、一二二―一二三頁）。石川は、田辺の講演に影響を受け、『京城日報』や『毎日申報』への寄稿の中で、しばしば田辺の言説を引用している。

（18） 四月二〇日から連載された『京城日報』の「音楽と時代思想」では、肩書きが「バチラー、オブミュジック」となっている。「音楽学士」のことと思われる。また、四月三〇日からの『京城日報』の論説「鮮人と音楽教育」には「京城女子高等普通学校教諭」と肩書きが記されている。この頃、朝鮮全土で女子高等普通学校は、京城女子高等普通学校、平壌女子高等普通学校の二校のみであった。

（19） 朝鮮総督府には「通訳官」という職名があった。石川は一四年の米国在住経験があり英語はかなりできたはずで、通訳としての職務が与えられた可能性は高い。「訳生」とは「通訳官」のことではないかと推測する。

（20） 一九二一年五月三日の『毎日申報』には、音楽会の舞台の模様を撮った写真が掲載されており、石川の演奏した曲の一部を辛うじて読むことができる。それによると、「一、ピアノ独奏 石川義一 前奏曲〇〇 自作 A 誕生歓喜 B 苦業（〇〇〇〇） C 大〇 D 〇〇」とあり、石川が少なくとも朝鮮で活動を始めた頃から、積極的に自作を取り上げていたことがわかる（『毎日申報』一九二一年五月三日）。〇は判読不可能。

（21） たとえば、石川はすでに同時期に次のような論説を発表している。「社会教化と民謡」『朝鮮』一九二二年一月号、八一―八五頁。「朝鮮音楽と山脈の曲線の関係」『朝鮮』一九二三年七月号、一三五―一三七頁。朝鮮の雅楽について石川が寄稿したもの、または石川が取り上げられたものも枚挙にいとまがない。たとえば、「朝鮮楽長曲」（『毎日申報』一九二二年五月二八日）、「朝鮮雅楽採譜」（『毎日申報』一九三五年一〇月二四日）など。

（22） *The Seoul Press*は一九〇七年に伊藤博文の主導で創刊され、一九三七年に廃刊になるまで、韓国統監府、朝鮮総督府の政治宣伝を海外向けに行なった英字新聞である。『京城日報』の国外版としての性格をもっていた。李錬（二〇〇二、二一〇―二一一頁）を参照。

（23） 篠田治策は法学博士で李王職長官を経て、京城帝国大学総長にもなった。

（24） 李王職雅楽部における石川義一については、この情報を含め、筆者が二〇〇三年八月二八日に韓国国立国楽院で成慶麟氏より直接ご教示いただく機会があった。

（25） 一九三五年一〇月二三日の『東京朝日新聞』には、「来る日も来る日も雅楽を奏させてはそのメロデーを譜に速記し……総譜の方はどんなに一生懸命になつても一時間四頁しか書けぬので八千頁では二千時間かゝります」

と紹介されている。

（26）張師勛（一九一六—一九九二）は韓国の著名な伝統音楽専門の音楽学者、玄琴《コムンゴ》奏者。李王職雅楽部で雅楽手として活動する一方、音楽理論の研究にも力を傾注した。一九六一年から一九八二年までソウル大学校で教鞭をとるなど国楽教育にも力を入れ、韓国国楽教育会会長、韓国国楽学会会長などを歴任した。

（27）たとえば一九三五年一〇月二三日の『東京朝日新聞』には、「朝鮮雅楽の保存千年の古楽三百曲五線紙に捕ふ九ヵ年寝食を忘れて没頭石川氏の採譜完成」という記事が掲載されている。

（28）本文では「音楽学校と美術学校」というように音楽学校、美術学校の順番で書かれているが、この見出しは「美術学校設立計画」のみとなっている。

（29）「朝鮮の冬と音樂」は次のような内容である。「朝鮮の冬は厳しく、室内での生活時間が長くなると『小人閉居して不善をなす』というように、冬にこそ音楽による朝鮮人の教化を進めるような文化運動が必要である。」

（30）第二次朝鮮教育令の発令に際し、朝鮮総督府の機関誌『朝鮮』は一九二二年三月号を「教育制度改正記念号」として特集を組んだ。山崎の論説はこの特集に含まれている。

（31）第二次朝鮮教育令では、朝鮮人に対する教育として実業教育の農業、商業が重視されていた。このことについては佐野通夫（二〇〇六、六一—六四頁）が詳しい。

第四章　『京城日報』の音楽関連事業と報道

朝鮮総督府の機関新聞『京城日報』は、植民地期朝鮮の音楽状況を、日本との関係から把握する上で、貴重な資料である。本書でも、エッケルトに関する報道をはじめとして、すでに各章で取り上げている。本章では、『京城日報』を、「文化政治」の音楽奨励策を具体化した事業主体およびメディアとして位置づける。その実態をさぐる糸口として、まず柳宗悦・兼子夫妻の朝鮮渡航音楽会と『京城日報』の関係を検討する。続いて、朝鮮と日本の音楽界の動向を並行してみていくために、童謡運動と『京城日報』の関係を検討する。

一　『京城日報』と「文化政治」

「文化政治」の政策のひとつに、朝鮮語新聞の発行許可があった。一九一九年から一九二〇年にかけ、『時事新聞』『朝鮮日報』『東亜日報』の発行が相次いで許可された。それまで、朝鮮総督府の手厚い庇護のもと、『毎日申報』とともに、朝鮮の言論を独占してきた『京城日報』にも、競合相手が現れた。

『京城日報』には、朝鮮総督府から「文化政治」を牽引する役割が期待されていた。森山茂徳が「『京日』が後援ないし主宰した行事・事業についていえば、徳富が経営を引き受けて以後、質量ともに増加した」と指摘するように、『京城日報』は「文化政治」期以前からさまざまな事業を行なってきた（森山一九九三、九頁）。一九一〇年の朝鮮総督府設置とともに、初代朝鮮総督・寺内正毅は、徳富蘇峰を『京城日報』の監督に迎えた。徳富の裁量下に入った『京城日報』では、主催、後援事業がさかんに行なわれるようになった。たとえば、桜の植樹事業、朝鮮観光団、内地視察団の派遣、家庭博覧会、スポーツの選手権試合などである。ただ、森山はこれらを「在韓日本人に教養と娯楽になじむ機会」とし、さらに「決して在韓日本人にも、ましてや朝鮮人にもそのまま受け容れられたわけではない。また行事・事業もそのほとんどは、朝鮮人にとっては無縁のものだったであろう」と指摘している（森山一九九三、九―一〇頁）。

「文化政治」が始まると、『京城日報』が主催、後援する事業は、種類、数、規模とも拡大した。その新しい事業のひとつに音楽事業があった。

前章でふれたように、朝鮮総督府が「文化政治」における芸術の奨励策として、自ら主催したものは、朝鮮美術展覧会のみであった。朝鮮総督府は音楽について、特に明確な方針を打ち出してはいない。『京城日報』が朝鮮総督府と具体的にどのような取り決めをもって、「文化政治」の音楽奨励策を実行したかについても、明文化されたものは確認できない。しかし、『京城日報』が実際に音楽の奨励に呼応していた事例は、枚挙にいとまがない。その例として、一九二四年六月一八日の『京城日報』に掲載された「本社来青閣に備へたピアノの試奏」という記事をみてみたい。(3)

> 京城で音楽会を開催すると必ず会堂の反響が悪いとかピアノの上等なものが無いとかで不平だらだらでありましたが、今回落成した本社三階のホールは採光、反響等にも意を払われて居り殊に新に購入したピアノは釘本楽器店がお自慢の商品で独逸のイワアハ《ママ》の作であり、ピアノ独奏にも充分使用が出来るので此のホールは講演会には勿論音楽会、簡単な劇、陳列会等には完備したものであると称しても決して過ぎた事ではあるまいと思はれます。
>
> （『京城日報』一九二四年六月一八日）

音楽会を開催するために、『京城日報』は新しい本社ホールにドイツから輸入したグランドピアノを設置した。「イワアハ」とは、ドイツのピアノメーカー「イバッハ」(Ibach)のことと思われる。[4] 一九二四年当時の京城では、京城公会堂、朝鮮ホテル、教会がおもな音楽会場であった。[5] この記事は、『京城日報』が積極的に音楽会を開催しようとしていたことを示すものである。

二　柳宗悦・兼子の朝鮮渡航音楽会への対応

それでは『京城日報』が、具体的にどのように「文化政治」の音楽奨励策と音楽事業を結びつけていったのかを、第二章で言及した柳宗悦・兼子夫妻の朝鮮渡航音楽会を糸口に検討してみたい。

一九二〇年五月の朝鮮渡航音楽会は、『東亜日報』の主催で行なわれた。『東亜日報』が、自社の事業方針に合致するものとして、積極的に柳夫妻の音楽会を主催したことは、第二章で言及した。一方、『東亜日報』と対立的な立場にある『京城日報』は、柳夫妻の音楽会をどのようにとらえていたのであろうか。

梶谷崇は、「朝鮮総督府の所謂朝鮮語版御用新聞として、『東亜』とは対極の立場から刊行されていた『毎日申報』では、兼子に関する記事が『東亜』と比較して極端に少ない。このことからも『東亜』の兼子に対する注目度が際立つ」と指摘した（梶谷二〇〇四、二〇頁）。確かに『毎日申報』の記事数は少ない。主催者『東亜日報』に比べれば、主催者でもなく、むしろ対立的な立場にあった『毎日申報』の取り上げ方が少ないのは自然なこととといえなくもない。

しかし、『京城日報』は、柳夫妻の朝鮮渡航音楽会に注目し、別の意味から好意的に報じた。一九二〇年二月三日の『京城日報』には「芸術上から内鮮の融和　柳氏夫妻の渡鮮　京城其他で音楽会を開催」という見出しの記事が載った。そこには「兼子夫人は語る」として「朝鮮人と芸術上から融和する事は必要な事でただ政治や教育上のみでは困難な事だと思ひます。朝鮮の人達は音楽が随分好きだと聞いてゐるので是非渡鮮して幾分でも朝鮮を芸術で教化し融和を図りたいのです」というコメントがつけられた（『京城日報』一九二〇年二月三日）。

これに対し柳宗悦は早速『京城日報』に抗議文を送った。二月二八日の『京城日報』は、「柳宗悦氏渡鮮確定夫人同伴で音楽会を開催」という見出しの記事の中で、「本社宛に左の意味の書信があつた『新聞には朝鮮教化の為に行くやうに伝へられてゐますがそれはまったく誤伝です。小生は教化と云ふ様な考へが嫌なのです、今度の音楽会はまったく朝鮮の人に対する小生の情愛と敬念のしるしです　其で会は朝鮮人に捧げられるべき質のものので教化すべきものではありません』」（『京城日報』一九二〇年二月二八日）と、柳宗悦の反論を淡々と伝えた。また、朝鮮渡航音楽会後の一九二〇年六月の『改造』に掲載された「朝鮮の友に贈る書」でも次のように述べ、『京城日報』の報道に反発した。

新聞紙上に伝へる所によれば、私達の渡鮮は芸術を通じて朝鮮を教化する為だと書かれている。然し之は全くの誤伝に過ぎない。それは皮浅な眼で私達の企を解釈した報道に過ぎない。私には教化とか同化とか云ふ考へが如何に醜く如何に愚な態度に見えるであらう。

(柳一九二〇b/一九八一、五〇頁)

このような柳夫妻への曲解は『京城日報』だけではなかった。一九二二年に「朝鮮の友に贈る書」も所収された柳宗悦の著書『朝鮮とその芸術』が出版された。同書に対する書評として一九二二年一〇月一八日の『時事新報』[(6)]は、「暗い反抗心を有する朝鮮の人々を反省させて、両者の融合を来す可能性を持っている所以を説述して……人を惹きつけずに措かない。朝鮮のための朝鮮を考察し批判すべく努力の跡の見られる論文集である」と書いている(『時事新報』一九二二年一〇月一八日)。柳夫妻の活動は、日本の植民地統治に資するものとして、逆利用されることもあったのである。

『京城日報』は一九二〇年五月四日の「柳氏夫妻の入城」という記事に始まり、五月一五日の「柳兼子女史お名残りの独唱会開催」という記事まで、六回にわたり掲載した。うち二回は音楽会の詳しいレポートと演奏評である。

五月四日の「柳氏夫妻の入城」では次のように書かれている。

柳宗悦氏同夫人兼子女史は相携へて三日朝入城し朝鮮ホテルに入れるが一行中には英国人画家バーナード、リーチ氏並に伴奏者榊原直氏も加はれるやにて一行は親《した》し府内各所を観光し五六七の三日間は既報の通り盛大なる音楽会を開き内鮮人融和に努むる筈なりと。

(『京城日報』一九二〇年五月四日)

ここでも二月三日の報道と同様に、音楽会の目的は一貫して「内鮮融和」のためとされている。続いて五月七日の「柳兼子女史の独唱を聴く」では、五月五日の音楽会の様子が克明に描写されている。五月五日の音楽会は、五月四日の音楽会が満員で入場できなかった人もいたことから、急遽追加公演として開催された。主催者は『東亜日報』ではなく、京城基督教青年会であった。

夫人は人も知る東都楽壇の明星。広い白亜の会堂は、多数の外人を混じへた聴衆で一杯だつた。開会時間の午後八時になると丹羽牧師が主催者側を代表して独唱会開催の主旨と開会の辞を陳べて柳宗悦氏を紹介し、宗悦氏は代つて簡単な感謝の辞を陳べ直ちに独唱会に入る。

聴衆の拍手に迎へられ兼子女史登壇。裾模様華やかな紫縮緬の袷に緋鹿子絞りの帯上げ。右から分けて左の眉半分をかくした髪が、豊頰皓歯の顔形によく似合ふ。

（『京城日報』一九二〇年五月七日）

この記事は、在朝日本人を読者に想定して書かれている。また、これまで柳兼子の朝鮮渡航音楽会は朝鮮人聴衆を対象としていたことが強調されてきた。しかし、この記事によれば、聴衆には「多数の外人」が含まれていたという。

この記事の後半は、演奏曲目について演奏順に詳しく描写されている。

曲は歌劇「サムソンとダリラ」ダリラがサムソンに対する熱情を歌ふところ。熱烈な感情の迸りが激越に近いリズムとなつて夫人の口を衝いて出る。そして潤んだ美しい眼や、膨らんだ綺麗な手が巧みな表情を以て聴衆を魅了した。……第二曲はシューバート作の子守歌三ツ。之には日本語に訳したものもあり前の熱烈な調子とは全然異なつた緩やかなそして悩ましいほど快よいものだつた。……斯うして第一部が済み第二部に入つたが最後のビゼーの「カルメン」に至るまで聴衆を酔はせないものはなかつた。

（『京城日報』一九二〇年五月七日）

この記事の最後には「(壽夫)」と署名がしてある。[7] 記事というよりはむしろ批評に近い。シューベルトの《子守歌》については日本語に訳した歌詞で歌ったことも、これまでの研究にはなかった情報である。[8] 五月九日の『京城日報』には、再び長めの批評が掲載された。五月七日に朝鮮ホテルで開催された、京城基督教青年会主催による音楽会についてであった。

女史の声の美しいのと、其の量の多いのには少《すくな》感心した。人間の咽喉から、あんな美《よ》い声が発《で》るものとは一寸思はれない。来る火曜の夕には、同じ会が復《また》楽友会の催しにて高等女学校に開かるゝとの事、耳目を養ひ、性情を養ひ、「神の吾人に賜はりたるもの丶中、最も壮大にして、且つ最も愉快なるもの丶一つ」（ルーテルの語）得んとする方々は、是非行つてお聞きなさいと御勧めする。……余は此京城の如き常に「鄭声の雅楽を乱る」地に於て、女史の声と援助者榊原直氏の妙技（ピアノ独奏）を聞くことを得たのを感謝する。独唱曲目のうち、シューバート作「子守歌」「夕の夢」及びヘース作「故郷の廃家」は邦語にて唱はれた。

（『京城日報』一九二〇年五月九日）

この批評には「山縣生」と署名がある。山縣とはおそらく*The Seoul Press*の社長を務めたこともある山縣五十雄ではなかったかと推察される(9)。

ここで注目すべきは、第一に、音楽会と日本人との関係で、読者に対して音楽会に行くことを勧めている点である。『京城日報』の読者の多くは在朝日本人であり、日本人に音楽会を勧めるということは、柳夫妻の音楽会が、日本人にも門戸を開いていたことにつながる。また、ここでも三曲が、原語ではなく日本語で歌われたと記されている。あえて日本語訳詩の歌曲を取り上げたのは、在朝日本人の聴衆がかなり含まれていたからではないかと推察される。

第二に、一九二〇年当時の音楽をめぐる朝鮮の表象が語られている点に注目したい。山縣は孔子の『論語』陽貨篇第一八「悪鄭声之乱雅楽也」を引き合いに出して、京城を「常に『鄭声の雅楽を乱る』地」と表現している。「鄭声の雅楽を乱るを悪む」とは、鄭で流行っている退廃のメロディーが、伝統の荘重な音楽をかき乱すのは憎むべきことだ、という意味の礼楽思想の代表的な一節である(10)。つまり、当時の京城の音楽状況について、退廃的な音楽が流行し、政治すなわち植民地統治にも悪影響を及ぼしているというのであろうか。これも在朝日本人による、音楽をめぐる朝鮮表象である。

このように、『京城日報』は主催者でもなく、むしろ対立的な立場にありながら、柳夫妻の朝鮮渡航音楽会に対して高い関心を寄せ、『京城日報』なりの論理で好意的に報道した。そこには音楽会を「内鮮融和」に資するものとして位置づける姿勢が一貫していた。従来、柳夫妻の朝鮮渡航音楽会は、在朝日本人との関わりという観点では論じられてこなかった。しかし、実際には、在朝日本人も少なからず関与していたのではないか、ということを、新たな視点として提示しておきたい。

三 柳兼子童謡唱歌音楽会と『京城日報』

柳兼子のプログラムへのこだわりは第二章で述べたように、聴衆に迎合することなく一流の音楽家として、本格的なものを志向していた。しかし一連の朝鮮渡航音楽会の中で、唯一例外となった音楽会があった。三度目の渡航の折、一九二四年四月七日に行なわれた『朝鮮小学生新聞』主催、『京城日報』後援による「柳兼子童謡唱歌音楽会」である。主催した『朝鮮小学生新聞』は、在朝日本人の子どもむけの新聞であった。この音楽会は高崎宗司により、柳宗悦と朝鮮総督府との関わりを示すものとして、次のように指摘された。

京城日報社との距離は、しばらくして縮んだ。
一九二四年四月七日、「柳兼子夫人の童謡唱歌音楽会」が、京城日報社後援で行われた。……一九二四年以降の柳にとって、京城日報社の後援や主催は、拒否すべきものではなくなったのであろう。
(高崎一九七九、九九頁)

松橋桂子はこの音楽会について、情報の乏しいことを指摘した上で、次のように述べている。

「童謡唱歌会」は、兼子の生涯でただ一度のことなので詳細を欠くのは惜しい。主催・後援ともに日本人向けの新聞社だから、聴衆は主に日本人の子弟だったろう。演奏曲は推測の域を出ないが、本居長世、梁田貞、弘田龍太郎の童謡と、「新作唱歌」(前出)からとられたのではなかろうか。ともあれ、声楽家が「童謡

唱歌会」を開いたのは、日本、朝鮮とも初めてのことであった。（松橋一九九九、一二八―一二九頁）

当日の『京城日報』は次のような記事にして宣伝した。

本社後援小学新聞主催の柳兼子夫人の童謡唱歌音楽会は愈々本日（七日）午後七時より長谷川町公会堂に於て開催されるのであるが、お待ち兼ねの大人気に酬ゆる意味に於て当夜は聴衆全部に楽曲を頒布して理解を得ると共に又歌詞は全部邦語を用ひ、期会を以てその唄ひ方に就ても夫人により講演すると云ふ事である。

（『京城日報』一九二四年四月七日）

記事からは、柳兼子の出演が待望されていたこと、そして独唱が披露されるだけでなく、柳兼子本人による童謡・唱歌の指導もあったことがわかる。プログラムの選定に厳しい柳兼子が、日本の童謡や唱歌を歌うこと自体、異例なことであった。

高崎も指摘するように、この音楽会は『京城日報』と柳夫妻との接近につながっていく。『京城日報』は、翌年一九二五年の朝鮮渡航音楽会も後援した。もっとも、柳宗悦は一九二四年の朝鮮民族美術館の設立に際し、建物を朝鮮総督府から譲り受けるなどの支援を受けており、一九二〇年当時の朝鮮総督府に対する批判的な態度は、この頃、影をひそめている。

柳兼子は、日本のみならず朝鮮でも一流の声楽家として名声をもち、柳宗悦という強力なブレインを後ろ盾としていた。音楽的な信念をもち、レパートリーも芸術性の高い声楽作品に限られていた。そして、朝鮮人聴衆から圧倒的な人気を誇る。そのような柳兼子が日本の童謡や唱歌を歌うという特別な音楽会を主催することで、『京城日報』は自社の関わる音楽事業を権威づけ、ブランド化を図ろうとしたのではなかったか。それにしても、なぜ柳兼子が童謡や唱歌を歌うことになったのだろうか。その背景には、日本でさかんになっていた童謡運動があった。

四 『京城日報』の音楽関連事業

1 京城の音楽シーズン

一九二四年になると、『京城日報』は、連日、音楽の記事を掲載するようになった。この傾向は一九二五年も続いた。特に一九二五年は、『京城日報』自ら「京城の音楽シーズン」とよび、音楽事業を展開した。なかには「尺八の妙音に聞惚れた動物　鹿公は耳を聳て丶傾聴」というような珍記事まであった。動物園の檻の前で、尺八奏者が鹿に尺八を聴かせたところ、その鹿は奏者に「もう暫らく居て欲しい」と意思表示をしたという内容である。この記事が、実に紙面一頁の四半分を占めている（『京城日報』一九二四年三月二八日）。『京城日報』における音楽の奨励は、一九二四年から一九二五年にかけて、ひとつのピークとなった。

『京城日報』は一九二四年あたりから、特に童謡の普及に力を入れた。柳兼子の童謡唱歌音楽会も、単独で行なわれたのではなく、その流れのなかで開催された。

「文化政治」期以降、日本人音楽家の渡航がさかんになった。こうしたなか、日本で勃興していた童謡運動の推進者たちも朝鮮を訪れるようになる。

童謡運動は、一九一八年の児童雑誌『赤い鳥』の創刊を機に始まった。主宰した鈴木三重吉は、学校教育で用いられる唱歌や説話が、国家主義的な性格から教訓的で難解であり、芸術性に欠けていると不満を抱いていた。そこで、子どもらしい感性を育むため、芸術的で品位のある新しい子どもの詩（童謡）や童話を創作して普及する運動を始めた。これには、芥川龍之介、島崎藤村、北原白秋ら当時の一流の文学者が共感を示した。『赤い鳥』創刊当初は、童謡は子どものための「詩」であった。翌一九一九年五月からは曲がつけられ、楽譜が掲載されるようになり、童謡運動は、文学の運動から音楽の運動としての性格も帯びるようになった。その象徴となった童謡が、西條八十作詞、成田為三作曲による《かなりや》であった。

大正期の童謡運動は、『赤い鳥』にちなんで「赤い鳥童謡運動」ともよばれる。童謡運動は拡がりをみせ、『赤い鳥』以外にも、一九一九年には『金の船』（一九二二年六月から『金の星』と改称）、一九二二年には『コドモノクニ』など、新しい童謡雑誌が創刊された。

朝鮮に展開したのは、『金の船』編集長も務めた詩人の野口雨情や作曲家の本居長世、中山晋平、藤井清水《きよみ》らであった。一九二四年になると、童謡に関する話題が『京城日報』に掲載され始める。次に示すのは藤井清水に(11)関する記事で、藤本という署名がついている。

西洋音楽にのみ耳慣れていた私の耳には氏の音楽が日本的であることが一種異様に感じられ……所が其の後……遂に氏の芸術の持つ魅力にスッカリ囚へられ……私は自分の忘れた唄の故郷を発見したのでした。音楽といえば西洋音楽でなければ芸術的でないと知らず知らず考へ……氏の芸術に接してからは私は泌々と西洋音楽と日本音楽との間のテンペラメントの相違を強く感じ……これだ我々が永く探し求めてゐたものは。

あゝその時の感じは永らく海上生活に飽きたものが水天彷彿の彼方に富士の磨かれた姿を見出して思はず涙ぐむ時の心持そのものでした。

（『京城日報』一九二四年四月一一日）

在朝日本人と思われる藤本は、童謡によって日本人としてのアイデンティティを取り戻したという。言い換えれば、それだけ「文化政治」期になって、朝鮮では西洋音楽がさかんになっていたことを示している。

藤本の記事は、日本で童謡運動が勃興した経緯及び理念と重なる面がある。童謡運動が始まった当初、その思想的なよりどころとなったのは「祖国愛」であった（河口一九八三、一〇六頁）。それは朝鮮では在朝日本人にとっての郷愁にもつながった。また、「外国の模倣のみに走るのを避け、将来の我が国特有の国民音楽を建設しよう」（弘田一九三三、二二〇頁）といった弘田龍太郎や、童謡運動の拡がりを「日本国民音楽樹立」につなげようとした本居長世の理念（河口一九八三、一〇七頁）も感じられる。藤井清水の作品の特徴は、千葉優子が「徹底して民謡、わらべ歌を基盤とした極めて民俗色の濃い作品を書き」（千葉二〇〇七、一三四頁）と指摘するように、特に日本的な雰囲気や情緒を醸し出すことを意図したものであった。

朝鮮における童謡運動の中心的な存在は、野口雨情（一八八二—一九四五）であった。野口雨情は、しばしば朝鮮を訪れ、童謡運動の展開を模索していた。一九二四年四月には、京城公会堂で二日にわたり、童謡に関する講演会と作品発表の音楽会を開いている。いずれも『京城日報』の招聘、主催によるものであった。作品発表では、作曲した藤井清水がピアノ伴奏を担当し、歌手の権藤圓立が歌った。

この時、野口雨情は四月二〇日の『京城日報』に掲載されたインタビューで次のように述べている。

朝鮮に来て驚いたのは内地で想像してゐたより以上に文化の進んでゐることでした。……朝鮮も近頃童謡が盛んになり小学生ばかりでなく朝鮮児童の童謡も驚嘆に値する程すぐれた作品がずいぶんある。

（『京城日報』一九二四年四月二〇日）

野口は在朝日本人だけでなく、朝鮮人にも童謡を浸透させたいと考えていた。野口はその著書『童謡と児童の教育』で、「童謡には郷土愛をあらわすものがある」とし「郷土童謡」という概念を示したが、「郷土童謡」を説明する際、「月」という題の詩を用いている。(12)

月をとりに行きませう
星をとりに行きませう
青い　高い　高い
大海の　空の　水を汲みに行きませう

野口はこの詩について、次のように解説した。

説明に都合のいいように、これは日本の言葉に訳したのですが、私はこれなどは立派な郷土童謡といっていいと考えます。もしこれが朝鮮語で書かれていて、我々には少しも意味がわからないとします。が、朝鮮の子供の口から聞いた時、私達はどんな感慨に打たれるでせうか？　たとえ言葉がわからなくとも、そこから流れてくるだけで、十分に芸術的価値があるではありませんか。

（野口一九二三、七二頁）

つまり、この童謡は朝鮮の子どもが朝鮮語で作った詩である。野口雨情は童謡のもつ郷土性を強調する一方、童謡の国際的な展開を考えていた。野口は「童謡は、誰しもご承知のように、近来非常な勢いで発達し、日本国中はおろか、やがてはアメリカ合衆国へ、更に西欧諸国へまで広まっていくというような有様を呈しています」と述べている（野口一九二三、四―五頁）。また、野口は「我が国（の童謡）には、欧米国に比して、あまりにトーンが無さ過ぎます。詩が無さ過ぎます」（野口一九二三、二六頁、括弧内筆者補足）、「外国の童謡なるものは、何れも皆、平易な言葉で唄ってあり、誰にでも分かるものばかり」（野口一九二三、二四頁）と、海外の童謡事情を視野に入れ、日本の童謡のあり方を模索した。

野口の著書『童謡と児童の教育』が出版されたのは、一九二三年一〇月である。その二ヶ月後の一九二三年一二月、《七つの子》や《十五夜お月さん》で、作詞者の野口と名コンビとよばれた作曲家の本居長世（一八八五―一九四五）が、娘のみどり、貴美子を連れて四ヶ月にわたるアメリカ公演に出かけた。これは、同年九月の関東大震災の際、アメリカから多くの救援物資が送られたことに対する答礼使節ということで、外務省の支援もあった。本居父娘のほか、尺八の吉田晴風夫妻らも加わり、童謡だけではなく、いわゆる「新日本音楽」も披露しようとするものであった。童謡や新日本音楽の紹介には、西洋音楽の技法を取り入れ、新たな日本音楽の様式を確立したことを、海外にアピールする意図があった。

童謡はこの公演で盛況を博した。(13) 聴衆には在留邦人も多かった。童謡を披露した本居の娘二人の人気も一役買った。後に、彼女らは末娘・若葉とともに「童謡の三姉妹」として、ラジオやレコード録音で活躍することになる。

2　本居長世一行の幻の童謡公演

野口や本居は、一九二五年に朝鮮、中国への演奏旅行をすることになった。朝鮮での公演を主催したのは、『京城日報』であった。本居一行の朝鮮公演の宣伝が始まった一九二五年九月以降、『京城日報』の文化面は童謡一色になった。それらの記事は、子どもの教育と童謡を結びつけて論じたものが多かった。最も典型的な例を、『京城日報』の最初の宣伝記事にみることができる。

童謡、舞踊、音楽などが、児童の情操教育の上に、あるいは家庭の趣味的団欒の上に必要であるか否かは、もはや今日的問題ではありません。……あたかも音楽シーズンに入って我々の嗜慾が、しきりにその方面へ動いている時、本居長世氏の一行が、来月中旬に朝鮮を訪れることは、ひとり子供さん方の大きな喜びばかりでなく、多くの家庭に、あるいは半島の楽壇に大なるショックを与へるに違ひありません。

（『京城日報』一九二五年九月二四日）

この朝鮮公演は、本居と二人の娘、野口雨情、尺八の吉田晴風というメンバーにより、中国公演を経て行われる計画であった。以後、連日、童謡に関する記事や論説が紙面を賑わした。看板となる本居の娘については「子供の国の女王　待ちわびらるゝ童謡の二令嬢　京城の音楽シーズンに喜びの渦巻あがる」（『京城日報』一九二五年九月二四日）、「アメリカの人々を驚嘆させた新日本の楽壇に生まれた完全な児童芸術」と見出しがつけられ、「米国では何処に行っても、上品で優越した新日本の音楽……と盛んに持て囃されたものでした」とアメリカ公演の成功も伝えられた（『京城日報』一九二五年九月二五日）。つまり、童謡がアメリカでも高い評価を得た、というお墨付きを前面に出したものであった。

一九二五年一〇月三日の『京城日報』は、一頁の上半分が[14]、すべて童謡関連の記事で占められた。そのうち「童謡には国境がない」という見出しの記事には、「世界各国いずれの国を通じても童謡だけは最も多くの類似点を持つており、いかなる人が聞いてものんびりとした気持ちで面白く聞くことができる」とあり、童謡の国際的展開の可能性についてふみこんでいる（『京城日報』一九二五年一〇月三日）。

さらには、朝鮮人が童謡を推奨する記事もあらわれた。尹鳳鉉と署名のある記事には「童謡は時代の要求――子供に童謡を教えよ」という見出しがついている。[15] この記事は、欧米の早期音楽教育を引き合いに出し、その教材としての童謡の価値を訴えるものであった。いずれも、日本の童謡運動が国際的にも認められているという内容である。

また、同日の紙面には「レコードになつた朝鮮童謡」との見出しで、朝鮮の民族服に身を包んだ朝鮮の少女が伽倻琴を演奏する写真が掲載されている。そして「朝鮮童謡とはどんなものか知りたがつている内地にいるお友達を喜ばせています」と説明がつけられている（『京城日報』一九二五年一〇月三日）。朝鮮における童謡の普及は、在朝日本人の子どもだけではなく、朝鮮人の子どもも対象になっていた。それを裏づけるものに、やはり同日の紙面に「朝鮮童謡」として掲載された詩がある。朝鮮の子どもが書いたとされるその詩は、一九二三年一〇月に野口雨情が出版した『童謡と児童の教育』に、朝鮮の童謡の例として取り上げられていた「月」そのものであった。

ところが、約一ヶ月あまりにわたって連日宣伝してきた「音楽と童謡舞踊の会」は、翌一〇月四日の『京城日報』で突如「遺憾ながら中止」と報じられた。朝鮮での公演を前に、中国の奉天を訪れていた本居長世が、高熱を発し倒れたためであった。

『京城日報』は本居一行の音楽会の中止を受け、すかさず穴埋めとして、次の手を打った。日本から舞踊の藤間静枝（のちの藤蔭静枝）、作曲の中山晋平、尺八の吉田晴風、箏の吉田恭子夫妻、ソプラノ佐藤千夜子らを招聘し、一一月七日、八日に同社主催で「音楽と童謡舞踊の会」を開いた。一一月三日の『京城日報』は、「本居長世氏一行が中途病気のため奉天から空しく内地に引返された事に失望してゐた」と書いている（『京城日報』一九二五年一一月三日）。

結局、本居長世とみどり、貴美子の父娘は、翌一九二六年四月に朝鮮を訪れて公演を行なった。

五　本章のまとめ

本章では、『京城日報』の音楽関連事業について検討した。「文化政治」の音楽奨励策は、朝鮮総督府の機関新聞『京城日報』が、音楽関連事業を主催、後援することで展開した。

まず、柳夫妻の朝鮮渡航音楽会について、『京城日報』がどのようにとらえ、報道していたかを検討した。『東亜日報』の主催による、一九二〇年五月の朝鮮渡航音楽会は、柳宗悦自身、朝鮮人の手で開催されることに意義を見出していた。『東亜日報』と対立的な立場にある『京城日報』は、この音楽会をあえて「朝鮮人を教化するもの」と好意的に報道した。柳宗悦は反発し、教化のためではないと強調した。柳宗悦は『京城日報』と距離を保とうとするが、『京城日報』は柳夫妻の音楽会に高い関心を寄せ続け、「内鮮融和」に資するものと位置づけて報道した。

これまで、柳夫妻の音楽会は、朝鮮人主導で行なわれた朝鮮人のための音楽会という性格が定説のようになっており、在朝日本人との関わりは、あまり論じられてこなかった。しかし『京城日報』によると、柳夫妻の音楽会には、在朝日本人や欧米人の聴衆も多かったようである。純粋に、朝鮮人主導による朝鮮人のための音楽会であったかは、別途検討を要する。

また、ここでは在朝日本人の朝鮮表象として、論語の「鄭声の雅楽を乱るを悪む」が引き合いに出されていたことにふれた。朝鮮を「鄭声の雅楽乱る地」とする表象は、日本人が抱いていた朝鮮への負の眼差しが投影されている。この表象は、第一章で言及した「亡国の徴」や、次章で言及する「哀調を帯びた」という表象とも関わってくる。

『京城日報』は、一九二四年四月の柳兼子の童謡唱歌音楽会を後援した。それは柳兼子が童謡や唱歌を解説つきで歌うという異例の音楽会であった。子どもむけとはいえ、この例外的な音楽会は、『京城日報』との距離が縮んだことをうかがわせるものであった。

柳兼子に童謡を歌わせるという企画の背景には、朝鮮における童謡運動の流れがあった。一九二〇年代は、日本ではちょうど童謡運動が軌道に乗りつつあった時期である。野口雨情、本居長世らは海外への展開にも積極的であった。一九二四年あたりから、朝鮮では「文化政治」における音楽の奨励がピークを迎え、『京城日報』では、連日、音楽の話題が紹介された。そのテーマのひとつが童謡運動であった。

『京城日報』は、野口雨情や藤井清水の招聘講演を企画するなど、童謡運動を支援した。そして一九二五年一〇月には、本居長世や野口らを招聘して大々的な「音楽と童謡舞踊の会」を計画した。開催一ヶ月前から、連日、記事を掲載し機運を盛り上げたが、本居長世の急病で公演は中止された。

「文化政治」の音楽奨励策は、日本と切り離されたものではなく、日本の音楽界と人的にも内容的にも結びついていた。日本の音楽界における新しい試みや動きを日本以外の場所で試そうとする時、朝鮮は日本人音楽家にとって、格好のフィールドだったのである。

柳夫妻の朝鮮渡航音楽会をきっかけに、朝鮮における西洋音楽の導入においても、日本人が積極的に関与するようになったことは、すでに指摘した。一九二〇年代半ばにさしかかると、「文化政治」の定着、浸透に呼応するように、日本の音楽界の動向に合わせて、西洋音楽だけでなく、西洋音楽を基盤とした日本の新しい音楽が、日本人によって朝鮮にもたらされたのである。

注

（1）森山茂徳（一九九三）は、本文中で『京城日報』を略して『京日』を用いている。

（2）徳富蘇峰（一八六三—一九五七）は一八九〇年に『国民新聞』を創刊し、社長兼主筆として明治、大正期の日本のジャーナリズムをリードしていた。『京城日報』には一九一八年まで関わった。

（3）「来青閣」は京城日報社の社屋のひとつ。

（4）イバッハ（Ibach）は一七九四年創業のドイツの老舗ピアノメーカー。

（5）「京城公会堂」が本来の名前であるが、長谷川町にあったことから「長谷川町公会堂」とよばれることが多かった。長谷川町の「長谷川」とは第二代朝鮮総督・長谷川好道の姓に由来する。座席数は約五〇〇で、一九三八年に京城府民館ができる前までは規模の大きな音楽会の多くがこの公会堂で行なわれていた。朝鮮ホテルは、朝鮮鉄道局によって一九一四年に建てられた朝鮮で最初の西洋式近代ホテルで、ホテル内に音楽ホールがあり、外国人、日本人による音楽会が行なわれていた。

（6）『時事新報』は一八八二年に福澤諭吉によって創刊された日刊紙。大正の半ばまでは東京五大新聞（東京日日・報知・国民・東京朝日・時事）の一角を占めた。

（7）「壽夫」という署名が実際に誰を指すのかは現段階で不明である。

（8）シューベルトの「子守歌三ツ」の「三ツ」がどの曲を指しているのか不明である。この他、サン＝サーンスの歌劇《サムソンとデリラ》からのアリアは、五月四日の音楽会のプログラムには含まれていなかった。

（9）山縣五十雄については、貴田忠衛（一九三六）にその経歴が書かれている。

「……明治四十二年三月頭本元貞氏の経営する朝鮮唯一の英文新聞セウルプレスを継承し、社長となり渡鮮して朝鮮に在住する外国人に我が帝国の方針を説いて蒙を啓き、社業発展のため尽瘁せる功労は少なからず、大正十二年同社長を辞し離鮮したが、常に我が半島のために力を尽す士である。」（貴田一九三六、一六頁）

山縣はこの頃『京城日報』や『朝鮮』にも度々寄稿し、特に外国人宣教師対策や社会教化についての論客としても知られていた。

（10）『論語』陽貨篇第十八については、木村英一他の訳を参照した（木村英一他訳一九七〇、九八頁）。

（11）藤井清水（一八八九—一九四四）は、大正から昭和初期にかけて活躍した作曲家、日本民謡の研究家。歌曲《白き手に》童謡《信田の藪》《お月見》《足柄山》などの作曲で知られるほか、日本全国の民謡の採譜を行ない、『日本民謡大観』の基盤を作った。作品は民謡風の旋律による日本的な情緒の表現が特徴である。朝鮮には一九二四年四月に野口雨情らと来て、講演と音楽会を開いた。

（12）野口はこの詩を「朝鮮童謡」とよんでいる。朝鮮人児童の作った朝鮮語の詩を日本語に翻訳したものである。作者名は記されていない。「童謡」という概念が、鈴木三重吉の「赤い鳥童謡運動」においても元来子どものための「詩」であったように、野口も曲のついていない詩を「童謡」といっている。

（13）一行は海路ハワイからアメリカ本土に渡り、西海岸のいくつかの町で公演を行なった。カリフォルニア州のサクラメント公演では、アメリカの教育学者セナター・ビルズが次のような賛辞を送ったという。「日本では今一流の詩人がわざわざ子どもたちに与える歌を競作し、一流の音楽家たちが競ってそれを作曲して、子どもたちに聞かせ、歌わせている。このようなことが、今まで世界の先進国を以て自認している欧米の諸国があったであろうか。これは世界の児童文化史上ゆゆしき出来事で、こういう教育を受けて育った子どもはどのようになるかを考えると、日本はまことに末恐ろしい国である。」(金田一一九八三、七〇―七一頁)。

(14) この頁の下半分は石鹼の広告記事であり、結局一頁すべてが童謡の記事であったことになる。記事の見出しは次のとおりである。「童謡には国境がない」(無署名)、朝鮮の童謡三編(「星」「月」「隣のお父さん」作者名なし、いずれも日本語に訳されている)、「児童劇に音楽の濫用は害がある」(無署名、児童劇と音楽の関係についての内容)、「童謡は時代の要求 子供に童謡を教えよ」(尹鳳鉉)、「土曜日の晩には美しい音楽の夕 童謡好きな武者義子さん 姉弟三人が天才肌」(無署名)、「童謡『お星様』」(武者慶之助)、「レコードになつた朝鮮童謡」(無署名、朝鮮人の女子二名の写真付)。

(15) 尹鳳鉉の所属は「釘本楽器店」と付記してある。京城の本町にあった釘本楽器店に勤務していた朝鮮人であると思われる。

第五章　「文化政治」期の音楽教育
――五十嵐悌三郎の音楽教育活動を中心に――

本章では、「文化政治」期における音楽教育について、音楽教師・五十嵐悌三郎の活動を手がかりに検討する。植民地期朝鮮において日本人音楽教師が担った役割は何だったのか。そして、音楽をめぐってどのような朝鮮表象を抱き、教育につなげていったのか。五十嵐の活動は、植民地期朝鮮の音楽教育に関する研究に多様な切り口を与えてくれる数少ない事例である。

一　五十嵐悌三郎に関する研究の状況と本章の視点

五十嵐悌三郎（一八九三―一九四〇）は、一九二四年から一九三七年までの約一四年間、朝鮮で幅広い音楽教育活動を行なった。五十嵐が朝鮮で活動した時期は、「文化政治」における音楽の奨励が定着していった時期でもある。五十嵐は、京城師範学校の音楽専任教諭として教員養成に携わった。作曲活動にも熱心で、唱歌や子どものための歌曲を数多く作曲した。音楽理論に関する著書の執筆や歌唱教材の編集も手がけていた。また、李王職雅楽部では、朝鮮の雅楽を五線譜に採譜する作業にも携わったとされる。そのほか、音楽教育に関する論説の執筆や、音楽教室の設立や経営など、その活動は実に多彩であった。五十嵐は、植民地期朝鮮における音楽教育界の中心的存在であった。

五十嵐の活動は、拙稿「朝鮮における五十嵐悌三郎の音楽教育活動」（藤井二〇〇五）の発表以前は、ほとんど明らかにされていなかった。ただ、断片的に五十嵐の名が出てくる資料はいくつかあった。『原典による近代唱歌集成――誕生・変遷・伝播――解説・論文・索引』には、五十嵐作曲の唱歌が、閔庚燦によって紹介されている（閔庚燦二〇〇〇、一四二―一四三頁）。山本華子の論文「李王職雅楽部に関する研究――『職員録』と聞き取り調査を中心に――」では、朝鮮の雅楽を五線譜に採譜する作業に関わったひとりとして、五十嵐が挙げられている（山本二〇〇二、一五一頁）。また、韓国国立国楽院国楽研究室編『李王職雅楽部と音楽人たち』では、朝鮮の雅楽の五線譜への採譜作業に関わった人物として、石川義一と並んで一項が立てられている（韓国国立国楽院国楽研究室編一九九一、一四五―一四七頁、韓国語文献）。拙稿（藤井二〇〇五）では、五十嵐に関する資料を可能な限り網羅するとともに、五十嵐の関係者への取材、調査を行ない、五十嵐の朝鮮における音楽教育活動の全体像を明らかにしようとした。最近では、五十嵐の作品や履歴などをまとめたウェブサイトが、子息の小林民男氏によって開設されている。(1)

本章では、まず朝鮮赴任以前の郷里・山形での音楽教育活動をふまえた上で、五十嵐の朝鮮における音楽教育活動を概観する。そして、五十嵐の活動から派生する、朝鮮での音楽教育のさまざまな位相から、「文化政治」と音楽教育の関係を明らかにしていく。なお、本研究に際し、子息で山形県鶴岡市在住の五十嵐弘二氏、山形市在住の小林民男氏より、資料の提供を受けた。それらの資料には、著書、当時出版された楽譜集や雑誌、当時の京城師範学校の写真、五十嵐による書類の下書きなども含まれている。本章の内容は、多分にそれらの資料に依っている。

二 朝鮮赴任前の五十嵐の音楽教育活動——山形県師範学校教諭として——

五十嵐は一八九三年に山形県西田川郡栄村播磨（現在の鶴岡市播磨）で生まれた。(2) 一九一五年一〇月に山形県師範学校本科第一部を卒業すると同時に、尋常小学校訓導として教師生活を始めた。一九一九年一一月に師範学校、中学校、高等女学校音楽科教員の免許を取得し、同月末、山形県師範学校に教諭として赴任した。同校には朝鮮に渡る直前の一九二四年六月初旬まで勤務している。

山形県師範学校教諭となった五十嵐は、山形県の音楽教員養成の中心的な存在として、同県の音楽教育界をリードしていった。山形時代の五十嵐の功績について、五十嵐幸雄は次のようにまとめている。

> 大正八年より大正一三年まで母校山形師範学校に勤務、青年音楽教育家として全身全霊を傾注した。当時初等教育のピアノ普及につとめ、音楽教育の振興に尽瘁され、この期間弟子から幾多のすぐれた音楽教育家が生まれ、山形の音楽教育の今日の隆盛の礎地を築かれた。
>
> （五十嵐八重編一九六四、一頁）

五十嵐は、山形県師範学校在職当時を「山形師範時代ハ職務ニ慣レタルコト、県内小学校ノ音楽教育ノ向上ヲ図ルコト、舎監トシテノ任務ニツキ種々ニ修養セシメラレタルコト、弟達ノ修学上ノ配慮等ガ中心トナツテ居リマシタ」と回想している（五十嵐一九三九、一頁）。五十嵐が、同県の初等音楽教育の向上に力を傾注した様子は、一九二三年四月、五月、六月各号の『山形県教育』に連載した論説「唱歌教授私見」からも読み取れる。四月号に掲載された「其の一」では、県内の音楽教育の研究会や学校の音楽会、県内小学校の音楽関係の設備について、現況を報告し、今後の展望について述べている。(3) 五十嵐は県内全域の音楽教育の情報を収集し統括する立場にあった。具体的な音楽教育の研究では、題からもわかるように、唱歌教授法を体系化してまとめている。五、六月号に掲載された「其の二」「其の三」がその内容に相当する。

「其の二」では、唱歌教育の目的と、楽典など基礎的な知識の習得の必要性が記されている。唱歌教育の目的は、次のようにまとめられている。


精神的目的　適当にしてよき唱歌を味はゝしむることによつて、児童の精神を育てること。

　　　　　　唱歌を味はひ得る精神を養ふこと。

外形的目的　児童の器官を唱歌組織に熟練せしむること。

　　　　　　唱歌の組織を理解する能力を養ふこと。

（五十嵐一九二三b、二六頁）


「其の三」では、唱歌教育における教材を「日本固有の歌曲」「純西洋の歌曲」「日本人の作曲せる西洋風の歌曲」「文部省の尋常小学唱歌」「大正初年の歌曲集」「童謡」と六つに分類し、取り上げる際の留意点を示している（五十嵐一九二三c、二二―二七頁）。たとえば、童謡については「童謡は我が児童教育界に対する功の可なり大なるものである事は否定しない。しかしそれらの童謡は全然批議すべき余地のないものであるかといふと決して左様はいかぬ。大いなる弱点を持つてゐる。その弱点は一言にしてつくすならばあまりに感傷的であるもののみであると言ふ事である」と、厳しい評価をしている（五十嵐一九二三c、二六頁）。

このように、山形県師範学校教諭時代の五十嵐は、唱歌教育の体系化、楽典の重視、童謡のような新しい動向に対する評価など、自らの音楽教育観を積極的に発信していた。

三 朝鮮における五十嵐の音楽教育活動

1 京城女子高等普通学校教諭として

五十嵐は一九二四年六月、朝鮮に渡った。五十嵐が年度途中になぜ朝鮮に渡ったのかは明らかでない。五十嵐弘二によると、同郷の知人を通じて、朝鮮に渡る話が出たとのことである(4)。

五十嵐は、まず京城女子高等普通学校の教諭となった。「大正一三年七月一日現在」の『朝鮮総督府人事総覧』には、早速、同校教諭として五十嵐の氏名が掲載されている（日本図書センター複製一九九七、二二三頁）。五十嵐は、同校に翌一九二五年四月まで、一一ヶ月勤務した。当時について、五十嵐は「京城女子高等普通学校ハ朝鮮人ノ学校デアツタコト　女学校デアツタコト　マツタク未知ノ人達ノミノ中ニ入リ込ンダ私デアルコト等ノ問題ガ主デアリマシタ」とふりかえっている（五十嵐一九三九、一頁）。

同校には、一九二一年の一時期、石川義一も教諭として勤務した。五十嵐は、慣れない土地で朝鮮人女子生徒を相手に当惑しながら、朝鮮での音楽教育活動をスタートさせたのであった。

2　京城師範学校での音楽教育活動

五十嵐は、一九二五年五月に京城師範学校教諭に転じた。京城師範学校は、「文化政治」の教育政策ともいえる一九二二年の第二次朝鮮教育令により、官立として唯一設置された師範学校である。一九二五年四月、女子高等普通学校は官立から公立として道の所管となった。京城女子高等普通学校に附設されていた女子演習科・師範科が廃止となり、京城師範学校女子演習科に移管された[5]。五十嵐の異動のタイミングとしては、この再編に合わせたものであった可能性も考えられる。

五十嵐は、京城師範学校教諭として、朝鮮の学校音楽教育システムの中枢で指導に当たった。五十嵐の着任により、まず変化を見せたのは京城師範学校の音楽活動であった。にわかに同校の音楽活動がさかんになったことは、『京城師範学校史 大愛至醇』[6]でも読みとれる。一九二五年六月には、クラブ活動として音楽研究会（愛称は「ワグネルソサイエティ」）が結成され、公開音楽会を開催するなど活発な活動が開始された[7]。

一九三二年卒業の朝鮮人学生、田鳳徳《チョン・ボントク》は「何といっても盛んな部は音楽部、美術部、柔道部、陸上部等であろう。音楽の先生の初めは五十嵐先生、次は吉沢先生に変ったが、五十嵐先生は合唱部を創設しその育成に尽くされた」と回想している（醇和会編一九八七、三七八頁）。一九二六年卒業の京城師範学校女子演習科第一期生、玉井朝子は、印象に残っている恩師の一人として「毎時間小学校向きの唱歌を次から次に教えて下さった音楽の五十嵐先生」をあげている（醇和会編一九八七、二九七頁）。五十嵐の着任は、同校の音楽活動の活性化をうながした。

山形県師範学校での実績を考えれば、教員養成を本務とする京城師範学校で教鞭をとることは、五十嵐にとってふさわしい仕事であった。五十嵐も「京城師範時代ハ私ガ最初ノ専任音楽教師デアリマシタ関係上全力ヲ挙ゲテ音楽教育ノ興隆ニ没頭尚コノ師範ノ音楽教育ヲ通ジテ全鮮ノ初等学校児童ノ魂ニ呼ビカクベキ方途ノ研究等ニ専念致シマシタ」と述べている（五十嵐一九三九、二頁）。そこには、京城師範学校での指導のみにとどまらず、広く朝鮮全体の音楽教育に関わろうとした姿勢がうかがえる。

五十嵐は『文教の朝鮮』(8) 一九二五年一一月号に掲載された論説「音楽教育の効果」で、自らの音楽教育方法論を、次の四点にまとめた（五十嵐一九二五、五八―六五頁）。いずれも詳細な解説がつけられているが、ポイントを簡潔にまとめてみる。

一、子どもの発達段階に応じたリズム感や音感、発声法などソルフェージュの徹底。
二、音楽を鑑賞する能力を養い音楽的教養を身につけること。
三、美しくかつ子どもたちにふさわしい音楽に接触させることで、子どもたちの健全な精神的発育を図る。
四、「普通教育における音楽教育の効果」として音楽的感受性を養うこと。

ここで留意しておきたいのは四で、五十嵐が「普通教育における音楽教育の効果」としている点である。五十嵐は、「私のとく音楽教育は普通教育、即ち人を養成する教育の地盤に立つものであつて、音楽家を養成する専門的な音楽教育とは自ら異なるものがあるからであります」と、初等教育における音楽教育のあり方を論じるという前提に立っていた（五十嵐一九二五、六五頁）。あくまで音楽の専門教育とは一線を画した、師範学校教諭の立場を明確にしている。

五十嵐が京城師範学校に在職したのは、一九二五年五月から一九二九年一〇月までの約四年半である。その間に、朝鮮での唱歌教育には大きな変化があった。それまで、日本の唱歌を用いて唱歌集を編纂していた朝鮮総督府が、独自に朝鮮の学校むけの唱歌を作ることにした。閔庚燦はこの動きを、次のようにまとめている。

一九二六年（大正一五年）、朝鮮総督府は文部省唱歌と似た朝鮮の学校の唱歌を作り出した。これを朝鮮総督府唱歌といいたい。朝鮮総督府唱歌は朝鮮総督府が主体となり、懸賞募集と専門家に委嘱を通して集めた歌詞を、日本人作曲家に託し作った官制唱歌である。……朝鮮総督府唱歌は韓国の唱歌でもあり、日本の唱歌でもある。

（閔庚燦二〇〇〇、一四〇頁）

一九二六年に朝鮮総督府より発行された『普通学校補充唱歌集』がこれに当たる。(9) 一九二六年は、五十嵐が京城師範学校に赴任した翌年である。五十嵐がこの唱歌集の編纂にどの程度関わっていたかは、現在のところわからない。

同じ一九二六年には、京城新楽会による『音楽と教育』という月刊誌が発行されている。(10) その第四号には、五十嵐作曲による《夕のうた》《水車》《祭の笛》の三曲が、収録されている。また、収録一六曲のうち、朝鮮総督府編の曲として《子リス》《長ぎせる》の二曲が収録されている。つまり、閔庚燦のいう「朝鮮総督府唱歌」が雑誌『音楽と教育』にも含まれており、五十嵐が『普通学校補充唱歌集』の編纂に関与していたことが推察される。ともかく五十嵐は、一九二六年には、子どものための歌曲の作曲を始めていた。(11)

五十嵐の作曲した唱歌が、「唱歌集」に見られるようになるのは、一九三二年以降である。一九三二年に京城師範学校が発行した『初等唱歌』の第三学年用に、田中初夫作詞、(12) 五十嵐作曲の《高麗焼白磁壺》が、第六学年用は野々村修瀬作詞、五十嵐作曲の《新羅の法師義湘》が、それぞれ収録されている。五十嵐は一九二九年に京城師範学校を退職しており、一九三二年の発行に際し、中心となって編集に当たったとは考えにくい[13]。ただ、収録曲があるという点で、在職中に関わっていたか、退職後も接触が続いていたものと思われる。

ところで、五十嵐の二曲は、いずれも朝鮮の文物や歴史上の人物をテーマにしたものである。この点について、閔庚燦は「日本人が作曲し、韓国に普及した唱歌の中には韓国を素材にした日本語の歌詞の唱歌が相当数ある。ここには、韓国の歴史、都市、偉人、自然など、郷土的関係材料を考慮して作って普及したものが少なくない」と分析している。また、五十嵐の曲が収められた『初等唱歌 第三学年用』は、「郷土的関係材料をもっとも考慮して編纂したものである」と分析している（閔庚燦二〇〇〇、一四二頁）。さらに《高麗焼白磁壺》の解説で、閔庚燦は「植民地の教育のなかで郷土の伝統的な文化を題材として採り入れたのは何を意味しているのだろうか。この問題はこれから解決しなければならない課題だと思う」と問題提起している（閔庚燦二〇〇〇、一四二―一四三頁）。

3 音楽をめぐる五十嵐ら日本人教師の朝鮮表象と音楽教育

ところで、五十嵐は朝鮮に赴任した当初から、朝鮮人の音楽性について否定的な印象を持っていた。それは、先にふれた五十嵐の論説「音楽教育の効果」からも読みとることができる。五十嵐が朝鮮に来て一年五ヶ月が経ち、京城女子高等普通学校から京城師範学校教諭に転じて、ちょうど半年が経過した頃のものである。

私は約十年ばかり内地の音楽教師を致しまして昨年朝鮮に参つた者であります。来鮮当時人々の語をきゝますと、朝鮮の人は音楽的素質が豊富であると多くの人々に教へられたものです。処が実際その教養にあたつて見ますと、音楽の生命であるところのリズム感の欠乏、リズム感の鈍い事の甚だしいのを発見致しまして話者の言のあまり真実でない事を悟りました。而して私はこれは決して朝鮮の人々が生れながらにリズム感が鈍いのではない、後天的教養――家庭生活の空気、普通学校教育の不用意――の欠陥の暴露であると信ずる者であります。その結果音楽的には最も恵まれてゐない者の中なる内地人に比しても尚リズム感が鈍いと言ふ事になります。（内地の音楽教育の実況は朝鮮に比して時間的に大ぶ長くその教養の程度も少し深いのが事実です）……之れは全く教育上の欠陥であります。

（五十嵐一九二五、五九頁）

山形県師範学校時代の五十嵐は、独自の音楽教育方法論の研究とともに、楽典やソルフェージュなど音楽の基礎的な力の習得を重視していた。その点で、五十嵐が朝鮮の音楽教育事情にふれた最初の印象は、芳しいものではなかった。五十嵐も「来鮮当時人々の語をきゝますと、朝鮮の人は音楽的素質が豊富であると多くの人々に教へられた」と言っている。これまで宮城道雄、田村虎蔵、藤野奏風、柳宗悦・兼子夫妻、石川義一らの言説にみるように、朝鮮人の音楽性への高い評価は、音楽をめぐる日本人の朝鮮表象としてひとつの通説ともなっていた。しかし、五十嵐の言説は、それらを否定する表象であった。

第三章でも引用したように、石川義一は一九二一年四月に同じ京城女子高等普通学校での経験を次のように書いている。

音楽を味ふと云ふ点から云へば内地人よりも朝鮮人の方がズット上であると思ひます。私の二三週間の経験に依りますと鮮人の音楽を好くと云ふ点から見れば到底内地人の及ばぬ所です。

（石川一九二一g）

五十嵐と石川の表象は、非常に対照的である。それは、石川が朝鮮で作曲活動や演奏活動をしようとしたのに対し、五十嵐は音楽教育をするために朝鮮に渡ってきたという立場や目的の違いも影響していよう。石川はきわめて短期間で同校を辞めた。五十嵐はこの論説の発表時には、京城師範学校教諭の立場にあり、五十嵐なりに感じた朝鮮の音楽教育の課題を解決し、周囲に提言していく責任を感じていたようにも読める。

そして、五十嵐の音楽教育観には、朝鮮人の生活の響きを認める余地はなかった。五十嵐は「朝な夕なに訪づれ来る物売りのプロバカンダのひゞき……愚痴を並べますと際限ありませんが、最後に悪声に育てられざる声音は人生を不幸ならしむ」と、朝鮮人の日常生活にある音風景をも、音楽教育上好ましくないと述べている（五十嵐一九二五、六〇頁）。

ところで、このような朝鮮人の音楽性や音楽教育の実状に対して厳しい評価をしたのは、五十嵐だけではない。一九二五年九月の『文教の朝鮮』に掲載された元・普通学校の教師、小形勝の「普通学校唱歌教授の苦い体験」[14]という論説でも、朝鮮人の音楽性に対して、次のような評価が示されている。

六、自分の取扱つた児童の病的（音楽上）傾向

全鮮を行脚したのではなく、半島の一部で、長い間暮したに過ぎない、自分の感じが正鵠を得て居るかは疑はしいが、お互の研究上の参考迄に述べたい。

一、哀調的旋律のものを好む傾きがある

二、ワルツものを好む

三、器楽専用に作られた譜、曲、を歌ひたがる

四、半音階の含まれた曲が誠に下手である
五、男子の発声域が割合に狭い　イ・から二・まで位である
六、呼吸法が巧みでない
（小形一九二五、六一頁）

小形勝は執筆時の肩書きが「総督府嘱託」となっているが、一九一三年から一九二五年までの一二年間、普通学校で教鞭をとっていたという。「病的（音楽上）傾向」という小見出しをはじめ、示された六点には、辛辣な表現も含まれる。「ワルツものを好む」は、朝鮮の音楽に三拍子系が多いと言われる議論に関わるものであろう。「器楽専用に作られた譜、曲、を歌ひたがる」は、朝鮮人児童の日本語に対する忌避反応や苦手意識が、「器楽を好む」というかたちで表れていたのではないかと考えられる。朴燦鎬は、朝鮮人の子どもたちの歌について「（朝鮮人の）子どもたちは、学校では日本の唱歌をうたい、家では朝鮮童謡をうたうというように、うたいわけるようになっていた」（朴燦鎬一九八七、一〇九頁、括弧内筆者補足）と、当時の状況を指摘する。

問題は、第一の「哀調的旋律のものを好む」である。日本人が、朝鮮の音楽を表象する際によく用いる表現であり、やや詳しく検討しておきたい。

音楽をめぐる日本人の朝鮮表象の典型のひとつに「哀調」というキーワードがある。小形のほかにも、朝鮮の音楽や朝鮮人の歌唱や演奏を評して、「哀調」という表現を用いた例は多い。

朝鮮総督府学務局職員の田島泰秀は、『朝鮮教育』一九二二年三月号に「交響楽」と題した随筆を載せている。その中に「去年の花見の頃だつた。牛耳洞の桜のもとに柔い春草を敷いて笑ひ興ずる私達の前を、酒に酔ふた周衣の青年が甲高な声で哀調を帯びた朝鮮の歌をうたひながら通り過ぎた」という一節がある（田島一九二二、一八

六頁)。朝鮮人青年の歌う朝鮮の歌について「哀調を帯びた」と形容している。

もう一例を挙げておこう。日本に留学し、一九四〇年の毎日音楽コンクール作曲部門で入選した朝鮮人作曲家、任東爀《イム・ドンヒョク》は、入選作品《管弦楽のための「四つの朝鮮風の小曲」》の感想を、「普通世の中では、すべて朝鮮の音楽は哀調を帯びてゐると考へてゐるが、決して左様に限つてゐない。噴き出す程の可笑しい音楽もあれば、滑稽なものもある」と述べている(『音楽世界』一九四〇年一二月、八四頁)。

「哀調を帯びた」という表象は、第一章でふれた宮城道雄の「日本の人は朝鮮の音楽を、亡国の徴があるというけれども、私は決してそんなことはないと思っている」(宮城一九三六/二〇〇一、一二一頁)や、梶山季之の『族譜』に出てくる「その唄の節回しにはひどく哀調がこもっていて、それは亡国の民の、流浪の民の韻律だった」(梶山一九五二/二〇〇二、二二頁)という表象にもつながるものと思われる。こうした例は枚挙にいとまがない。

さて、小形勝は「文化政治」において、音楽が奨励されていることについても、物足りなさをあらわにした。

> 同化といひ教化といふも、国家政策上の理想ではあるが、この理想に到達する迄には、短日月に僅かな文化施設が発達したからとて、安心は出来ない。どこまでも朝鮮民族が自覚しない限り、同化政策は功を奏しない。……近頃巷間に流行するセンチメンタルな安価な小唄を、尊い教えの楽壇に移して、新しがつたり嬉しがつたりして居る連中否先生のあるは、誠に憂ふべきことである。音楽や唱歌を単に娯楽視するやうなことでは、普通学校の唱歌は、到底その目的を達することが出来ない。(小形一九二五、五九—六〇頁)

小形はこのように、同化政策や音楽による教化がまだ生ぬるいとし、音楽や唱歌を娯楽視してはいけない、と強い調子で述べている。また、「近頃巷間に流行するセンチメンタルな安価な小唄」とは、第四章で言及した童謡を指すものであろう。小形の論説が掲載されたのは、一九二五年九月であり、五十嵐が京城師範学校に赴任した四ヵ月後のことである。

小形の論説は、当時の朝鮮人児童に対する日本人教師の認識の一端が示されている。すなわち、音楽をめぐる否定的な朝鮮表象は、五十嵐を含め、朝鮮の日本人音楽教師において典型的なもののひとつであった。そこには、朝鮮人の音楽教育に携わる日本人教師の不満と戸惑いが表れている。彼らは、日本式の唱歌教育、日本式に加工した西洋音楽を朝鮮に導入し、定着させようとする最前線にいた。その現場で生じる戸惑いは、日本人教師のなかで、朝鮮人の音楽性に対する否定的な表象を再生産していったのである。

4　京城師範学校退職後の五十嵐

五十嵐は、一九二九年一〇月に京城師範学校を退職した。退職の理由は定かでないが、子息の五十嵐弘二によれば、朝鮮総督府の植民地教育政策に五十嵐自身が何らかの不満をもっていたこと、そして音楽理論の研究、特に、日本の音階に関する独自の研究を深めたい気持ちをもっていたことが考えられるという。

五十嵐は、退職して半年後、「昭和五年四月ヨリ昭和十二年十二月マデ自宅ニ双葉音楽園ヲ設立音楽基礎教育、ピアノ教授、教員検定試験ノ準備教育等ニ従事」した（五十嵐一九三九、一頁）。五十嵐は、京城師範学校赴任当初より、同校学生の音楽水準に満足していなかった。音楽の早期教育を受けた経験のほとんどない学生を相手に、五十嵐が思うところの指導は十分にできなかったようである。そこで、自由な立場から、自宅で子どもたちに音楽の早期教育を行なうとともに、ピアノの個人教授や教員志望者のための受験対策を始めた。また、五十嵐は双葉音楽会を主宰し、同会編集による『音楽の教育 歌曲集』を発行した(五十嵐発行時期不明)(15)。創刊号には、八曲の子どものための歌曲が掲載され、そのうち五曲は五十嵐作曲または双葉音楽会作曲となっている。

このように、五十嵐は京城師範学校退職後も、民間の立場から積極的に音楽教育に関わった。そこには、音楽の基礎教育を重視する五十嵐の姿勢が貫かれている。つまり、自らの活動の中心を早期教育、個人指導に転換することにより、朝鮮の音楽教育全体の底上げを図ろうとしたのではなかったかと推察される。

5 李王職雅楽部での活動

五十嵐の朝鮮での音楽活動で、しばしば言及されるのが、李王職雅楽部で朝鮮の雅楽を五線譜に採譜する作業に携わったことである。韓国国立国楽院国楽研究室が一九九一年に発行した『李王職雅楽部と音楽人たち』においても、李王職雅楽部に関わりの深い日本人として、石川と五十嵐が独立した項で扱われている。五十嵐については、次のように記されている。

> 五十嵐悌三郎 白禹鏞の後任として李王職に招聘され雅楽を採譜。当時京城師範で音楽を教えていたが、雅楽部の招聘を受け、ある期間兼職を経た後、雅楽部へ移籍した。採譜と音楽理論を教授していたが、彼が担当した採譜内容とその成果については未詳である。
>
> (韓国国立国楽院国楽研究室編一九九一、一四七頁、原文は韓国語、筆者訳)

五十嵐は李王職雅楽部から招聘を受け、一九三〇年五月から一九三二年一〇月までの約二年間、嘱託講師として出講した（五十嵐一九三九、一頁）。ただ、京城師範学校を退職した後の出講であり、兼務していたとはいえない。李王職雅楽部での五十嵐の本務は、朝鮮の雅楽を五線譜に採譜する作業であったといわれているが、実際、五十嵐は積極的ではなかった。

韓国国立国楽院院長や国楽高等学校校長などの要職を歴任した成慶麟は、五十嵐の採譜に対する姿勢について、次のように回想している。

先生は雅楽の採譜が本務であったが、いきなり採譜に取り掛かるのではなく、雅楽を最初からきちんと勉強してから臨むという姿勢だった。前任の白禹鏞先生も今度の五十嵐先生も雅楽採譜に並々ならぬ神経を遣い、慎重を期してやまない態度に、私自身頭の下がる思いで共感していた。

（成慶麟一九七八、三二七頁、原文は韓国語、筆者訳）

五十嵐の雅楽採譜に対する態度は非常に慎重で、この作業を安易に着手すべきものではないととらえていた。筆者は、五十嵐の書いた文章を多数調査してきた。しかし、採譜作業に携わったとする記述は、まったく見当たらない。少なくとも、五十嵐は自分が採譜に関わったことをアピールするつもりはなかったと思われる。成慶麟は、このような五十嵐の態度を評価していた。それは、雅楽を五線譜に採譜する作業に携わった石川義一に対する、李王職雅楽部楽師たちの評価と比較すると興味深い。石川による作業については、第三章で言及したとおりである。

李王職雅楽部では、石川の採譜のプロジェクトと並行して、朝鮮人楽師による別の採譜のプロジェクトが進んでいた（植村一九九七、一三三頁、李知宣二〇〇六、一三三—一三五頁）。五十嵐は、後者のプロジェクトに携わった白禹鏞《ペク・ウヨン》(16)の後任であった。五十嵐は、自らが朝鮮の雅楽の専門的知識を持ち合わせていないことから、最初から雅楽を学ぼうとする謙虚な姿勢を示し、不用意な着手を躊躇した。石川と五十嵐の二人の姿勢と評価を比較すると、極めて対照的であると同時に、非常に皮肉な結果となったことがわかる。つまり、李王職雅楽部の朝鮮人楽師たちは、採譜に積極的な石川を評価せず、採譜に消極的な五十嵐を評価したのである。

管見の限り、石川と五十嵐が、直接、接触したという記録はみつかっていない。

李王職雅楽部で五十嵐が力を入れたのは、西洋音楽に関する指導であった。成慶麟は、教師としての五十嵐の力量を高く評価している。

> 五十嵐先生は採譜の他に、私たちに視唱と聴音、そして音響学、音楽原理講話などの理論を教えた。生涯に先生らしい先生に選ぶとすれば、何人いたとしてもその最も右側に位置する人であった。我々のことわざに、人を教える時には孔子様のように、という言葉がある。未熟な生徒を教えるのにはよほど熟練していないと難しいものである。彼は真に熱意のある教授に間違いなかった。
>
> （成慶麟一九七八、三二七頁、原文は韓国語、筆者訳）

京城師範学校で五十嵐がめざした楽典や音楽理論、ソルフェージュなど、音楽の基礎的な力の養成を重視する教育法および西洋音楽に関する指導は、意外にも李王職雅楽部でその本領を発揮することになったのである。

6 西洋音楽に関する指導の研究と実践

五十嵐は双葉音楽園での指導と並行して、李王職雅楽部や各種学校へ嘱託講師として出講したほか、講演や演奏など、幅広い音楽教育活動を展開した。

一九三一年五月一七日の『毎日申報』では、京城公会堂で開催された培英校主催国際音楽会に五十嵐が出演し、ピアノ独奏を行うという記事が掲載されている（『毎日申報』一九三一年五月一七日、原文は朝鮮語）。また、一九三二年七月一九日の同紙では、朝鮮音楽教育研究会の第二回夏期講習会で、五十嵐が「伴奏法の研究」「音楽史、比較音楽学概要」「新曲の紹介 取扱い上の注意」を指導すると紹介されている（『毎日申報』一九三二年七月一九日、原文は朝鮮語、筆者訳）。

このように、五十嵐は民間の立場で、西洋音楽と日本式の音楽教育について、研究と実践を積み重ねた。その成果として、朝鮮で書籍化されたものを取り上げておきたい。一九三七年六月に発行された『新制音楽要義 附教授法原論』である（五十嵐・吉澤・安藤一九三七）。五十嵐が前・京城師範学校教諭という肩書きで著者の筆頭となり、京城師範学校教諭・吉澤實と京城女子師範学校教諭・安藤芳亮との共著で出版した。[17] 同書は現在でいう音楽通論に相当するものである。第一編「楽典」、第二編「音楽史と音楽常識」、附録「教授法原論」の三部構成となっており、日本語で書かれている。五十嵐が重視した楽典に加え、音楽教員に必要とされる音楽の基礎知識が網羅され、学習しやすく整理されている。閔庚燦は、論文「韓国近代音楽用語の形成過程とその特徴について」で、植民地期朝鮮において日本人が作成した音楽理論書として、同書を取り上げている（閔庚燦二〇〇四、一一七頁）。五十嵐にとっては、まさに自身の音楽教育のエッセンスを凝縮した一冊であった。音楽教育では、何よりも基礎的な能力や知識を習得することにこだわり続けた五十嵐の姿勢が、ここでも一貫している。

7 日本への帰国

一九三〇年代半ば以降の五十嵐は、子どもの歌唱教材の作曲から次第に遠ざかった。そして、五十嵐独自の「日本古来の音階」に関する研究、さらにはその音階を用い、歌詞を日本の古典文学に求めた歌曲の作曲に、力を傾注するようになった。その背景には、この頃の五十嵐が、国粋主義的な思想に傾いていたことがある。(18) 五十嵐は、これまで西洋音楽の研究、指導を実践してきたが、自らの歩みに疑問をもつようになった。すなわち、西洋音楽の理論に頼るのではなく、自ら日本音楽の理論を考案することで、日本人音楽教育者としてのアイデンティティを見出そうとしたのである。(19) 妻・八重は「常日頃日本古来の音楽について考えていたためか、真夜中、朝鮮神宮の帰途、ふと気づいたものがあり、帰宅してすぐ、その音階を書き、これが今まで考えていたものだったと悟り、種々研究を重ね遂に日本在来の音階を発見した次第でございました。昭和一二年暮すべての仕事を捨てて上京し、その作曲に専念しました」と回想している(五十嵐八重編一九六四、二頁)。

五十嵐は一九三七年一二月末に朝鮮を去り東京へ移った。五十嵐はこの経緯と理由について次のように記している。

昭和十二年十二月二十八日深刻ニ痛感スルトコロアリ、熟慮決意シテ
一ツニハ日本国民ノ真ノ魂ノ糧デアル「国楽頌歌」ノ興隆ノタメ
一ツニハ「真ノ日本音楽」ノ建設ニヨル国威ノ宣揚ノ一捨石トナルベク京城内ノ公私ノ関係ヲ総ベテ断チキツテ退鮮シマシタ

(五十嵐一九三九、一頁)

五十嵐は朝鮮を去った後、東京に居を構え、日本の音階研究と、自ら「国楽頌歌」とよぶ歌曲の作曲に専念した。五十嵐のいう「国楽頌歌」とは、日本の古典文学を歌詞にし、日本的な音階に基づいた歌曲である。

五十嵐は、政治批判的な言動[20]がもとで、一九三九年一〇月に軍部によって拘留された。同年一二月に出所したが、すでに体調を悪くしており、翌一九四〇年五月一日に亡くなった。

四　本章のまとめ

本章では「文化政治」期における音楽教育の諸相を、五十嵐悌三郎の音楽教育活動を通して検討した。これまで、植民地期朝鮮の音楽教育についての研究は、唱歌教育という観点から行われたものが多かった。ここでは、五十嵐悌三郎という個人の活動に着目することで、五十嵐から派生する音楽教育の実態と、その多様性をとらえようと試みた。具体的には、師範学校での音楽教育、民間での音楽教育、朝鮮人の伝統音楽の専門家に対する音楽教育などである。いずれも、五十嵐がめざしたのは、西洋音楽と西洋音楽を基盤とした日本式の音楽教育を、朝鮮に導入し定着、浸透させることであった。

五十嵐は、山形県師範学校時代からあたためてきた、音楽教育観と音楽教員養成のあり方を、朝鮮でも一貫して追究した。具体的には、唱歌教育の体系化と、音楽の基礎的な能力や知識の習得の重視であった。ただ、そのやり方が朝鮮赴任当初より、十分に機能していないことへのジレンマも感じていた。そして、京城師範学校を退職し、自由な立場で自らの音楽教育方法論を実践しようとした。音楽の早期教育や個別指導を行ない、朝鮮の初等音楽教育水準の底上げを図ろうとしたのである。

五十嵐は、朝鮮への赴任時に、人々から聞いた朝鮮人の高い音楽性を評価する通説について、実際に朝鮮で教えてみるとそうではなかったと、そのギャップをあからさまに示した。日本人より朝鮮人の音楽性が優れているとした石川の言説とは、まったく対照的であった。同時期、普通学校教諭をしていた小形勝も、五十嵐と同様に、朝鮮人の音楽性に対して否定的な評価をしていた。小形は、朝鮮人児童の傾向として「哀調的旋律を好む傾向」を挙げた。筆者は「哀調を帯びた」という形容を、音楽をめぐる日本人の朝鮮表象の典型と位置づけ、同様の例を示した。

ここで、朝鮮人の音楽性に対して肯定的な表象と、否定的な表象という、二つの背反する表象のモデルが浮かびあがってきた。

ところで、五十嵐や小形にみられるように、日本人の音楽教師に共通する否定的な朝鮮の表象は、日本の唱歌教育を導入し定着、浸透を図ることが責務とされた日本人教師ならではのものではなかったかと思われる。つまり、五十嵐や小形らは、「文化政治」を背景に、西洋音楽を基盤とした日本式の音楽教育を、朝鮮に持ち込む最前線にいたのである。「文化政治」における音楽の奨励が活性化すると同時に多様化するなかで、かたくななまでに、西洋音楽と日本の唱歌教育の指導に徹したのが、五十嵐悌三郎であり、学校の音楽教師だったのである。

注

（1） 五十嵐の経歴が一覧できる他、五十嵐作曲の歌曲等が音声で聴くことができる。
http://www.tei3roh.com/

（2） 五十嵐の略歴は以下の通り。

一八九三年九月　山形県西田川郡栄村播磨（現鶴岡市播磨）に生まれる。
一九一五年一〇月　山形県師範学校本科第一部卒業。
一九一七年三月　山形県西田川郡西郷第二尋常小学校訓導。
一九一九年一一月　山形県西田川郡朝陽第四尋常小学校訓導。
師範学校、中学校、高等女学校音楽科教員免許状取得。
山形県師範学校教諭。
一九二四年六月　同校退職、朝鮮に渡る。京城女子高等普通学校教諭。
一九二五年五月　同校退職、京城師範学校音楽専任教諭。
一九二九年一〇月　同校退職。
一九三〇年四月　双葉音楽園を設立。
七月　李王職雅楽部嘱託講師（一九三二年一〇月迄）。
一九三二年四月　彰徳女学校嘱託講師（一九三七年一二月迄）。
一九三三年一一月　京畿中学校嘱託講師（一九三七年一二月迄）。
一九三五年四月　景福中学校嘱託講師（一九三七年一二月迄）。
一九三七年一二月　朝鮮を離れ、東京に転居。
一九四〇年五月　東京で亡くなる。

（3）「第一に山形市、当市は中心地丈ありまして研究を始めた時期から考へても現在の成績から見ても一頭地を抜きんでている様に感じます。大部以前からの事ですが當市では両附属五小学校連合して毎年一回の演奏大会、二回の練習演奏会、毎月の研究教授、随時の職員技術練習会を開催して居りますが、時によって消長はありましても成績四年毎に進む事は当然の事です……設備について申しますなら、出来る事ならピアノを以て最良の教授用楽器と申したいのですが、県内全部にとは望み得ない事ですが漸次各所に設備されてきたのです。……それ等から考へますと、私から最低限に要求したいのは両附属に一台づゝ、両師範に少くとも教授用に一台、練習用に二台づゝ備へる必要があらうと思はれます。」（五十嵐一九二三a、二〇―二四頁）

（4）二〇〇四年七月一〇日山形市に五十嵐弘二、小林民男両氏を訪ねインタビューした。

（5）これまで高等普通学校と女子高等普通学校において、その卒業者を収容して一年間訓練する師範科の制度があったが、これが撤廃され師範教育のための独立機関として、師範学校が設置された。修業年限は男子師範学校六年、女子師範学校五年で、これらをそれぞれ普通科五年及び四年、演習科一年に分け、その中に第一部及び第二部をおいて、それぞれ小学校教員と普通学校教員を養成するというものであった（呉天錫／渡部・阿部訳一九七九、二八〇頁）。

（6）『京城師範学校史 大愛至諄』（諄和会編、一九八七）は、京城師範学校同窓会「諄和会」が学校史として編集、発行したものである。

（7）大正十四年六月二十六日　本校々友会学芸部音楽研究会（ワグネルソサイエテイ）ヲ創立ス。
大正十五年六月二十五日　皇后陛下御誕辰日ニツキ訓話ヲナシ附属女子普通学校ニ於テ奉祝ノ式ヲ挙ゲ女子演習科ト共ニ音楽会ヲ行フ。
十二月十一日　始メテ本校々友会主催ノ下ニ音楽研究会（ワグネルソサイエテイ）公開音楽会ヲ京城公会堂ニ於テ開催ス。
（醇和会編一九八七、二九頁）

（8）『文教の朝鮮』は朝鮮総督府学務局内の朝鮮教育会の発行による教育雑誌で、朝鮮総督府の教育に関する施策や方針を示す内容が中心である。

（9）この唱歌集については、高仁淑が収録曲を分析し詳説している（高仁淑二〇〇一、一〇四―一一四頁）。

（10）五十嵐弘二、小林民男が第四号のみを所蔵。「京城新楽会」がどのような組織か詳しいことはわからないが、五十嵐が編集、発行に中心的な立場で関わっていたことは内容からうかがい知ることができる。

（11）五十嵐は自らが作曲した子どものための歌を「童謡」とはよばず「歌曲」とよんでいた。

（12）田中初夫は京城師範学校一九二五年卒業。京城商業学校等の国語の教員をするかたわら、詩人としても活躍していた。拙稿（藤井二〇〇六、三九頁）では、この『初等唱歌』の作詞、作曲も、京城師範学校の教員や卒業生など京城師範学校というネットワークを駆使して行なわれていたことを指摘した。

（13）京城師範学校発行『初等唱歌』の編集は、五十嵐の後任として京城師範学校教諭となった吉澤實が中心となって行なった。吉澤實については拙稿（藤井二〇〇六、三五―四〇頁）で言及しているので参照されたい。

（14）普通学校は朝鮮人児童を対象としており、小学校は在朝日本人児童を対象としていた。

(15) 五十嵐弘二、小林民男の両氏が創刊号のみを所蔵しており、提供を受けた。発行年月は不明である。双葉音楽会は五十嵐が主宰していた双葉音楽園の関連組織であろう。各歌曲の楽譜が収録され、たとえば《小春日和》という曲には「(五六年女独唱)」、《木の葉》は「(二三年斉唱)」のように、対象学年や性別、歌唱形態等も細かく指示されている。また、《子守唄》という曲では「この曲も東洋風のコマヤカナ感じでシミジミうたふ様につくりました。守唄《ママ》もさまざまな様式がありますがゴクシツカニ歌つ《ママ》てゆく、心をひそめてゆくといつた感じでやつていただければ結構です」と作曲のポイントや歌唱の注意点が丁寧に付記されている。五十嵐ならではの音楽教育教材に対する配慮がうかがえる。

(16) 宮廷軍楽隊の楽員でエッケルトの弟子であった。李王職洋楽隊の指導者としてエッケルトの後を引き継いだ人物である。

(17) 安藤芳亮は東京音楽学校卒。一九三〇年から一九三五年まで京城師範学校で訓導、教諭として音楽の指導に当たった。一九三五年に京城師範学校が改組され、新たに京城女子師範学校が設立された時に、同校教諭となった。

(18) 五十嵐の国粋主義的な思想への傾きは、五十嵐(一九三五、一三六—一四二頁、一九三八)などにみられる。ただ、五十嵐の思想の推移については詳細かつ慎重な検討が必要と思われるので、ふみ込んだ言及は別の機会としたい。

(19) 五十嵐は日本帰国後の一九三八年に『洋楽の覊絆を脱せよ』(五十嵐一九三八)を上梓し、西洋音楽に対する否定的、忌避的態度を明確にする。

(20) どのような政治批判的言動を行なったかについては現段階で不明である。

第六章　朝鮮における官立音楽学校設置構想

本章では、一九三〇年代半ばから一九四一年にかけて、再び模索された朝鮮における官立音楽学校設置構想について考察する。一九二〇年代初めに「文化政治」の音楽奨励策として構想された官立音楽学校の設置は一度見送られた。しかし、第三章でふれたようにその後も設置を示唆する情報は、断続的に報道されていた。一九三〇年代半ばから、構想は再び具体化にむけ動き始める。「文化政治」の音楽奨励策は、官立音楽学校設置構想を軸に、一九三〇年代にも引き継がれていったのである。

一　官立音楽学校設置構想の連続性

国が音楽をコントロールする方法のひとつとして、音楽を学校教育の中で制度化することがあげられる。各種学校のカリキュラムのなかに、教科としての「音楽」を組み込む場合もあるが、最も端的な方法は、国が官立の音楽学校を設置することである。音楽学校は、設置した主体が、どのような音楽を扱うかによって、性格も位置づけも変わってくる。たとえば、日本では一八七九年に国の音楽教育・研究機関である音楽取調掛が設置され、一八八七年には東京音楽学校となった。音楽取調掛、東京音楽学校とも、演奏家や音楽教員を輩出するだけでなく、カリキュラムの策定、教材の研究開発などを多角的に行ない、我が国の音楽および音楽教育に、人的にも制度的にも大きな影響を与えてきた。そこで当初おもに取り扱われてきたのは、西洋音楽であった。

一九二〇年代初めに朝鮮総督府において官立音楽学校の設置構想があったことは、第三章で言及した。その構想は、水野錬太郎が朝鮮総督府政務総監に在任していた時に模索されたが、実現には至らなかった。しかし、構想の火は消えてはいなかった。その後も、日本では『音楽年鑑』などに、計画を示唆する短い記事が、時々掲載されていた。たとえば、一九二九年の『内外音楽年鑑』には、「朝鮮京城に音楽学校」と題した記事が掲載されている。(1)

朝鮮総督府と李王家の間に、朝鮮京城音楽学校建設の希望があり、その筋で既に立案中であると云ふが、同地方民はこれが実現を期待してゐると云ふ。

（楽報社編一九二九、二八頁）

この構想は、朝鮮ではなく、むしろ日本で報道され、話題にのぼっていたのであった。

二　新たな官立音楽学校設置構想

1　構想の醸成と具体化の始まり

構想が急に現実味を帯びてきたのは、一九三〇年代半ばである。一九三五年一一月六日の『朝鮮日報』(2)には、「音楽、美術学校も設立にむけて研究中——精神文化の発達を図謀し、篤志家の寄付を期待」と題した記事が掲載された。

学務局では長年の懸案である美術学校と音楽学校の設置問題が考慮されているという。音楽学校と美術学校の設置は、朝鮮の独特の音楽研究と東洋美術の発展のために、早くから計画されていた。総督府では最近の政策として精神方面運動を掲げており、当局は、精神文化の発達を情緒教育によって実現しようとする意図をもっている。最近美術学校と音楽学校の設立に関する調査と、その財源捻出の詳しい調査をしており、遠からず実現が図られるという。ただ、結局のところ問題は、財政の関係上、篤志家の設立費の寄付が必要なことと、設立する場所であるという。

（『朝鮮日報』一九三五年一一月六日、原文は朝鮮語、筆者訳）

この記事は、一九三〇年代では最も早く、しかも、まとまった情報を示すものである。また、一九二〇年代の構想が見送られて以降、構想の本格的な検討再開を伝える、初めてのニュースであった。ここでは、音楽学校と美術学校の「設置問題」が「長年の懸案」になっているとされている。すなわち「文化政治」期の構想は、引き継がれていたのである。

音楽学校設置の目的は、「朝鮮の独特の音楽研究」の発展にあるとし、一九二〇年代に模索された朝鮮の雅楽の保存が念頭にあったと思われる。『朝鮮日報』の記事は、朝鮮人が朝鮮人読者を対象に書いたものであり、音楽学校設置への期待が感じられる。

ところで、一九三〇年代半ばになって、構想の具体化が表面化したことには、いくつかの理由が考えられる。

第一に、日本への留学生の増加である。これについては、金志善の論文「植民地時代に日本の音楽学校に留学した朝鮮人」（金志善二〇〇六）が詳しい。金志善は、一九一〇年から一九四一年の期間を対象に、東京音楽学校に留学した朝鮮人留学生数の推移を調査した。一九三〇年代以降のデータをみると、一九三一年、一九三二年にはわずか二人だったのが、一九三三年には五人、一九三五年には一〇人、一九三九年には一三人、一九四〇年には一九人、一九四一年には二一人と、増加している（金志善二〇〇六、三七頁）。一〇年のスパンでみるならば、一九三二年と一九四一年では、ほぼ一〇倍になっている。このように留学生の増加は明らかである。また、金志善は、女子留学生より男子留学生が多く、男子が八二％を占めていたことを示し、その理由を「朝鮮に男子が専門音楽教育を受ける機関がなかったため、専門的な音楽を学ぶには、外国、特に日本に留学するしかなかった」としている（金志善二〇〇六、三八頁）。さらに、留学生のほとんどが私費留学生であり、その多くが正規の本科入学ではなく、短期で修得科目を選択できる選科入学者であったことを指摘している。朝鮮人留学生が苦学していたことを示すデータである。

第二に、専門教育において、新たな大学、専門学校の新設、増設が模索されていたことである。京城帝国大学でも、新たに農学部、理学部の新設構想があった(3)。また、中学校や各種実業学校の新設も相次いだ。

第三に、一九三〇年代前半の朝鮮で行なわれた「心田開発運動」が挙げられよう。『朝鮮日報』の記事では、総督府の最近の政策である「精神方面運動」「精神文化の発達」に該当する。「心田開発運動」は、第六代朝鮮総督・宇垣一成の在任中に行なわれた文化政策である。斎藤実の後任として、第六代朝鮮総督となった宇垣一成は、一九三一年六月から一九三六年八月までの在任中に、朝鮮の経済改革として「農村振興運動」(4)を、また、朝鮮人の精神的な改革として「心田開発運動」(5)を推し進めた。朝鮮総督府は、国民精神・統合運動として日本への愛国心と「内鮮一体」への意識を喚起しようとした。川瀬貴也は、この運動を「戦時期総動員体制直前に国民統合を図るべく企図された政策の一つ」であるとし、「『心田』という字面に込められた意図、すなわち『朝鮮人民の精神をcultivate（開墾・文明化）する』という文化帝国主義的な志向性こそ重要であろう」と指摘している（川瀬二〇〇二、一〇四―一〇五頁）。「心田開発運動」は、たとえば五十嵐悌三郎が一九三五年一〇月の『文教の朝鮮』に「心田開発の為に特に大声を以て歌唱の振興を提唱す」（五十嵐一九三五、一三六―一四二頁）を寄稿したように、「文化政治」期以降、再び音楽の振興、奨励を支える政治的な背景となっていた。

2　構想の本格化――塩原時三郎の学務局長就任――

こうした動きがさらに加速したのは、一九三七年一二月に、塩原時三郎(6)（一八九六―一九六三）が朝鮮総督府学務局長に就任してからである。塩原は皇民化政策を推進した人物として知られる(7)。

一九三一年の満州事変以降、朝鮮人に対する同化政策は強化された。一九三六年には、南次郎が第七代朝鮮総督になった。一九三七年に日中戦争が始まると、同化政策は一層厳しいものとなった。かつての「内鮮融和」という標語は「内鮮一体」へと変わり、朝鮮人を皇国臣民化するため、さまざまな方針や政策が打ち出された。朝鮮人に対する神社への参拝の強要が始まり、続いて一九三七年一〇月には、「皇国臣民ノ誓詞」(8)が制定され、各種行事で斉唱が強要された。一九三八年二月には、徴兵制への前段階として、志願兵制度が制定された。続いて同年三月には、第三次朝鮮教育令により、教育においても全面的に皇民化政策が実行されるようになった。一九四〇年二月には「創氏改名」が実施された。

塩原時三郎は、学務局長として神社参拝、創氏改名、朝鮮人の志願兵・徴兵制の実施などに主導的な立場で関わった。特に、自身の皇民化教育の構想は、第三次朝鮮教育令に盛り込んだ。

そして、稲葉継雄も指摘するように、塩原が重視したのは、音楽と美術であった(9)（稲葉一九九八、一九五頁）。塩原は第三次朝鮮教育令が公布された二ヵ月後の一九三八年五月一二日、平壌で平安南道学校職員に対して訓辞を行なっている。内容は第三次朝鮮教育令の改正点の説明が中心であるが、塩原は音楽と美術についても、次のように述べている。

新らしき学校規程の中に、美術教育に付ては矢張り相当な改革を加へて、種々の要点を強調してをります。……又音楽の教育といふものを尊重してをるのであります。音楽に依つて温順にして忠良なる、且つ雄勁なる国民の徳、至諄なる情操を養成し、この楽に依つて立派な国民の練成を期待してをるといふことは、学校規定を御覧になればよく分ることであります。殊に中学校では今迄音楽はやつたりやらなかつたりしてをるところもあつたやうでありますが、これはずつと上のほうまで必修科目にしたいといふことは、詰り何を要求してをるといふことがお分りであらうと思ひます。……その昔独逸国民が大いに興らんとするや、先づ第一に芸術方面に於て俄然勃興して参つたのでありまして、或はベートーベンとか、その他世界に不朽の名を残した芸術家が、軍事や経済が興つて来る前に興つて来たのであります。……孔子も「鄭声の雅楽の乱るを悪む」と言はれた位で其国の興るや、楽先づ正しくなり其の国の乱れむとするや、音楽先づ低級猥雑となるは争ふ可からざる事実であります。行政上も教育上も大なる留意を要する点でありまして、この方面に携はる人の特に正しき認識と態度を必要とする理由であります。

（塩原一九三八、一三―一四頁）

第三次朝鮮教育令では、中学校で音楽が正課として必修化され、カリキュラム上でも音楽は重視された。そこには、音楽によって従順で忠実な皇国臣民を練成するという、塩原の考えが反映されていた（稲葉一九九八、一八九頁）。また、塩原はヒトラーやナチズムに共感を示し、ドイツの文化や芸術にも興味をもっていた。ベートーヴェンを引き合いに出したのも、塩原のドイツ偏向の一端を示すものであろう。そして、塩原も論語の「鄭声の雅楽の乱るを悪む」を引用し、政治や社会における音楽の重要性を強調した。

このように、塩原の音楽への関心は高かった。塩原と親しい間柄で『時代を作る男　塩原時三郎』を書いた岡崎茂樹は、「簡素に澄める芸術心」と題して、塩原と音楽の関係を、次のように評した。

彼の音楽を解する素養も相当なものである。もとより自ら小器用な節廻しで歌つたり、何かの楽器をひねり廻すといふわけではない。恐らく彼が歌をうたふのを聞いたものはなからう。鼻唄一つうたはないが、全霊感を耳に開いて音楽の世界に心を浸す、さういつた意味の音楽鑑賞家である。

（岡崎一九四二、二二二頁）

そして、何より塩原に音楽への関心を向けさせたのが、夫人・塩原八重子(10)の存在であった。塩原八重子は、東京音楽学校出身の声楽家であった。塩原の朝鮮赴任に同伴し、ラジオ放送で独唱を行なうなど、声楽家としても活動していた。一九三八年九月二一日の『毎日申報』には、「学務局長夫人が独唱　来たるべき音楽界の逸材、二三日放送」と題した記事が載っている。

総督府の塩原学務局長夫人、八重子女史の独唱を二三日夜八時半から京城第一放送を通じて放送する。八重子女史の「アルト」は楽壇の専門家の間では、並外れた存在として知られているが、まだ一般的には知られておらず、「知られざる芸術家」として大きな話題になるであろう。時局の関係からみれば、精神総動員の総指揮にあたる学務局長の夫人である。夫人の閉ざされた芸術の門を開けることには、放送局の苦心もあった。しかし、マイクに向かう夫人の姿は、低俗な楽壇の粛清までも意味するのである。

（『毎日新報』一九三八年九月二一日、原文は朝鮮語、筆者訳）

塩原八重子は同年一〇月に結成された京城音楽協会の主要メンバーにもなった。京城音楽協会は、塩原時三郎が自ら会長となり「芸術による内鮮一体の実現」をめざし、在朝日本人音楽家、音楽教員、朝鮮人音楽家らを集めて結成した。一〇月二五日の『京城日報』では、塩原八重子も、塩原学務局長ら主要メンバー五名の一人として、「会員の顔触れには塩原学務局長夫人八重子さん、松澤外務部長夫人元子さん等かつての上野出身で今は家庭に納まつてゐる名女流婦人もをり、音楽によつて家庭生活の向上と云つた方面にも再検討が加へられている」と、写真つきで紹介されている（『京城日報』一九三八年一〇月二五日）。

このように、夫人・塩原八重子は、塩原時三郎が音楽に高い関心をもつ触媒となっていただけでなく、塩原の音楽政策を側面から支えていたのである。

3　構想の具体的内容

構想が具体的な内容をともない始めたのは、一九三八年になってからであった。一九三八年六月七日の『毎日新報』には、「計画漸次具体化している音楽・美術両校設立――篤志家の寄付があれば急いで着手」という記事が掲載された。塩原の談として「朝鮮に芸術を盛んにする基盤を作り、専門の音楽家を養成するためには、いい施設の整備が重要で、そのためには何よりもお金が必要である。たくさん寄付が集まれば、問題は難なく解決する」と書かれている（『毎日新報』一九三八年六月七日、原文は朝鮮語、筆者訳）。塩原は、財源不足と、篤志家の寄付の必要性を強調したが、具体的にどのような音楽学校を作るかについてはまったくふれていない。

しかし、驚くことに、約二ヵ月後の八月一〇日の『朝鮮日報』には、「音楽学校明春開校」という記事が掲載された。ここでは、かなり具体的な音楽学校の姿がみえてくる。

情緒教育に重きを置く朝鮮総督府学務局では来春、音楽学校を新設することにした。名称は京城音楽学校で、校長は勅任とする。八月九日に予算編成が終わり、校舎建築費として三〇万ウォンが計上された。学科は声楽科と器楽科の二つ。演奏家の養成だけではなく、各種学校で音楽や唱歌を教える教師の養成も目標である。高尾学務課長はいう。予算さえ通過すれば来春にも開校できる。ただ、時局が時局だけに予算がどうなるかはわからない。重要なことは学校の中身で、特に一流の教授陣の人選をしなくてはならない。校舎新築、楽器購入などの物的な問題はあまり難しくはない。朝鮮教育令の改定により、高等女学校、小学校の音楽の時間も増え、中学校でも新たに音楽が学科の正課となり音楽教師も必要になったので、音楽学校の新設は音楽教員養成の上でも特に必要で、学務局では予算を要求した。

（『朝鮮日報』一九三八年八月一〇日、原文は朝鮮語、筆者要約）

予算決定も間近となった一〇月一四日の『毎日新報』には、「ついに実現となる朝鮮最高音楽学校――明年度予算へ計上決定 男女共学で器楽と声楽教育――」と、大きな見出しの記事が出た。

躍進する産業経済界と一緒に一般の文化の水準も急進的に高まっている最近の「新興朝鮮」は、兵站基地として各方面の注目を集めている。ここに足並みをそろえて、芸術方面も同様に注目すべき真価が見られ、総督府ではこの間、美術展覧会が開催された時から情緒教育を涵養しようという意味で、この方面の学校を新設しようという構想が持ち上がっていた。

そうして朝鮮の美しい風光を象徴する意味で美術学校を新設しようという意見と、または音楽学校を新設しようという二つの意見があったところ、美術学校は色々な事情でこれを後回しにし、まず音楽学校を新設しようということになり、明年度予算に計上することにしたという。

器楽科と声楽科を置き、器楽科にはピアノとバイオリンの二専攻を置く。男女共学で斬新な内容をそろえた学校が作られる予定という。

最近音楽方面に朝鮮青年男女らが多くの天分を発揮し、楽壇でも相当な地盤を占めていることはもちろん、海外にまで「音楽の朝鮮」を紹介できる相当な技術の所有者が多く、その将来が大いに嘱望されているだけに、どうしても実現させたいという。

そして内地へ行く留学生の中でも、最近音楽方面を専攻する学生が多く、また今回改正された教育令にも情緒教育が重要視されているだけに、中等学校の音楽担当者を養成する意味でも音楽学校の必要性が高まっている。

（『毎日新報』一九三八年一〇月一四日、原文は朝鮮語、筆者要約）

続いて、「情緒教育に必要　教員は内地から招聘　岡事務官談」と題した学務局事務官の談話が掲載されている。

音楽学校新設に対し総督府岡事務官は次の通り話す。情緒教育方面の啓発のため音楽学校新設は必要であり、特別に教育令改正後、この方面を重視することになった。それだけに音楽教授の必要を感じて、新設する予算を請求することにした。一つ問題は新設される学校の教授であり、内地方面から多数招聘するようになる。

（『毎日新報』一九三八年一〇月一四日、原文は朝鮮語、筆者訳）

八月一〇日の『朝鮮日報』の記事と、一〇月一四日の『毎日新報』の記事には、およそ二ヶ月の時間差がある。情報は更新されているが、二紙の情報のとらえ方、そして報道の姿勢には微妙な差があった。

共通する点は、第一に、器楽科と声楽科の二つが置かれること、第二に、第三次朝鮮教育令に基づく設置計画であること、第三に、演奏家養成だけでなく音楽の教員養成も視野に入れていること、第四に、並行して設置が模索されていた美術学校の構想が後退し、音楽学校設置に一元化されていることである。

一方、異なる点として『毎日新報』は、「兵站基地」としての朝鮮の位置づけにふれている。さらに「情緒教育」を強調し、皇民化政策を展開する朝鮮総督府の思惑を投影しているように読める。また、朝鮮人学生の高い音楽水準と日本への音楽留学事情にもふれつつ、「どうしても実現させたい」という設置にむけての、朝鮮総督府の強い意気込みが示されている。逆に『朝鮮日報』の記事は、具体的に計上された金額が示され、予算の問題がクリアできるかわからないと、やや冷ややかで、現実的であるように見受けられる。

4 構想の挫折

しかし、わずか一二日後の一〇月二六日の『朝鮮日報』には、「〝音楽専門〟は流産　学務局復活へ努力」という題の記事が掲載された。学務局が中学校、高等女学校、師範学校、工業学校、農業学校など一四の各種学校新設の予算原案を財務局に提出したところ、音楽学校のみが認められなかったというのである。

続いて学務局のコメントが、次のように掲載されている。

> 学務局は、まず第一案として、中等学校音楽教員養成を目的に音楽専門学校の新設を要求したが、残酷にも財務局は却下してしまった。そこで、第二案として規模を縮小し二〇名程度の中等学校音楽教員養成所の設立を求めたが、これも無残に却下された。朝鮮における情緒教育の必要性を切実に考える学務局は、再び最終的な折衝を行ない、予算復活を要求する予定である。結果がどうなるか注目される。
>
> （『朝鮮日報』一九三八年一〇月二六日、原文は朝鮮語、筆者訳）

つまり、音楽学校新設計画に対する学務局と財務局の齟齬が、最終的に予算措置の段階で表面化した。学務局が、メディアを通じて広報してきた待望の音楽学校設置は、急転直下、立ち消えとなってしまったのである。音楽学校設置計画が頓挫したことをすみやかに伝えたのは、唯一、『朝鮮日報』だけであった。一〇月一四日まで、現実味のある計画を報道していた『毎日新報』は、頓挫の報道をしていない。姉妹紙『京城日報』は、そもそも音楽学校設置構想についてはまったく報道していなかった。これは、朝鮮人を対象とした『毎日新報』と在朝日本人を対象とした『京城日報』の違いによるものであろう。つまり、朝鮮総督府は朝鮮人を対象に、この構想をアナウンスしたのであった。

『毎日新報』は一一月九日に、京城専門音楽学院で音楽史や音楽理論を教えていた金管《キム・クァン》による、「音楽教育」と題された論説を掲載した。

少し前に本紙の報道により、明春から官立音楽学校が設立されるとあった。今日までの音楽専門教育は民間経営による数個の機関があるだけだが、単純に洋楽の技術を習得するという点では現状を変えるものではない。私たちの教育音楽と専門教育の主体は洋楽システムになっている。それは現代内地の音楽や現代朝鮮の音楽状態がそうだからである。洋楽のための洋楽でなく、国民音楽の樹立、そして訓民音楽の樹立を「パースペクティヴ」とすることが必要である。もちろん、洋楽システムの採用を批判する余地がないわけではない。科学的に従来の雅楽とか朝鮮楽の形態では甚だ不便なので、洋楽システムを採用しているだけである。

私たちが鶴首する音楽学校設立の真意と役割がわからないのではない。洋楽システムの基盤を作ることは好ましいが、技術至上に偏ることなく、外形的模倣に陥ることを極力警戒し、新しい私たちの音楽を創造す

る貯水池として存在することを祈念するのである。（『毎日新報』一九三八年一一月九日、原文は朝鮮語、筆者訳）

ここで金管は、朝鮮における音楽教育システムが西洋音楽を主な対象としていることに疑問を投げかけている。そして、西洋音楽の学習が技術習得偏重の傾向にあることをあらため、国民音楽の樹立など、社会に役立つ音楽を模索していく必要性を主張する。すなわち、学務局主導で進められた計画が、議論の余地なく西洋音楽のみを扱うものとされていたこと、そして、朝鮮人にとって音楽学校はどのようにあるべきかという、根本的な議論がなされずに進められたことを、やや婉曲的に慎重に言葉を選びつつ批判したのである。

三　官立音楽学校設置構想に対する朝鮮人の反応と「朝鮮音楽学校設置論」

1　構想に対する朝鮮人の反応

官立音楽学校設置構想は、「文化政治」から「皇民化政策」への連続性のなかで、日本人が政治的に主導してきた。しかも、構想に関わったのは、水野錬太郎、塩原時三郎といった政治家や官僚であった。日本人音楽家でも、この構想に関わったのは石川義一くらいにすぎない。その石川も朝鮮総督府職員の立場にあった。

この構想に対して、朝鮮人はどのような反応を示していたのであろうか。筆者がこれまで調査した限りでは、一九三〇年代半ばまでは目立った発言はなかった。もちろん、朝鮮人から設置を要望する声がなかったわけではなかろう。活字として表れない理由も推察しておきたい。

第一に、朝鮮人にとって音楽学校の必要性があったかどうかである。前節の金管のように、西洋音楽の技術習得の意味からは、官立音楽学校の設置が、現状を特に変えるものではないという冷ややかな指摘もあった。

前後するが、ここで、植民地期朝鮮において、朝鮮人のための音楽専門教育がどのように行なわれてきたか、簡単にふれておきたい。朝鮮では、一九〇九年に最初の民間の音楽教育機関である調陽《チョヤン》倶楽部ができ、植民地期初期から民間の朝鮮人による音楽の専門家教育が行なわれていた。調陽倶楽部では、朝鮮の伝統音楽を学ぶ朝鮮楽科と西洋音楽を学ぶ洋楽科の二つの学科が置かれた。一九一一年には李王家や貴族、そして朴泳孝《パク・ヨンヒョ》ら愛国志士らが支援して「朝鮮正楽伝習所」に改組された。ここでも朝鮮楽科と西洋楽科が併設された。朝鮮楽科では河圭一《ハ・ギュイル》、咸和鎮《ハム・ファジン》ら、後に韓国国楽界の巨匠となる音楽家や、西洋楽科では韓国洋楽の先駆者として知られる金仁湜《キム・インシク》といった、当時の朝鮮人では最高水準の音楽家が指導に当たっていた。ここは、洪蘭坡《ホン・ナンパ》ら近代朝鮮を代表する音楽家を輩出した。ただ、朝鮮正楽伝習所の活動は長続きせず、一九一五年以降は次第に機能が低下していった。朝鮮人音楽家は、個人教授や私塾で指導するようになった。一九三〇年代後半には、日本に留学して帰国した音楽家たちが、民間の私塾的な音楽教育機関として「音楽学院」を開き、朝鮮人の若い世代を教育するようになる(11)。

高等教育機関としては、一九二五年に梨花女子専門学校が設立され、一部の女子を対象に音楽専門教育が行われた(12)。ただ、ミッションスクールの伝統を有し、音楽教育が盛んであった平壌の崇実学校、崇義女学校の大学認可、京城の延禧専門学校などへの音楽科設置は、朝鮮総督府によって認められなかった(高仁淑二〇〇四、一八一頁)。このように朝鮮人は、朝鮮人による朝鮮人のための音楽専門教育を独自に行なうシステムを確立していたのである。

第二に、日本への音楽留学熱が高まっていたことである。一九三〇年代後半になって、日本への音楽留学生が激増したことは前節で言及した。金志善は、朝鮮人の日本への音楽留学の動機について、「二〇世紀初期の朝鮮における西洋音楽専門教育機関は十分なものではなかった。……当時、朝鮮は日本の植民地で、言葉の壁も欧米より少なく、地理的にも近いこと、そしてより進んだ日本の教育機関での音楽教育を受けやすいといった背景が、日本留学の動機を高めた原因である」と指摘している（金志善二〇〇六、九三頁）。

第三に、朝鮮総督府による構想に対して、朝鮮人の冷ややかで、懐疑的な見方があったのではないかということである。朝鮮総督府は、植民地期当初から、朝鮮人が求めた民立大学の設立を許可しないなど、朝鮮人の各種学校設置の要求に対し応じてこなかった。日本人は自らにとって都合のよい学校を、ほとんど一方的に設置するだけであった。一九二〇年代の音楽学校設置に対しても、朝鮮人からの声はほとんど上がらなかった。朝鮮人は、掛け声だけに終わった一九二〇年代の構想には、ほとんど期待もしなかったのであろう。また、「文化政治」の懐柔策に、距離を置く姿勢もあったと思われる。

さて、朝鮮人からの音楽学校設置を要望する声は、むしろ一九三八年に設置が見送られてから、次第に大きなうねりとなっていった。

一九三九年一月の『朝光』には、梨花女子専門学校教授でソプラノの鄭勳謨《チョン・フンモ》が(13)、論説「音楽発展策 音楽文化の諸問題」を発表した。鄭勳謨は、まず「音楽教育機関施設の急務」を唱え、「幸いに当局でも情緒教育の重大性を再認し、音楽学校の設置の論議を累次新聞紙上で示しており、実に喜ばしい。同時に楽壇でもこの実現に積極的に努力されるようお願いする」と述べた（鄭勳謨一九三九、一二八—一二九頁、原文は朝鮮語、筆者訳）。続いて鄭勳謨は、「楽人自体の反省と捉えて」と小見出しをつけ、朝鮮の楽壇が沈滞ムードにあるのは、音楽家自体が楽壇を発展、向上させようとする気力がなく、それは音楽に対する情熱や愛着に欠けているからであるといった。

それが音楽界の有機的発展を妨げ、音楽関係者の不足、経済的土台の脆弱さにつながったと指摘した。

官立音楽学校設置構想を牽引する主体は、一九三八年一〇月の頓挫を境にして、朝鮮総督府から朝鮮人音楽家へと転換した。そして、この動きが最高潮に達したのは、三年後の一九四一年であった。朝鮮人音楽家たちは「朝鮮音楽学校設置論」と名付けて、要求運動を行なったのである。

2　「朝鮮音楽学校設置論」の具体的内容

雑誌『三千里』[14]の一九四一年四月号には、「朝鮮音楽学校設置論」について、特集が組まれた。当時の代表的な朝鮮人音楽家に対し、『三千里』編集部が、次のように寄稿を依頼したものである。

> 今春新体制下の半島楽壇にあって「朝鮮音楽協会」が結成され健全な国民音楽の創生に努力しなければならないことは甚だ喜ばしい。更に一歩進めるには朝鮮にも「音楽学校」を創設し国家百年の大計が成されるべきである。これまでも学務当局では屡次留意されてきたがこの機会に民間人士で輿論を喚起することが促進につながるので、音楽家諸氏の意見を集めた。[15]
>
> （『三千里』一九四一年四月号、五〇頁、原文は朝鮮語、筆者訳）

寄稿の依頼に応じたのは、金永煥《キム・ヨンファン》（淑明高等女学校）、咸和鎮（朝鮮楽部長）[16]、尹克栄《ユン・クギョン》（間島龍井国民高等学校）、李興烈《イ・フンリョル》（培材中学校音楽教諭）、李升學《イ・スンハク》（京城音楽専門学院）、玄濟明《ヒョン・ジェミョン》（延禧専門学校音楽教授）、崔昌殷《チェ・チャンウン》（京城音楽専門学院）ら九名である。いずれも、朝鮮人の音楽専門教育の最前線で、活躍していた人物であった。

九名それぞれの「朝鮮音楽学校設置論」の共通点をまとめると、次の三点に集約される。

第一に、音楽教員養成よりも、専門家養成を行なう一流の音楽学校をめざすという点である。モデルとするのは、当時、朝鮮では「上野音楽学校」とよばれていた東京音楽学校である。[17] これは、学務局が中学校音楽教員養成に方針転換したことに対し、あくまでも、専門家養成課程を残すことにこだわる姿勢を示したものである。当時、多くの朝鮮人学生が留学をめざしていた東京音楽学校に比肩する水準を保つという意図が表れている。

これを最も強く主張したのは、金永煥（一八九三―一九七八）であった。金永煥は朝鮮人として最初に東京音楽学校に留学し、ピアノを学んだ。植民地期朝鮮で最も活躍した朝鮮人音楽家のひとりである。留学経験に加えて、在朝日本人とともに音楽活動を行なうなど、日本の音楽専門教育の状況に通じていた人物であった。

『三千里』一九四一年四月号での金永煥の主張を、簡単にまとめておきたい（金永煥一九四一、五一―五二頁、原文は朝鮮語、筆者による要旨）。金永煥は、塩原学務局長から音楽学校、美術学校の設立には一〇〇万円の資金が必要であると言われた点、そして教授陣の人材をどのように集めるかの二点が問題であるといった。金永煥がモデルとしたのは、自ら留学経験もある東京音楽学校であった。財政や人材確保の問題に譲歩して水準を下げるのではなく、日本人も、さらには外国人も留学してくるような一流の音楽学校にすべきと主張した。そのため、東京音楽学校がドイツ人教授を多数迎え、高額な俸給を支払っていたことを引き合いに出し、仮に外国人教師や、日本の高名な教授を迎えたりした場合に、想定される巨額な費用についても具体的に言及した。そして、私立ではなく国のバックアップのある官立でないと難しいと主張した。

第二に、朝鮮の伝統音楽、特に雅楽を専攻できる学科を併設することが重要視されている。これについては、雅楽の専門家である咸和鎭（一八八四―一九四九）の寄稿が最も詳しい。咸和鎭は一九三二年から一九三九年まで李王職雅楽部の雅楽師長を務めていた。咸和鎭は、植民地期の宮廷音楽の研究・教育機関が李王職雅楽部のみで、しかも規模が縮小されていることを指摘する。そのため、朝鮮の伝統音楽が非常に貧弱な状況に陥っており、その存在意義が問われているという。そして、国の政治と音楽が古来密接な関係にあったという「礼楽思想」を引き合いに出し、朝鮮の伝統音楽の復権を説く。そのために、咸和鎮は朝鮮の伝統音楽のみに焦点を当て、官立音楽学校設置の必要性を論じた（咸和鎮一九四一、五四―五五頁、原文は朝鮮語、筆者訳による要旨）。

雅楽科の設置については、李升學も「朝鮮の情緒に重きを置き雅楽を正科にすると同時に東洋音楽一般を概論として科目とすべき」と主張している（李升學一九四一、六〇頁、原文は朝鮮語、筆者訳）。また、朝鮮音楽科の設置が強く唱えられた背景には、一九三六年に東京音楽学校に邦楽科が設置されたことも影響していた。金永煥も、東京音楽学校に準じ、特に朝鮮音楽科の設置を求めたいとしている。玄濟明は「学科と音楽の種目は東京上野音楽学校を標準とし、特に邦楽を設置する中に朝鮮音楽まで包含する」（玄濟明一九四一、六〇―六一頁、原文は朝鮮語、筆者訳）とし、日本の邦楽を扱う邦楽科を設置し、その中に朝鮮音楽を含めるという案を示している。

第三に、財政上の問題である。これには、かなり具体的な数字が上がっていたようである。金永煥は、塩原学務局長も一〇〇万円程度で音楽学校と美術学校を何とか設立できるといい、資金だけが問題らしいと述べている。李升學も、設置に必要な金額を五〇万円とし、「最小限度五〇万円あれば校舎は他の部門の学校と異なり、特に大きな建物を必要とするわけではないので、仮に一〇万円あれば充分である。四〇万円は学校を運営する固定資本とすればよいが、いずれにしても五〇万円という大金がない以上、机上の空論であり、実現させるには、半島にある小規模の機関が合併し、一つの機関にまとめる」という案を示している（李升學一九四一、六〇頁、原文は朝鮮語、筆者訳）。李升學は、京城音楽専門学院で教えていた立場から、朝鮮人による民間の音楽教育機関、すなわち「音楽学院」が、音楽学校に横滑り的に昇格することを期待していた。

李興烈は「結局財政問題であり、実業家の文化事業への財政的な支援が解決の方法で、これが当局の予算通過に関わっている」と資金集めの方法を模索した（李興烈一九四一、五九頁、原文は朝鮮語、筆者訳）。

こうしてみると、一九三八年に構想が現実味を帯びて報道された際、塩原学務局長は繰り返し篤志家の寄付が必要であるとうながしていた。構想の頓挫後も、塩原は具体的な数字を掲げ、この額を民間の朝鮮人によって集めることを条件に、設置の可能性を示唆し続けていたのである。

3　構想の終焉とその後

『三千里』において特集が組まれたのは、一九四一年四月号であった。しかし、皮肉なことに塩原学務局長は、この特集号の発行とほぼ同時の一九四一年三月末に、厚生省職業局長に転じ帰国した。それによって、官立音楽学校設置構想は、再び水泡に帰した。

同年一二月には日米開戦で太平洋戦争に突入し、日本が戦争へ進んでいく中で、朝鮮人への圧力はさまざまな面で強化されるようになった。さらに戦況の悪化にともない「音楽学校設置論」を唱えるどころではなくなっていった。

一九四五年八月の日本の敗戦、そして植民地解放の後、同年一二月には、京城音楽学校が創設された。そして、一九四六年八月には国立ソウル大学校芸術大学音楽学部となった（石田二〇〇五、三六七頁）。朝鮮人は、自らの手で音楽学校を設立したのである。

四　本章のまとめ

本章では、一九二〇年代から一九四〇年代初めにかけて断続的に模索された朝鮮における官立音楽学校の設置構想について検討した。ここでは音楽による植民地統治という「社会的維持」としての専門家養成に焦点を当てたことになる。

第三章で、水野錬太郎や石川義一らが、官立音楽学校設置を模索していたことに言及した。一九二一年八月には設置が見送られ、その議論自体は下火になった。しかし、その後も構想は、時々記事となり、日本でも紹介されていた。

一九三〇年代半ばになって、構想は具体化にむけ加速した。考えられる理由として、次の三点を指摘した。第一に、日本への音楽留学生の増加である。当時、朝鮮人の日本への音楽留学志向が高まっており、音楽学校の需要が見込まれていた。第二に、朝鮮で各種学校の新設が相次いで計画され、その流れで、従来から朝鮮総督府で懸案事項になっていた音楽学校設置問題が、再び取り上げられたことである。第三に、「心田開発運動」により、国民精神の統合として芸術が、あらためて重視されるようになったことである。「文化政治」期以降、再び音楽の奨励を支える政治的な背景が確立されていた。

そこに登場したのが、朝鮮総督府学務局長に就任した塩原時三郎であった。塩原は皇民化政策の一環として音楽の奨励を推進した。在朝日本人音楽家と朝鮮人音楽家を集めて、音楽による「内鮮一体」をアピールし、朝鮮人への浸透を図った。

塩原が力を入れたのが、官立音楽学校設置構想であった。塩原は朝鮮総督府学務局の主導で構想を進めた。一九三八年の夏から秋にかけて、『朝鮮日報』や『毎日新報』を通じて、その具体的な計画が報道された。報道は朝鮮人むけに行なわれた。その具体的内容は、次のとおりである。

一、一九三九年春の開校をめざし予算化を行なっている。
二、西洋音楽を扱い、器楽科（ピアノとバイオリンの二専攻）と声楽科を置く。
三、男女共学。
四、専門家教育だけではなく中等音楽教員の養成も視野に入れる。
五、財政的には厳しく、篤志家の寄付を求める。

しかしながら、朝鮮人音楽家の動きは鈍かった。その理由として、第一に、朝鮮人による民間の音楽専門教育機関として「音楽学院」や梨花女子専門学校が小規模ながら機能していたこと、第二に、日本への音楽留学志向が強かったこと、第三に、朝鮮総督府主導の懐柔策的な構想に対して、距離を置いていたのではないかという三点を指摘した。

一九三八年一〇月には、朝鮮総督府内で学務局と財務局との予算折衝がうまくいかず、この構想は行きづまった。学務局は当初、音楽専門教育を優先していたが、財務局との折衝でで、中等教員養成に特化することに方針転換して、打開を図った。しかし、それも実現しなかった。

朝鮮人が動き出したのは、その後である。一九三九年から朝鮮人音楽家による音楽学校設置を求める声が上がり始め、一九四一年にかけて「朝鮮音楽学校設置論」と称する、積極的な設置要求が展開された。具体的な内容は、次の三点にまとめることができる。

一、一流の音楽専門教育機関としての官立音楽学校設置を求める。基準は東京音楽学校。

二、西洋音楽の専攻だけでなく、朝鮮音楽の専攻を併設する。

三、朝鮮人側でも資金集めに努力する。

ここで朝鮮総督府が描いていた音楽学校像と、朝鮮人音楽家たちが描いていた音楽学校像の違いが明らかになった。

こうした動きも、一九四一年三月の塩原の学務局長辞任と帰国によって立ち消えとなってしまう。ただ、「朝鮮音楽学校設置論」は、厳しくなる戦況と朝鮮人への圧力の下で、静かに醸成され、一九四五年八月の植民地解放後、いちはやく音楽専門教育機関の創設のたたき台になっていくのである。

朝鮮における官立音楽学校の設置構想は、明らかに政治主導で行われてきた。そこで扱う対象とされたのが、西洋音楽であった。朝鮮人には、植民地期初期から、西洋音楽とともに朝鮮の伝統音楽を学ぼうとする気概が息づいていた。しかし、音楽教育制度として日本人が朝鮮人に提示し、受容させようとしたのは、やはり日本というフィルターを通した西洋音楽だったのである。

一九二〇年代の構想の基盤となったのは、朝鮮人の音楽性を高く評価する日本人の表象であった。一九三〇年代の構想でも、朝鮮人の音楽に対する熱意や、高い音楽性を評価する日本人の表象がなかったわけではない。しかし、塩原時三郎は「鄭声の雅楽の乱るを悪む」を引き合いに出し、国が乱れるのは、音楽が低級で猥雑であるからだとした。

官立音楽学校設置構想は明文化されることなく、終始、主導した政治家、官僚、音楽家による噂にも近い、断片的な情報として示されるだけであった。したがって、その実態は非常に見えにくかった。それらの断片的な情報を蓄積し、一本の線にしようと試みたのが本章であった。

ところで、筆者は二〇〇六年一一月、ハワイのホノルルで開かれたＳＥＭ（Society for Ethnomusicology）のAnnual Conferenceにおいて"The Phantom Music School: Japanese Colonialism and Music Education in Korea"という題で、本章に関わる内容を口頭発表した。その際、フロアにいた英国シェフィールド大学のアンドリュー・キリック（Andrew Killick）から、「もし仮にこの音楽学校が設立されていたら、現在の韓国の音楽事情がどうなっていたかを考えてみるべきだ」という指摘があった。これはポストコロニアリズムという文脈でこの問題を考える重要な視点となる。

植民地問題を音楽の視点から追究してきた山口修は、植民地主義と異文化理解について「植民地主義は決して単純に過ぎ去った史実としてのみ処理できる問題ではない。……独立を達成した民族において、そして支配した側にも少なからぬ影響を与え続けている。とりわけ、独立後ももとの宗主国の制度をモデルとした学校教育が行なわれているケースも多いので、その影響は未来にまで及ぶだろう」と示唆に富む指摘をしている（山口二〇〇〇、九二―九三頁）。たしかに、音楽学校設置は実現しなかったが、頓挫に至るまでのプロセス自体は、少なからず後の韓国に影響を及ぼしているはずである。

注

(1)ここでは一九二八年版の記述のみ示したが、一九二九年版にもほぼ同じ記述がある。

(2)『朝鮮日報』は、「文化政治」における新聞、雑誌等の発行許可を受けて、一九二〇年三月に創刊された朝鮮語新聞である。創刊当初は実業新聞としての性格が強かったが、一九二四年に社長に李商在《イ・サンジェ》が就任し、「朝鮮民衆の新聞」を掲げ左派民族主義的な立場から、抗日的な論調をとった。一九二九年からは「知は力、学ぶべし」という標語を掲げ、識字率上昇と農村啓蒙運動を繰り広げ、「文化政治」との結びつきもあったとされる。一九三三年に方応謨《パン・ウンモ》が社長となり経営を拡大し、雑誌『朝光』(朝鮮語)を創刊した。一九四〇年八月に朝鮮総督府の圧力で廃刊させられ、植民地解放後の一九四五年一一月に復刊した。一九三〇年代の官立音楽学校設置構想について、朝鮮人による朝鮮語新聞として唯一継続的に報道している。

(3)同日の『朝鮮日報』一九三五年一一月六日には「農学或いは理学部を来明年城大へ新設」という見出しの記事が大きく掲載されている。「城大」は京城帝国大学の当時の朝鮮でよばれていた通称。実際は一九三八年に理工学部が増設された。

(4)一九二七年の金融恐慌により日本は深刻な不況に陥り、その影響が波及し朝鮮でも一九三〇年代初頭には農業恐慌が起きていた。朝鮮総督府は一九三三年から朝鮮農民に増産と節約を求めて圧力をかけた。そのためには精神的な基盤として皇国農民になることが求められ、「農村振興運動」が推進された。宮田(一九九六、三四八頁)を参照。

(5)「心田開発運動」については川瀬(二〇〇二)を参照。

(6)塩原時三郎は、一八九六年長野県出身。一九二〇年東京帝国大学法科大学独逸法律科卒業と同時に逓信省に入省。一九二四年静岡郵便局長。一九二八年台湾総督府逓信部庶務課長。一九二九年静岡県清水市市長。一九三二年満州に渡り関東庁内務局等に勤務。一九三六年朝鮮総督秘書官兼朝鮮総督府事務官。一九三七年七月、朝鮮総督府学務局長心得。同一二月朝鮮総督府学務局長。一九四一年三月帰国、厚生省職業局長、以後終戦まで逓信省等の官僚。一九四五年弁護士開業。一九五三年衆議院議員。一九五九年(株)日本産業開発社長。一九六二年(株)昭和重工業社長。一九六三年死去。享年六七歳。塩原の略歴については稲葉(一九九八)を参照。なお、「塩原」は「鹽原」と表記される例も多いが、本書では「塩原」に統一して用いた。

（7）塩原時三郎個人に焦点を当て、皇民化政策を論じた研究としては、稲葉継雄（一九九八）が詳しい。

（8）「皇国臣民ノ誓詞」は一九三七年一〇月二日に制定された。初等学校児童用と中等学校以上の生徒及び一般用の二種があり、以下に示したのは後者である（朝鮮総督府一九四〇、七九〇頁）。

一　我等ハ皇国臣民ナリ　忠誠ヲ以テ君国ニ報ゼン
二　我等ハ皇国臣民ナリ　互ニ信愛協力シ　以テ団結ヲ固クセン
三　我等ハ皇国臣民ナリ　忍苦鍛錬力ヲ養ヒ以テ皇道ヲ宣揚セン

（9）稲葉は「図画（美術）・唱歌（音楽）の重視である」と書いている（稲葉一九九八、一九五頁）。

（10）塩原八重子は一九二四年三月、東京音楽学校本科声楽部卒業。声種はソプラノ。当時の朝鮮の資料では「塩原八重子」となっているが、日本では「塩原八重」となっている。東京芸術大学音楽学部同声会（一九六四、二六頁）を参照した。

（11）たとえば一九三八年には「京城音楽専門学院」が、金載勳《キム・ジェフン》、安基永《アン・ギヨン》ら海外留学経験者が中心となって開設された。朝鮮人による朝鮮人のための民間音楽教育機関として西洋音楽の指導が行なわれた。

（12）梨花女子専門学校では、予科一年、本科四年の文学科と、予科一年、本科三年の音楽科が設置されていた（鈴木二〇〇六、二一四頁）。

（13）鄭勲謨（一九〇九―一九七八）は、一九三〇年代から一九四〇年代にかけて活躍したソプラノ。東京の帝国音楽学校に学び、一九三六年から梨花女子専門学校教授として後進の指導に当たる傍ら、活発な演奏活動を行なった。一九四六年から一九七四年までソウル大学校音楽大学の教授を務めた。

（14）『三千里』は、詩人金東煥《キム・ドンファン》（一九〇一―不明）が創刊し、編集、発行していた朝鮮語の総合文芸雑誌。朝鮮において一九二九年から一九四二年まで発行された。金東煥は自ら作曲をするなど音楽にも造詣が深く、『三千里』には音楽に関係する内容も多い。

（15）日中戦争の勃発後、朝鮮総督府は朝鮮人に対する戦争協力のための教化運動を強めた。一九三八年六月には国民精神総動員朝鮮連盟が組織され、朝鮮側も政界、経済界、宗教界などから、いずれも朝鮮人社会において影響力の大きな団体や個人が参加を余儀なくされた。この組織は、皇国精神の高揚、内鮮一体の推進、戦争への協力、日本語講習、創氏改名の督励、配給制度の管理など朝鮮人の生活のあらゆる面において皇民化政策を強化するものとなった。一九四〇年一〇月には国民総力朝鮮連盟へと改組し、さらに強力に運動が推し進められた。音楽では、一九三八年一〇月に塩原時三郎が自ら会長となって京城音楽協会が組織され「戦時下の音楽報国を目ざして大々的活動」（『京城日報』一九三八年一〇月二五日）をすることになった。一九四一年一月には、前年一〇月の国民総力朝鮮連盟への改組を受けて、京城音楽協会も朝鮮音楽協会へと改組され、朝鮮人音楽家は一層戦争への協力を強いられることになった。

(16)　ここでいう「朝鮮楽部長」とは一九四一年三月に塩原時三郎の主導で結成された「朝鮮音楽協会」で咸和鎮が「朝鮮音楽部長」になったことによるものと考えられる。

(17)　東京音楽学校は、朝鮮では当時「上野音楽学校」とよばれることが多かった。

第七章　歌劇《春香》作曲の構想から初演へ
――高木東六と朝鮮――

一九四五年八月一五日、朝鮮半島は日本の敗戦によって植民地解放、いわゆる「光復」を迎えた。しかし、その後の朝鮮半島の政情は不安定で、一九四八年年八月には大韓民国が、同年九月には朝鮮民主主義人民共和国がそれぞれ樹立を宣言し、南北分断が決定的となった。

一九四五年八月を境に朝鮮半島をフィールドとして、日本人が直接的に朝鮮人、韓国人の音楽活動や音楽教育活動に関与することはきわめて乏しくなった。しかし、戦後の混乱が続く日本では、在日朝鮮人と日本人の協働により、高木東六作曲・歌劇《春香》の上演が構想され実現に至る。

本章では、高木東六作曲の歌劇《春香》の構想から上演に至る過程を、日本と植民地期朝鮮・韓国の音楽教育関係史の重要な事例として考察する。

一　本章の視点と音楽家・高木東六

歌劇《春香》は、朝鮮の古典文学「春香伝」を原作とした村山知義の台本、高木東六の作曲による全四幕六場の歌劇である。一九四八年一一月に東京の有楽座で初演され、大きな注目を集めた。それは何よりも日本人の作曲家による戦後初めての大規模な創作歌劇の初演であったことに加え、朝鮮の文学を題材としたこと、そして当時第一線の人気声楽家、指揮者、オーケストラ、舞踊家等を揃えた豪華な陣容によるものであった。戦後の日本の音楽界が復興の兆しをみせた象徴的な公演でもあった。上演に際しては、高木や村山をはじめとした日本人の音楽、舞台芸術関係者のほか、在日朝鮮人の協働が大きな原動力となった。主催は、在日本朝鮮人連盟と東宝音楽協会が中心となった歌劇《春香》上演後援会であった。戦後間もない頃の混乱した世情のなかで、日本と朝鮮の人々が協働でひとつの歌劇をつくりあげたのであった。

本章では、高木の音楽家としての楽歴を追いつつ、高木が朝鮮の音楽に興味をもち、その興味が歌劇《春香》に結実していく経緯をさぐっていく。そして、日本人芸術家と在日朝鮮人の協働によって実現した一九四八年の歌劇《春香》初演への経緯を明らかにする。その作業によって、歌劇《春香》の構想から完成、初演までの経過とともに、日本の戦前・戦中・戦後において、高木がどのように朝鮮の音楽を表象し、自らの音楽に取り込み、作品に展開してきたかが浮き彫りになる。

高木東六は二〇〇六年八月に一〇二歳で天寿を全うした。生前は作曲家、ピアニストとして活躍した。また、執筆活動やテレビ番組出演も多く、昭和から平成にかけて、幅広い世代によく知られた日本の代表的な音楽家のひとりであった。

高木は一九〇四年、鳥取県西伯郡米子町（現・鳥取県米子市）に生まれ、四歳まで過ごした。高木の父、高木久吉はハリストス正教会の伝教師として当時米子教会に赴任していた。高木は幼くして離れてからも生涯にわたって折々に米子市と関わりをもってきた。米子市は一九九七年に米子市民栄光賞を授与し、高木を顕彰している。米子市立図書館には高木の著書が多数所蔵されている。また、米子市立山陰歴史館は二〇一一年に没後五年の節目に当たり、企画展「ふるさとの音楽家 高木東六」を開催し、遺族から提供された未公開の資料を多数展示した。

米子市出身・在住の筆者は、地域にゆかりのある音楽家の研究として、一九九〇年代より現在に至るまで高木東六研究に取り組んできた。上述の米子市立山陰歴史館での企画展でも監修や資料提供を行った。本章では、生前の高木本人より提供のあった歌劇《春香》のピアノスコア、初演時のプログラムなどのほか、高木の遺族より提供を受けた各種資料を手がかりに検討を進める。

高木の作曲による歌劇《春香》や高木と朝鮮の関わりについての研究は、これまで拙稿「高木東六作曲 歌劇《春香》の構想から完成まで」（藤井一九九九）、「高木東六作曲 歌劇《春香》初演」（藤井二〇〇〇）などに限られていた。[1] 近年、呉圭祥《オ・ギュサン》の『ドキュメント在日本朝鮮人連盟 一九四五―一九四九』（呉圭祥二〇〇九）や喜多由浩の『北朝鮮に消えた歌声 永田絃次郎の生涯』（喜多二〇一一）に、当時の主催・運営に関する情報が記述され、歌劇《春香》の実相がより明らかになってきている。また、二〇一一年には成恩暎《ソン・ウニョン》が論文「終戦直後における在日朝鮮人の文化活動――在日本朝鮮人連盟によるオペラ『春香』の企画を中心に――」（成恩暎二〇一一）を発表している。呉圭祥、喜多、成恩暎のいずれの記述も、在日朝鮮人の関与に焦点を絞っている。拙稿では十分に言及してこなかった点でもあり、本書でも参考にしている。

二　幻の歌劇《春香》第一作——朝鮮への興味と作曲への道程——

高木は、歌劇《春香》の第一作を一九三九年に着手し、一九四一年に第三幕まで書き上げた。完成は一九四二年から四三年頃であったともいわれるが定かではない。残念ながら第一作の楽譜はまったく残っていない。上演されることなく、一九四五年五月の東京空襲で高木の自宅と共に焼失した。わずかに作曲者自身や関係者の回想に、創作の経緯や作品の特徴が述べられているのみである。しかし、歌劇《春香》の構想の源は、第一作の時にこそ見出され、高木がどのように朝鮮とその音楽をとらえ、作品や言説のなかで表象してきたかをさぐる上で重要である。

1　歌劇《春香》のあらすじ

まずは歌劇《春香》のあらすじを簡単にみておきたい。

一七世紀半ばの李氏朝鮮時代、朝鮮半島南西部、現在の全羅北道にある南原に、妓生を母にもつ春香という娘がいた。春香は才色兼備の娘で知られていた。端午の節句に、春香はふとした出会いから、南原の府吏の息子で名門貴族出身の李夢龍と熱烈な愛におちる。身分の差を超えて結婚の約束をするが、その喜びも束の間、夢龍は府吏であった父の急な栄転に伴い、都のソウルに去ることになる。春香と夢龍は再会を誓い合う。

しかし、新たに府吏として赴任してきた卞学道(使道)は好色で悪名高く、残された春香をわがものにしようとするが春香は頑なに拒否する。春香は拷問を受け、牢獄に投じられたまま三年の歳月を耐える。いよいよ明日処刑されるという日、都で科挙の試験に合格し、王の派遣による隠密の暗行御使となった李夢龍は南原に赴く。処刑の目前に、客を迎えて饗宴を楽しむ使道の屋敷に突然夢龍が現れ、悪政を裁き春香を助け出す。そして、春香と夢龍はめでたく結ばれる。(2)

「春香伝」は一八世紀のはじめに、パンソリの演唱者によって創作され、その後小説化されたと言われている。現在も親しまれ、唱われているパンソリの演目のなかでも随一の人気を誇り、朝鮮古典文学の傑作として知られている。

2　音楽家への歩みと朝鮮の音楽への興味

東京音楽学校でピアノを学んだ高木は一九二八年に同校を中退し、同年一二月にパリに留学した。パリでは、パリ国立音楽院でピアノの教授をしていたアルマン・フェルテに個人的に学んだ後、同じくパリの音楽学校であるスコラ・カントルムでピアノの教授をしていたポール・ブローに個人レッスンを受けピアニストを目指した。一九三〇年にはスコラ・カントルムにピアノ科の正規学生として入学し、引き続きポール・ブローに師事した。高木自身の回想によれば、スコラ・カントルムの創設者で校長でもあった作曲家のヴァンサン・ダンディに作曲の指導も受けたこともあったという。(3)一九三一年にはパリを訪れた山田耕筰と面会し、山田より作曲を勧められ、本格的に作曲の勉強に取り組んだ。

高木は四年間のパリ留学を終えて、一九三二年五月に帰国した。同年一一月には帰国記念のピアノリサイタルを東京の日本青年館で開催し、日本の楽壇にピアニストとしてデビューした。演奏活動やピアノの教則本や曲集の発刊を通して、いちはやくフランス音楽の紹介に先鞭をつけた。デビュー・リサイタル後まもなく、テノールの藤原義江、ソプラノの三浦環、永井郁子、バイオリンの鰐淵賢舟といった当時の第一級の演奏家から、ピアニストとして共演を依頼され、幅広い演奏活動を展開していった。(4)パリで鍛えた高度なソルフェージュ力を駆使し、ピアノのソリストとしてだけでなく、声楽や器楽のアンサンブルにも柔軟に対応できる演奏家として、注目を集めた存在であった。

こうしてフランスで学んだ高木が、ピアニストの活動から、本格的な作曲家の活動へと領域を拡大する重要な転換点は、朝鮮の音楽を素材に用いた作品であった。

昭和一〇年代前半、高木は藤原義江らに同行して何度か朝鮮への演奏旅行に出かけている。重ねて朝鮮を訪れるうちに、朝鮮の音楽に興味がわき、自身が聴いた旋律の断片を採譜するようになっていった。高木は朝鮮の音楽への自らの興味について次のように述べている。

> 朝鮮音楽は、およそ三拍子というリズムに支配されている。その三拍子も、西洋的なものとはだいぶ隔りがある。もちろんわが国の音楽からは、絶対見出されぬ特徴である。もともとぼくには、朝鮮の古謡とか、民謡を主題にした管弦楽だけでも五、六曲はあったし、興味からいっても、性格的なことからいっても、大変扱いやすい音楽であった。（高木一九八五、二四九頁）

高木が文学としての「春香伝」に親しむようになったのは、村山知義（一九〇一―一九七七）が率いる新協劇団が取り上げていた演劇「春香伝」に接したことがきっかけであった。村山は画家、劇作家、舞台美術家、演出家などのさまざまな顔をもっていた。特にベルリンに学んだ経験から、前衛的な画家として日本の美術界にダダイズムをもたらしたほか、舞台美術家としては日本初の構成派の舞台装置を用いるなど、常に新しい試みで話題をさらっていた人物であった。演劇「春香伝」は、村山の演出歴のなかでも当たったもののひとつであった。

高木が惹かれた一九三八年の演劇「春香伝」について、村山は「朝鮮に飛ん（で）……いろいろの方の援助を得て、話を聞いたり、古い建築を見たり、博物館を見たり、京城帝大の史学教室を訪問したり、雅楽を聞いたり、唱劇の『春香伝』を聞いたり、妓生の『僧舞』を見たり、そしてそのあげくのはてに京城の裏街の古道具屋や古着やをめじり歩いて……極度に忠実に、あの時代の朝鮮の風俗、習慣、動作、表情を再現しようとつとめた」と回想する（村山一九四八、三頁、丸括弧内筆者補足）。

高木は、新協劇団の演劇「春香伝」を観て、歌劇にできるという直感を得て、村山に早速、歌劇用の台本の執筆を依頼した。村山は「何度も高木君にせっつかれながら、忙しさのためになかなか台本が進歩せず、高木君をやきもきさせた」（村山一九四八、四頁）と、高木の催促が度重なったことを回想している。

3　歌劇への意欲と山田耕筰の影響

高木には、新協劇団の演劇「春香伝」に接するのと同じ頃に、歌劇の創作意欲をかき立てられる出来事があった。もともと高木は「オペラに対する創作意欲は、学生時代から並々ならぬものがあり、オペラ熱は、フランスへの四年半の遊学時代にますます強化されていた」という（高木一九八五、二四九頁）。その意欲を一気に加熱させたのは、高木が尊敬してやまなかった山田耕筰が、一九四〇年に歌劇《夜明け》（のちに《黒船》と改題）を発表し、日本で初めての本格的な歌劇と高い評価を得たことであった。高木は、東京音楽学校在学中に一八歳年長の山田と知り合った。その後、山田とはパリ留学中の一九三一年に再会する。高木はパリの案内をすることになり、二、三日行動を共にした。当時シャンソンに惹かれ、作曲への興味を抱きつつあった高木は習作の《テラス》という歌曲を山田に見せ、アドバイスを願い出た。山田は「君、これから作曲の勉強をしたまえ。これはいい曲だ。君には才能がある。頑張りたまえ」（高木一九八五、一四五頁）といい、高木の作曲の才能を認めた。高木はピアニストの道に加えて、作曲家への道を並行して考えるようになった。

後述するように、山田は、高木が歌劇《春香》の作曲に取り組み上演に至る過程でも、支援を惜しまなかった。

4　《朝鮮幻想》作曲での飛躍

高木の歌劇《春香》作曲への意欲が、より具体的なかたちで実現にむかったのは、高木が趙澤元《チョ・テクウォン》から舞踊音楽の作曲を依頼されたことからだった。趙澤元は、当時一世を風靡していた舞踊家の石井漠に師事するため、朝鮮から日本にやってきた舞踊家であった。西洋舞踊と朝鮮舞踊を専門とし、石井の主宰する舞踊体育学校の教師を務める傍ら、気鋭の舞踊家として活躍中であった。石井は一九二六年に朝鮮への公演旅行を成功させ、後に「朝鮮の舞姫」と呼ばれた舞踊家の崔承喜《チェ・スンヒ》を見いだし、日本で自身の手元において育成するなど、朝鮮には理解の深い人物であった。高木は一九四〇年の紀元二六〇〇年奉祝音楽制定曲として管弦楽曲バレエ《前進の脈動》を作曲した。その振付を担当したのが石井であり、高木と石井にも交流があった。石井のもとで着実に力をつけ、日本で活躍する朝鮮の舞踊家として崔承喜と双璧をなす趙澤元の委嘱だけに、高木はこころよく応じた。高木はその作曲のために、二度にわたり朝鮮の音楽を採譜しようと朝鮮に赴く。その様子を高木は次のように回想している。

朝鮮の民族性や雰囲気は多少なりとも知っていたつもりのぼくも、実際改めて取材をしてみると、大いなる感動を呼び起こされてしまった。

取材は、招待された広い部屋で行うわけである。朝鮮の太鼓を打つ、老いた〝名人〟が、部屋の中心で「鶴の舞い」などの曲をたたいてくれた。お歴々の居並ぶその部屋には、妓生たちもいて、その中でぼくが五線紙をかまえて太鼓のリズムや曲の流れをすらすら書き写してゆくのだから、随分ぜいたくな取材法であった。

（中略）

さっそく日本に帰って、五線紙に写し取った音譜《ママ》を整理し、自分流に料理をしながら味付けをしていった。音譜は、朝鮮節の素材である。ぼくのいう味付けとは、メロディーを意味しているのではなく、同時に音を響かせる和音、すなわちハーモニーのことである。音楽で人々の心を打ち、感動を誘うのはハーモニーなのだから、ぼくは全体の曲想をまとめ上げながら、一つ一つ曲作りをしていった。

（高木一九八五、一九七―一九八頁）

こうして完成したのが舞踊組曲《鶴》と管弦楽作品《朝鮮幻想》であった。

《鶴》は、趙澤元が満を持して制作に取り組んだ舞踊作品で、一九四〇年一月一一日から三日間、日比谷公会堂で開催された「趙澤元新作舞踊公演」で初演された。鶴の親子の子育てと成長の姿を描いたストーリーである。全四幕からなり各一幕がそれぞれ春夏秋冬に当てられている。演出は村山知義、舞台装置は伊藤熹朔が担当した。演奏は、当時舞踊では珍しくオーケストラによるものであった。

《鶴》の管弦楽用のスコアは現在のところ見つかっておらず、実際の音楽を確認することはできない。しかし、ピアノ伴奏による楽譜のうち、「春」の楽章のみが二〇一五年五月に横浜市の高木宅で発見され、その片鱗は見ることができる。(5)

初演を観て批評を書いた垂田恵は「〝鶴〟は高木氏の音楽が先づ優れ（春になつて氷の解けて行く感じが軟かなアリラン調にのつて私の胸に快く残つてゐる）伊藤氏の装置も気が利いてゐて四季の変化を楽しく見せてゐた。又鶴の扮装は成功であり十分研究されたであらう鶴の足どりや羽ばたき等に苦心の動きが見えた」と記している。(6)高木が朝鮮の音楽を素材として、《アリラン》の旋律を用い、西洋のエッセンスとの融合に配慮していたことが批評からも伝わってくる。

次に高木は、組曲《朝鮮幻想》の作曲に取りかかった。一九三九年に満州の新京（現在の長春）に改組・新設された新京音楽院が一九四〇年に管弦楽作品を募集した。高木は応募への過程を次のように述べている。

わたしは今回音楽院の作曲募集を締切の二十日前といふ際どいところで知つた。果して作曲が間に合ふか合はぬかともかく昼夜兼行でまる二週間かゝつた作品を発送してから、此の際どんな結果にならうとも、ともかく此の機会に常日頃書いてみたいと計画していた懸案が三分の一位は適へられたといふ思ひを感じた。

（『新京日日新聞』一九四〇年九月二七日）

組曲《朝鮮幻想》は、「僧舞」「仙女」「太鼓」の三曲からなる。

一九四〇年六月に結果が発表され、高木の《朝鮮幻想》とロシア人のニコライ・イワニツキーの組曲《東亜》

が入選作に選ばれた（岩野一九九九、一九五頁）。《朝鮮幻想》は九月二六日に新京交響楽団の第一九回定期演奏会で演奏されることになった。しかも作曲者自身が指揮をすることになり、高木は新京音楽院に招かれた。高木はこの喜びを「それが当選に決定し、その作曲の指揮に、さらに招聘されるといふことは、生涯に烙印される光栄だと喜んでゐる次第である」と語っている（『新京日日新聞』一九四〇年九月二七日）。

新京での定期演奏会の後、新京交響楽団は続けて一〇月に、朝鮮音楽協会の招聘で、朝鮮への演奏旅行を行った。京城、平壌、安東の三都市で演奏会を行い、新京での定期演奏会と同じプログラムで、高木は《朝鮮幻想》を指揮した。(7)

高木は一九四〇年五月にも朝鮮を訪れ、京城の府民館を会場にピアノ独奏会を開いている。プログラムは、ベートーヴェンの《ピアノソナタ嬰ハ短調作品二七第二「月光」》に始まり、ショパンの練習曲から五曲、ドビュッシーの《ピアノのために》、メンデルスゾーン（リスト編曲）の《歌の翼に》、ドビュッシーの《アラベスク》第一番、第二番、ショパンの《ワルツ》作品六四第一、第二、フォーレの《即興曲変イ長調》、ファリャの《火祭の踊り》、高木の自作《日本風タンゴ》《スペイン風タンゴ》そして《朝鮮の太鼓》であった。(8)《朝鮮の太鼓》は当時から高木が積極的に取り上げていた作品であることがわかる。

5　歌劇《春香》作曲への周囲の期待、そして戦禍

高木の作曲家としての成功は、高木に歌劇の作曲を望む期待として周囲にあらわれ始めた。高木は藤原義江から歌劇の作曲をもちかけられていた。「藤原歌劇団の新発足」と題する一九四一年一〇月三一日付『都新聞』の記事には次のように書かれている。

主宰者の藤原義江のプランでは、第一に来年から春秋のシーズンを各二回公演、年四回の公演をもつことにし、その中二回はグランドオペラに主力を注ぎ、あとの二回は邦人オペラの創作慾を起す意味で、邦人作曲家の作による一幕物オペラの上演に力をそそぐことになつたその為既に高木東六、大木惇夫らに作曲、作詩を依頼してゐる。

（『都新聞』一九四一年一〇月三一日）

歌劇《春香》は、高木によれば「昭和十四、五年に手をつけ出して大戦直前に第三幕まで書き上げていた」という（高木一九八五、二四八頁）。藤原の委嘱した歌劇が《春香》であったかどうかは定かではないが、高木の手がけた歌劇はこの時期《春香》のみであり、藤原の依頼が作曲を後押しした可能性はある。

上演にむけては、村山知義も動いていた。しかし、村山はプロレタリア演劇運動の中心的な人物であったため、たびたび検挙されていた。一九四〇年には新協劇団も解散を強いられ、上演が実現できる状況には程遠かった。村山は一九四五年に朝鮮での上演も模索したようであるが実演には至らなかった。

一九四五年五月、東京は連日のように空襲に見舞われていた。高木の自宅があった上大崎にも焼夷弾が降り注ぎ、高木の自宅も直撃を受けた。その際、高木が心血を注いだ歌劇《春香》など、一連の朝鮮を題材とした作品の楽譜一式も焼失した。歌劇《春香》は上演されないまま、失われてしまったのである。

焼け出された高木一家は、山田耕筰の家に四、五日ほど身を寄せ、知人の紹介で長野県伊那町に疎開することになった。そのときに山田から託されたものは、五線紙と鉛筆と消しゴム、そして「君、作曲を忘れてはいけないよ」という言葉であった（高木一九八五、二二五―二二六頁）。

三　歌劇《春香》第二作

1　在日本朝鮮人連盟からの委嘱

高木は疎開先の長野県伊那町で終戦を迎えた。伊那では細々と同地の子どもたちにピアノを教えて生活の糧を得ていた。

一九四六年のはじめ、伊那の高木を在日朝鮮人が訪ねてきた。在日本朝鮮人連盟から歌劇《春香》の作曲を委嘱されたのだった。委嘱主である同連盟からは「でき上がるまでは月々の生活の保障をする」という望外な好条件が付いていた。高木は次のように思ったという。

自分たちの生活にも事欠く戦後の混乱期に、歌劇をやろうという発想自体に大変驚いた。さらにいつ完成し、いつ上演できるかもわからないにもかかわらず、それまでの生活費の面倒をみるという申し出である。最初は信じられず、むしろ諫言するつもりで丁重に断ったが、あまりの熱意に根負けして引き受けた。朝鮮の人々の芸術、特に音楽を愛する心には頭の下がる思いだった。(9)

委嘱主の在日本朝鮮人連盟（通称は朝連、連盟）は、「解放後、最初に結成された広範な在日朝鮮人を網羅した強力な団体」（呉圭祥二〇〇九、二頁）として、一九四五年一〇月に結成された。同連盟の活動は、解放された朝鮮人の代表的な団体として、朝鮮人の帰国支援、日本に在留する朝鮮人の権益擁護、生活援助、教育、文化事業など多岐にわたっていた。文化事業の一環として、一九四六年以降、在日朝鮮人の活動をテーマにした独自の歌を作ったり紹介したりする活動を展開していた。また、音楽教育と音楽の普及にも力を入れていた。朝鮮人声楽家が全国各地へ歌唱指導に派遣されることもあった。内藤正中は「戦後の混乱と貧乏のドン底にありながらも、在日朝鮮人は民族教育に対してすべての情熱を傾注していった」（内藤一九八九、二〇二頁）と指摘している。同連盟が民族学校として設立、運営していた初等学校や中等学校では、音楽教育のための独自の唱歌集や教材集が作成されていた。また、幹部教育のための「高等学院」でもカリキュラムのなかに「音楽」が組み込まれていた（呉圭祥二〇〇九、二八二―二八三頁）。

歌劇《春香》は、同連盟中央本部の文教部が中心となり、古典的作品を使ったレベルの高い公演として構想された。予算は二〇〇万円であったという（呉圭祥二〇〇九、二八四頁）。

高木は「以前に『朝鮮舞踊組曲』[10]を作っていたことで、ぼくに白羽の矢が当たったのだとおもうが、広く文化・芸術活動を展開していた、この連盟からの直々の申し込みだけに、ぼくは多少気遅れしたムキもある」と述べている（高木一九八五、二三七頁）。

委嘱主には、高木が戦前・戦中に作曲した《朝鮮幻想》や焼失した歌劇《春香》第一作などの話題を通して、朝鮮の音楽に通じた日本人音楽家の第一人者という認識があった。高木は、パリに学び、ヨーロッパの歌劇事情にも通じ、編成の大きな管弦楽作品、しかも朝鮮の音楽に素材を求めた作品で賞を得ている。藤原義江や石井漠、趙澤元、村山知義といった音楽界にとどまらない幅広い人脈をもち、舞台芸術の世界でも顔の利く高木は、委嘱主の壮大な構想にふさわしい作曲家であった。

ここで委嘱主の高木への期待を端的に表している、申鴻堤《シン・ホンジェ》による解説をみたい。

> 高木氏はオペラ〝春香〟を書くために二十年の歳月を精根を傾け、其の間十数回も朝鮮に遊び芸術的に〝朝鮮〟を身につけたひとである。故に両氏によつて描かれる朝鮮及び朝鮮人は、強烈な朝鮮的性格をもちながらしかもたくまずしてほどよくコスモポリタンナイズされていて、原作のもつ真実性と普遍性と相俟つて、必らずや国境と民族を超えて、暖かい共感を呼び起こさずにはおかぬであろう。（申鴻堤一九四八）

成恩暎は、『朝連中央時報』一九四八年九月一七日付の記事から「本来なら、われわれの手によって、すべてが創作され、世界のひのき舞台に紹介されるべきなのに、残念ながら、われらの力量がその域に達していないことを率直に認めなければならない」との箇所を引用し、同連盟は朝鮮人による作品を望んでいたが、世界を視野に入れた歌劇の作曲ができる朝鮮人の人材がいなかったことが、朝鮮人ではない高木に作曲を依頼した理由として指摘する（成恩暎二〇一〇、二〇七頁）。

在日朝鮮人の期待はまた、日本の音楽界の戦後復興をめざす日本人の期待とも重なった。高木が歌劇《春香》を委嘱されたという知らせを聞いた山田耕筰は、伊那にいる高木のもとに五線紙を送った。オーケストラの総譜用の五線紙の入手は特に困難であった時代に、伊那にいる高木にとって、山田からの五線紙は何よりも貴重な支援だったに違いない。折しも音楽戦犯論争が巻き起こり、戦前に日本音楽文化協会の会長を務めていた山田は厳しい批判にさらされていた。その状況下での山田の支援に高木は感激もひとしおだったという(11)。

音楽評論家の服部龍太郎は「この超国境的な感銘は、やがていつか、この作品が遠く海を渡つて、アメリカあたりにも上演の日がくることをのぞむものである」（服部一九四八）と期待を寄せた(12)。

第二作でも演出、脚本、美術は村山知義が担当した。高木は「村山氏があべこべにぼくの創作慾に刺激を与へて激励してくれた」と回想する（高木一九四八b）。

2　第二作の作曲、そして完成へ

一九四六年の初めに作曲が着手された歌劇《春香》は、およそ一年をかけて、一九四七年二月にピアノ伴奏によるスコアが完成した。高木は作業を黙々と続け、同年一〇月には管弦楽伴奏のスコアを完成させた。同時期にはピアノ伴奏によるスコアが浄書、製本された。ピアノ伴奏によるスコアは二一五頁に及ぶ本格的なもので、冒頭には服部龍太郎の解説が英訳付きで掲載された。英訳は解説のみならず、楽譜に書き込まれた日本語歌詞と並行して、松原巌訳による英訳歌詞も書き込まれていた。この歌劇が将来、海外でも上演されることを期待して作られたことを如実に示すものである。

高木は作曲時の困難さを次のように述べている。

歌劇の作曲とは「こんなにも、むづかしいものであつたのか」といふことを作曲にとりかゝつて始めて知つた。予想以上のいろいろな困難に出逢つて、その中途で幾度放棄しやうと決心したか知れないのである。……オペラとして書かれた「春香」のための村山知義氏の台本は、あまりに大衆的でさへあつた。始めそれを読んだとき少々的がはづれてゐて勝手が違いわたしが「春香」に望んで求めてゐたものとは大分隔たりがあつたけれど、古典文学として、演劇としての「春香伝」といふものは最早確立された大衆を目的としたそれでなければならないと考え始めた。それからわたしは、台本を熟読吟味すること二ヶ月で、大体の着想が纏つたのが大体半年、それから一気に書き出してから一年八ヶ月で出来上つたと思ふ。

また、焼失した第一作との違いについては次のように述べている。

今度の戦禍によつてほうむられた八年以前に第三幕迄拵えた以前の「春香」とは全然別個なものであつて、些かも以前の作品から参考にさへ借りて来た箇所はないのである。それ故わたしにとつては「春香」というオペラは二つも違つた作品があると言い得るのではないかと思ふ。但し第一作の記憶を辿つて同じものを書かうといふ莫迦々々しい徒労と根気は最早ない限り、第一作の「春香」は永久に消滅してしまつたわけである。

（高木一九四八a、四頁）

（高木一九四八a、五頁）

3　第二作の初演決定

高木は、初演のプログラム冊子において、第一作の構想から数え、第二作の初演に至るまでの長い道のりを次のように感慨深く回想した。

「春香伝」をオペラ化さうとぼくが思い立つたのは、今から凡そ十四年許り前のことで、その念願がついに実現されたことを思ふと、今日まで持ち続けて来た自分の熱意と根気に対する当然な結果と思いたいのであるが、なんと言つても上演の機運を恵んでくれた、東宝音楽協会と朝鮮連盟の全面的な上演に対する意慾と熱意がなかつたなら到底脚光を浴びるチヤンスはなかつたであろうことを考えて、自分の幸運を思い、い

くら感謝しても足らないと思つてゐる。（高木一九四八b）

管弦楽伴奏のスコアが完成した一九二二年一〇月から一年余り経過し、一九四八年一一月二〇日にようやく初演が行われる運びとなった。音楽雑誌『音楽之友』一九四八年一一月号には、「戦後初めての邦人作品として脚光をあびることになった」との記事が掲載されるなど、初演への期待が報じられた[13]。

歌劇《春香》は全四幕六場からなり、上演時間は二時間三〇分を要した。演出、脚本、美術は村山知義が担当した。初演に臨んだキャスト、スタッフの顔ぶれも実に豪華だった。管弦楽は上田仁指揮による東宝交響楽団、合唱は藤原歌劇団が受け持った。舞踊は邦正美の振付による邦正美舞踊研究所が担当した。プロデューサーは許南麒であった。

高木と同年の指揮者、上田仁は、当時、日本では現代音楽の指揮には定評があった。邦正美は高木より四歳若く、東京大学卒業後ドイツで舞踊の研鑽を積み、戦後、帰国したばかりであった。邦は帰国後すぐに日本のバレエ界をまとめて「白鳥の湖」の日本初演に導いた気鋭の舞踊家、舞踊学者であった。許南麒は、在日朝鮮人の著名な詩人、シナリオ作家で、当時若干三十歳であったが、『朝鮮冬物語』『叙情詩集』などを発表していた。在日朝鮮人の文化・芸術運動を積極的に推進し、在日本朝鮮人連盟では文化部副部長を務めていた。在日朝鮮人の歌の創作するはたらきかけを行うなど、音楽にも関心、造詣が深かった（呉圭祥二〇一一、二七六―二七七頁）。

こうして、おもなスタッフは、いずれも戦後まもない日本における、各界の気鋭の芸術家が担うこととなった。

また、キャストにも当代随一の人気歌手が顔を揃えた。独唱をともなう役柄はダブルキャストで構成され、昼夜一回ずつ一日二公演に備えられた。おもな配役をみていくと、まず、タイトルロールである春香には、ソプラノの大谷洌子と高柳二葉が起用された。李夢龍にはテノールの金永吉《キム・ヨンギル》（永田絃次郎）と鷲崎良三が扮した。春香の母、月梅にはアルトの佐藤美子と丸山清子が扮した。その他、春香の侍女香丹、李夢龍の従者房子でダブルキャストが組まれた。いずれも藤原歌劇団のトップクラスの歌手であった。

出演者のなかでも、注目度がひときわ高かったのが大谷洌子と金永吉であった。申鴻堤はプログラム冊子の寄稿で「プリマドンナ大谷洌子さんはずつと以前から今日を期して〝春香〟を身につけており、夢龍を歌う金永吉氏（永田絃次郎）は人も知る一流のテナー」と特筆した（申鴻堤一九四八）。

大谷は藤原歌劇団の誇る名ソプラノであった。戦中戦後にかけて第一線で活躍したプリマドンナであり、歌劇《春香》初演当時二九歳と歌手として充実した時期を迎え、タイトルロールの春香に最もふさわしい歌手であった。藤原義江の信頼も厚く「殊にヒロインに大谷洌子さんが扮する事はこの創作オペラを成功させるにちがいない、彼女の唄ふ事の正確さとあの情熱、これは絶対である」とお墨付きを与えて送り出したのだった（藤原一九四八）。

在日朝鮮人の金永吉は、藤原歌劇団のトップテノールとして、高い人気を誇っていた。同年の藤原歌劇団によるプッチーニの歌劇《蝶々夫人》公演では、ピンカートン役のダブルキャストを藤原義江と分けるほどであった。金永吉は通常、永田絃次郎という日本名で活動していたが、この時は本名で登場した。

歌劇《春香》では、舞台に上がるサブキャストの多さでも目を見張った。スコアに記された役柄は、官吏、吏房、刑吏、獄吏、刑房、兵房、黙役、罪人、客人など一三種類に及び、初演時は総勢三一名を数えた。歌う箇所のある役柄は藤原歌劇団の団員が、舞踊の箇所がある役柄は邦正美舞踊研究所のメンバーがそれぞれ担当した。したがって、舞台に上がるメインキャスト、サブキャストはあわせて四〇名近くに及んだ。管弦楽は二管編成で、打楽器には杖鼓や木魚など朝鮮らしさを感じさせる楽器が特に加えられた。このように、歌劇《春香》の出演者は七〇名を超えていた。

4　流動的な初演の計画

戦後の混乱が続き、日常の生活物資にも事欠く時代にあって、上述のような大きな編成を組織し、長大な新作を上演に導くには、想像を絶する困難があったものと思われる。そのことを如実に示すのが、上演直前の『音楽之友』一九四八年一一月号の記事である。一一月一日発行の同号には、上演時期と上演日数について「十月末帝国劇場で四日間」と書いてある。また、指揮はマンフレッド・グルリット、春香は大谷洌子のみ、李夢龍は藤原義江と永田絃次郎、月梅は佐藤美子と齊田愛子、使道は下八川圭祐と宮本良平となっており、実際の公演における配役とはかなり異なっている[14]。

上述したとおり、たしかに歌劇《春香》の出演者には、藤原歌劇団の団員が多かった。『日本のオペラ史』には「出演は佐藤美子（月梅）以外は大谷、永田をはじめ藤原歌劇団」と記してあるほどで、上演に際して藤原歌劇団への依存度は高かった。また、同書によれば、そもそも歌劇《春香》は、主催した歌劇「春香」上演後援会からの委託による、藤原歌劇団の受託公演であったという（日本オペラ振興会編一九八六、三二七頁）。

日程や会場、配役など事前情報の錯綜は、上演体制の整備がかなり流動的に進んでいたことを物語っていよう。特に藤原歌劇団に関しては、過密なスケジュールのなかに歌劇《春香》の公演を受託したことが大きな原因と考えられる。

戦後、藤原歌劇団は一九四六年一月から公演を再開し、同年にはヴェルディの《椿姫》やビゼーの《カルメン》など三演目、翌一九四七年にはプッチーニの《ラ・ボエーム》やワーグナーの《タンホイザー》など三演目と、年間三演目のペースであった。[15] ただし、一九四六年は一演目当たり一〇公演前後であったものが、一九四七年は一演目当たり二五～三〇公演に激増した。一九四八年はプッチーニの《蝶々夫人》やモーツァルトの《ドン・ジョヴァンニ》など四演目に、受託公演である《春香》が加わった。こうした状況について、『日本のオペラ史』では「後の時代には全く考えられぬ上演回数」と評されている（日本オペラ振興会（編）一九八六、三三七頁）。

歌劇《春香》初演の前後、スケジュールの過密さはピークに達していた。《春香》の直前の九月から一〇月にかけては、《蝶々夫人》が九月に東京・帝国劇場で計二四公演、一〇月には名古屋で二公演、大阪で七公演を数えた。出演者には《春香》のメインキャストである大谷洌子や金永吉らも名を連ねていた。

一方、《春香》の直後には、藤原歌劇団創立一五周年記念公演としてモーツァルトの《ドン・ジョヴァンニ》の日本初演が控えていた。一二月一四日から二七日まで計二七公演を数え、しかも三時間を超えるモーツァルトの大作の初演として、この準備にも大変な労力を要したと思われる。出演者には、藤原義江、砂原美智子、宮本良平、下八川圭祐、藤井典明、高柳二葉らが名を連ねたが、藤井、高柳を除いては《春香》と出演者が重なっていない。また、上述の『音楽之友』一九四八年一一月号の記事には、宮本と下八川の名前がありながら、実際の公演では名前がなかったことをみると、《ドン・ジョヴァンニ》に備えた配役の変更とも推察される。

《春香》と《ドン・ジョヴァンニ》という、この年に日本での初演となる二つの作品が短期間に相次いで上演されることは、藤原歌劇団はもとより、日本の歌劇界の前進を象徴するものとして期待を集めた。山田耕筰は「欧米に比べては、まるで問題にもならぬ貧寒な日本の歌劇界ではあるが、藤原歌劇団がとにかくにも一五年の祝賀公演をもたふというそのめでたい楽季に……『ドン・ジュアン』に魁けて、『春香』の上演を見るといふことも、日本の歌劇界にある示唆を与へるものだ、ともいい得よう」と述べている（山田一九四八）。
こうした期待が高まるほど、藤原義江はいかに限られた人材を温存して、二つの記念碑的な公演を両方とも成功に導くか、まさに綱渡りのような采配を強いられたであろう。藤原は絶対的な準備時間の不足を認識していたせいか「オペラの初演は何といふ大きな事であらう、この初演にあたつて高木君に勇気をふるい起してもらいたい、たとへよく春香が高木君の予期した程の成果を得ないとしても高木君はこれを機に第二第三の創作オペラの筆をとつてもらいたい」と《春香》の初演に対する不安もほのめかしている（藤原一九四八）。
準備時間の不足については、演出を担当した村山知義、按舞を担当した邦正美も指摘した。村山は次のように述べている。

今度の上演にも私は大きな期待を持つていたのだが何分にも長い懸案だつたにもかかわらず、上演が突然に決定され、演技の稽古のために割り当てられた時間があまりにも少なかつたために、期待の大部分の実現は次の機会にゆずらなければならなくなつた……『春香』の上演が現在の興業困難のいろいろの悪条件のために、関係当事者全員の『これならば』というところまでの充分な準備ののちに行ふことができなかつたことはまことに残念だが、やがて何回か繰り返して上演される機会にめぐまれるならば、そういうところまで達することができようかと思つている。

（村山一九四八、三―四頁）

邦は準備期間が著しく短かったことに不満を漏らした。

按舞家としての僕にとつては深い研究の伴わないところの、突然にひきうけた仕事であるのです。従つてたゞ作曲者と演出者の案を可能な範囲に於て効果あらしめるよう構成するだけである。高木東六氏には初日の一週間前にはじめてあつて譜面を渡されたのであるから、作曲に僕の注文を申し上げることもできなかつたことは勿論のこと、舞踊に不適当な部面の書き直しも出来なかったのである。（邦一九四八）

歌劇《春香》は舞踊の場面が多い歌劇であり、たとえば一幕、四幕では舞踊が物語の場所、季節などの情景を描写する役割を担っている。朝鮮の民族的な雰囲気の表出が不可欠な舞踊だけに、入念な風俗考証をふまえての振付は大きな困難がともなったであろう。

以上のような村山、邦の証言は、歌劇《春香》の上演計画がきわめて流動的であったことを重ねて示しているといえよう。

しかし、藤原、村山、邦のいずれにおいても、幾多の困難を克服し、何としても戦後初の日本の創作歌劇上演にこぎつけた喜びが上回っていた。

村山は、かつて自身が主催する新協劇団で「春香伝」を上演していたが、村山は「新協劇団員でかつて『春香伝』に出たことのある人たちも、稽古に立ちあつて助けてくれている」というように、演技の指導者動員にも一役買い全面的に協力した。村山は同劇団創立以来の看板女優であった赤木蘭子に演技指導を依頼した。赤木は同劇団の「春香伝」で、春香と李夢龍両方の役をこなした経験をもち、村山は「今度のオペラの場合は演技指導のために一番大きな役割を果たしてくれている」と赤木を称えた（村山一九四八）。

邦もまた「このような悪い条件ではあるが、僕は色々な意味で、心からよろこんで按舞に当つたことを素直にこゝに述べたい」と参画への意義を邦なりに見いだしていた（邦一九四八）。

上演に当たっての最大の協力者ともいえる藤原も「春香は恐らく成功するであろう、きっと成功するにちがいない」（藤原一九四八）と高木に惜しみないエールを送った。

高木は各界の第一人者をはじめ、多くの関係者の協力を得たことに対して、次のように感慨深く応じた。

吾が国のオペラ上演に対する不完全な設備と状況の中で、出演者の懸命な涙ぐましい精進と練習には、最も感激させられた。その関係者の凡ての、ひたむきな張り切りが、遂に、打算を越えて最も憂慮さるべき、而も条件の悪い日本の創作オペラ上演といふ冒険を敢行したのであつて、ぼくはその責任の重大さを今更感じてゐる次第である。（高木一九四八b）

5　グランド・オペラへの期待

歌劇《春香》の初演が、幾多の困難をかかえ、綱渡り的な運営を強いられていたこと、そして関係者の献身的な協力で何とか前進してきたことは既に述べたとおりである。それらを後押しした期待のなかに、一部の関係者に歌劇《春香》に対する、ある特別な期待があった。歌劇《春香》初演時のプログラム冊子には「グランドオペラ　春香 CHUN HYANG」とタイトルが大きく記されている。この「グランドオペラ」という表記こそが特別な期待であった。

初演に際し、その成功を期待する言葉の端々に「グランドオペラ」という表現が見られる。

たとえば、音楽評論家の服部龍太郎は「朝鮮の古典的顕材《ママ》を西欧風なグランド・オペラとして完成したのであつて、その真価はこんどの上演によりよく玩味されるであろう」（服部一九四八）と述べた。金永吉は「春香伝があらゆる角度から見て歌劇としての要素を十分に備えてゐると云うふ事は誰でも認める所であるが、問題はグランドオペラとして成功するか否かにある」（金永吉一九四八b）と述べた。

一般にグランド・オペラとは、一九世紀以降、フランス・オペラのジャンルとして、後に勃興したオペラ・コミックと区別するために使われるようになった概念である。歴史的な事件や英雄譚、伝説などを題材としたシリアスな内容の悲劇を扱い、文字どおり、さまざまな面で規模の大きさも追求される。規模の大きさでは四幕ないし五幕からなる長大なものが典型とされる点や、舞台装置や照明などの豪華さ、編成の大きな管弦楽、合唱やバレエの多様や重視などが挙げられる。音楽的には、ストーリーの展開やクライマックスにおける独唱への依存度は比較的低く、その分、合唱が多用され、合唱は状況や場面の表現も担いつつ、独唱と合唱が密接に組み合わされて用いられる。アリアといった純粋に独唱の部分は多くなく、重唱が多用されるのを特徴とする。

実際一九世紀には、マイヤベーア、ベルリオーズ、サン＝サーンス、グノーなどフランスの作曲家はもとより、パリでの上演や成功を意図して、ヴェルディやチャイコフスキー、ワーグナーらも、このような概念に基づき、グランド・オペラを手がけていたという[16]。

ところで、高木にとってのグランド・オペラとはどのようなものだったのだろうか。高木は歌劇《春香》から三四年経過した一九八二年に、第二作にあたる歌劇《唐人お吉》を作曲した。その折、グランド・オペラについて「ぼくは、どうしてもグランドオペラの古典的形式を用いてオペラを作ってみたかった。ドラマの流れは、必ずしも歴史上の事実でなくとも差しつかえないが、内容は極めてリアリスティックなものを希望していた……オペラとは、歌唱による絢爛たる娯楽的観劇であるべきだ、というのがぼくの持論である」（高木一九八五、二五五頁）と述べている。高木のいう「グランドオペラの古典的形式」とは、上述した一般的なフランスにおけるグランド・オペラの概念を指しているのではなかろうか。

歌劇《春香》のスコアを概観すると、一見して顕著なのは、合唱やバレエの多用である。特に第一幕と第四幕はバレエで始まり、季節や風景、状況が示される。そして、主要な登場人物の独唱は少なく、二重唱をはじめとした重唱が多い。編成や規模も当時の日本の状況からすると、かなり大きなものであったことはすでに言及したとおりである。これらの特徴から、高木にとってのグランド・オペラの概念は、歌劇《春香》にも表れているように思われる。

6　悲劇へのこだわり

さて、高木が作曲で行った数々の工夫は、高木なりのグランド・オペラの概念を具体化させるものであった。しかし、高木を取り巻く歌劇《春香》関係者には、グランド・オペラへの別のこだわりがあった。それは、グランド・オペラというものは、悲劇で幕を閉じなければならないという考えである。

本来、春香伝は幸福な結末を迎える物語である。使道の誘惑を拒んだ春香は投獄され、拷問の末、死刑を宣告されるが、死刑の直前に暗行御使となった李夢龍が現れて春香を助け、使道の悪行を裁く。しかし、歌劇《春香》では、死刑の場に李夢龍が現れて春香を助けるところまではほぼ同じであるが、その直後、春香は牢刑と拷問による衰弱により、李夢龍や月梅に見守られながら安らかに息を引き取るのである。

この変更について、ピアノ伴奏用スコアに掲載された服部龍太郎の序文のなかに、その経緯が記されている。

もともと、春香の古譚はハッピー・エンドをもつて結ばれるのが元来のものである。しかるにこの歌劇では、春香の死によつて悲劇的な終りを告げることになつてゐる。このプロットの変更を提案した者はわたしであつた。すくなくともこの作品がグランド・オペラの風格をそなへようとするならば、悲劇であらねばならぬと信じたからである。そして作曲者はこの提案にこころよく応じた。もし万一にも、悲劇的終末が観客の興味をそぐことありとするならば、その責任はわたしにあるといつてよい。（服部一九四七、二頁）

服部は高木より四歳年上の音楽評論家で、一九三〇年代から音楽雑誌の編集を通じて評論活動を行っていた。特に『歌劇全集』を著すなど歌劇通の評論家としても知られていた。

また、金永吉も、服部と同様のグランド・オペラ観を示した。

原作は朝鮮古典物語の大多数の例にある如くハッピーエンドに終つてゐる……それは「苦尽甘来」の観念から出たのであらうが、それではグランドオペラとしては感銘が薄いので、色色と苦心した結果作曲者高木氏の提言を容れ、村山氏は脚本を変え、春香の死を以て幕を閉ぢる事にした。これは、然し、一大英断ではあるが、春香の死は極めて自然であつて、この歌劇を見たらすぐうなづけると思ふ。（金永吉一九四八）

ここまでの服部、金永吉の証言を整理すると、服部の提案を高木が受け入れ、さらに村山が高木の要請に応じて、脚本を書き換えたということである。当の高木は、後年、著書のなかでこの変更について「原本どおりのハッピーエンドにしめくくらず、オペラ風に悲劇的な脚色にしておいたのだ。オペラでは、人間社会の正義と貞潔と美へのあこがれを、より強烈に出すためには、恋愛悲劇で終幕にする方が、効果的であるとおもった」とだけ述べている（高木一九八五、二五一頁）。

相澤啓三は、グランド・オペラの特徴に「意外や意外といった誇張の大きいドラマ展開」を挙げている（相澤一九九二、二七一頁）。考え方によっては、歌劇《春香》のストーリーの結末が大きく変更されたこともグランド・オペラの特徴とする解釈もできなくはない。

その是非について、高木は初演時の聴衆の反応を通して、次のように述べている。

ラストシーンでワーッという観客のどよめきを聞いたときには、ぼくもスタッフも苦々しい気分になったのを覚えている。……ラストシーンで、春香が「死んでも、あなたの妻よ」と夢龍に抱かれて息絶える場面になると、それが原本と違うものだから、どよめきが起こったのである（高木一九八五、二五一頁）

この結末の変更とグランド・オペラとの関係については、近衛秀麿が堀内敬三との対談のなかで言及している。

この間、朝鮮のオペラができたでしょう。「春香伝」ね。あの原作はお終いは死なないのだそうだね。ところが誰が言ったか知らないが、お終いは死なければグランド＝オペラにならないと言って、死んで幕が降りるのだってね。ところがドイツあたりのオペラは死ぬところなんかそうない。ワーグナーは別にして、モーツァルトのオペラでも「オルフォイス」にしてもハッピーエンドが多い。(17)

少なくとも近衛のコメントからは結末の変更に対して肯定的なニュアンスは感じられない。

山田耕筰は、結末の変更とは別に、「総譜を通読した私は……『春香』がオペラとしてよりも、よりオペレッタ的であることを……見逃し得ないのだつた」と述べている。山田はグランド・オペラとはむしろ逆の印象をもった。さらに山田は、その原因を台本に問題があることとし、「それに対して作曲者が悩まされたであろう」といい高木を擁護した（山田一九四八）。

7　初演の反響

さまざまな紆余曲折を経て、歌劇《春香》は一九四八年一一月二〇日から二六日までの一週間、東京の有楽座で昼夜合わせて一三回上演された。高木は「会場は満杯で、公演は成功した。作曲家の山田耕筰先生をはじめ、作家の大仏次郎氏も見に来て下さったのである。テーマが朝鮮古典文学の『春香伝』から脚色していたこともあって、民族衣装を着た朝鮮の人たちが多かった」と回想した（高木一九八五、二五〇頁）。

ソプラノ歌手・田月仙の父はこの公演を実際に観たという。田月仙は、父の回想として「会場の天井席から、日本語で歌う永田絃次郎に対して『朝鮮語で歌え！』との野次も飛んだという」と著書に記している（田月仙二〇〇八、八二頁）。

批評では、翌一九四九年二月の『テアトロ』第九三号に載った関忠亮《せきただあきら》(18)の「オペラ〝春香〟のこと」が内容的にも分量的にも最も詳しく初演を論じている。四頁にわたる批評は、村山知義宛ての感想という書き方で、歌劇《春香》の意義、日本と朝鮮の関係、題材のあり方、演出、音楽などさまざまな観点から詳細に論じられている。さらにスタッフの仕事ぶりや聴衆の態度にも言及している。

まず冒頭で関は、次のように歌劇《春香》を意義づけた。

朝鮮の独立と、朝鮮民族文化の確立に寄せて、敗戦日本の文化人を中心に、朝鮮芸術家の協力を得て、オペラ〝春香〟が上演されたことは、真に意義深いことです。

又、此の公演が、敗戦後最初の創作オペラとして、新劇界、音楽界の中心的な人たちによつて為されたと云ふことは、同時に日本民族文化建設の方向と実力を示すものとして、意味深いものです。

（関一九四九、四九頁）

続いて、公演のプログラム冊子でも複数の執筆者がふれたように、村山と高木の脚本、演出と音楽の齟齬について言及する。

オペラとしての実際化に当つては、脚色者と作曲家高木さんの間には、多くの立場の相違が持ちこされ、不明瞭な妥協を示してるもののようです。

（関一九四九、四九頁）

特にラストシーンの改変には厳しい。

作品の最後が、音楽的効率の為めに、春香と李夢龍が再び結ばれんとして春香は死別すると云ふように書き換へられたという云ふことも、両者の不明瞭な妥協の大きなものゝ一つです。……然も、一般的、概念的に作劇者としての問題ではなく、〝春香〟が単なる朝鮮の古典としてではなく、日本の植民地としての圧制下に於いては、唯一の憤懣のはけ口として語りつがれ、朝鮮の今日の生活の中に生きて居る作品として考へる時、更に日本人のこづくりな感傷的な逃避からは及ぶべくもない、陸つゞきの民族のもつ、おおらかなオプティミズムな想像をもつてしても、〝春香〟の作詞とこの結末を改変すると云ふ事は、決して簡単な安易なことではないのです。

（関一九四九、四九頁）

高木の音楽については、次のようにいう。

翻へつてより音楽的見地からこのオペラに接する時、最初に考へられることは、作曲者の朝鮮と〝春香〟に捧げる愛情の如何と云ふことです。……この公演に於ける作曲者の功績も、全体としての成果の問題よりも、オペラ形式を通じて表はさうとした作家の〝心〟のあり場とその〝心〟に忠実に副はんとする作家の技術の問題にのみ論ずべきです。未完成であろうとも貫ぬかれた心の上に作曲家が自己の力に確信を育てることが出来たならば、これに増した財産も功績もないのであります。

正直なところ、この〝春香〟のオペラ化の企てを聞いた時に、近代主義的な音楽家が、技巧から技巧を追ひかけ、私共の日常生活の感情、この肌のような日本の風物までも極端な異国趣味の遊び道具に終わらせる感覚主義的な手法をもつて、舞台を朝鮮に逃げて自慰的な作品を作り上げるのではないかとおそれたのですが、この公演に接してその危惧が失礼なものであつた事は幸せです。

（関一九四九、五〇—五一頁）

最後に関は観客についても次のように述べ、高木や村山ら制作側に注文をつけた。

> ある人が、三等の夜汽車の中でオペラを観ている様だと云つてました。
> 問題は再び、誰を対照《ママ》にしてこのオペラが書かれたかと云ふ事です。〝春香〟を愛し、朝鮮の市民を愛して書いたのか、帝劇のオペラファン的社交人のきげん取りにか。有楽座常連のロッパ・エノケンファンの為のおやつに取りあげたのか、作曲家が自己の後援者や支持者へのデモと商品見本としてか。遠慮ぬきにして、この問題は製作スタッフで改めて考へるべきです。
> 而し、夜汽車に例へられた朝鮮の観客たちも、決してオペラだからと云つて見にきたわけではないのです。……根づよく覚え込んでる筋も忘れさせる程に圧倒的な舞台であり音楽である事へ更に前進して下さることを期待する心は、この朝鮮の観客たちにこそ一番激しいものがあります。
> （関一九四九、五二頁）

「三等の夜汽車」とは、薄暗い会場の中で聴衆がざわついていたり、居眠りをしていたりした様子を喩えたものであろう。そうした聴衆を関は在日朝鮮人の聴衆とみている。偏見に満ちた関の指摘もまた、当時の日本人の在日朝鮮人に対する現実の表象としてとらえておくべきであろう。たしかに会場に在日朝鮮人の聴衆が多かったことは高木も述べていた。しかし、関はここで聴衆がオペラの鑑賞に慣れていなかったことを指摘し、そのことを在日朝鮮人の聴衆に投影する。「根づよく覚え込んでる筋も忘れさせる程に」とは、在日朝鮮人聴衆が慣れ親しんできた「春香伝」のストーリーを改変したことも納得できるような圧倒的な舞台や音楽であるべきだということであろう。

歌劇《春香》は、翌一九四九年三月に大阪毎日会館で二週間上演されたが、これを最後に五三年間再び上演されることはなかった。(19)

理由については、いくつか考えられる。

第一に費用の問題である。喜多由浩によれば、一九四八年一一月の初演に要した費用や完成するまでの間、高木に払われた生活費などは、約一万八〇〇〇人の在日朝鮮人によるカンパで賄われたという。呉圭祥によれば「二回に及ぶ試聴会と後援会の組織そのほかの諸々の準備をすすめた。予算は二〇〇万円であった」という（呉圭祥二〇〇九、二八四頁）。喜多は、初演で制作・運営に携わり、当時、在日本朝鮮人連盟の東京本部文教部長であった作家の李殷直に取材をしている。李殷直は「日本で同胞のために公演を行ったのは、これが初めてだった。在日朝鮮人はほとんどが失業者で闇市にすがって生活していた。みんな貧しかったのに、『僅かずつでも』とお金を出しあったんだ」と喜多に語っている（喜多二〇一一、一二三頁）。

第二に、朝鮮半島情勢にともなう日本での在日韓国・朝鮮人社会の変動である。在日本朝鮮人連盟（朝連）は一九四五年一〇月に結成されたが、一九四六年一〇月に在日本朝鮮居留民団（民団）が結成され、在日朝鮮人社会が二つのグループに分かれつつあった。朝鮮半島では、一九四八年八月に大韓民国（韓国）が、翌九月に朝鮮民主主義人民共和国（北朝鮮）が成立し、民団は韓国、朝連は北朝鮮を本国として、それぞれ本国の政治方針に従って活動をしたため、日本国内でも対立が増すようになった。一九四九年九月には、GHQの民間情報教育局の方針に沿って、日本政府が朝連に対して「団体等規正令」を適用し、反民主主義的かつ暴力主義的団体として強制的に解散させた。さらに一九五〇年六月には朝鮮戦争が起こり、朝鮮半島はもとより日本の在日韓国・朝鮮人社会の分裂も決定的となった。とても歌劇《春香》を再上演するような状況ではなかっただろう。

第三は、作品としての歌劇《春香》への主催者側の評価である。喜多は、在日朝鮮人の音楽関係者から次のような発言を聞いている。

オペラ《春香》は申し訳ないけれども平凡な作品でした。われわれは戦前、「朝鮮」と名前をつけた曲を高木さんが作っていたことで、彼が朝鮮の伝統的な音楽に詳しいと勘違いしたのです。出来上がった作品には、朝鮮の伝統的な音楽の香りがまったくしなかった。再演の声がかからなかったのも無理はない。

（喜多二〇一一、一二三頁）

成恩暎は、一九四七年九月に開かれた在日本朝鮮人連盟の第一一回中央委員会の議事録を調査し、歌劇《春香》が、朝鮮文化の国際交流を意図し、「朝鮮古典文学である春香伝を歌劇化し、国際的に公演すること」をめざしたものであることを明らかにしている。そして「朝連は、オペラ『春香』を国際舞台で上演することを目標としていたため、古典『春香伝』の世界化に向け、『春香の死』を受け入れ、その内容をグランド・オペラという世界的な形式に合わせたのである」（成恩暎二〇一〇、二〇六頁）とする。[20] 高木は第一作と第二作を比較し、プログラム冊子での「作曲者の言葉」において、次のように書いている。

前の場合は、じつくりと腰を据えて「春香」と取つ組んだのであつて朝鮮音楽の豊富な材料が手許にあつた。そんなわけで朝鮮の色彩を充分盛ることが出来たのあつたが、今迄のは材料と考証とを全く無視した創作態度をとつたのでぼくの感じたまゝの「春香」であつて主観的には遙かに前作より強いキャラクテールが出てゐるのではないかと思つてゐる。参考資料に些かも頼らない場合創作程奔放でスピーディーなものはない。……第一作は文献と材料とに手頼つたので朝鮮的なローカル的な色彩の点で優れ、今日上演される第二作は純粋な創作的な点では前者を遥かに凌駕してゐると思つてゐる。

（高木一九四八b）

ここまで高木が朝鮮的な色彩を盛り込むかどうかについて「全く無視した創作態度」と言い切るには、それなりの委嘱主側の在日本朝鮮人連盟とは、作曲方針について打ち合わせができていたのではないかと推察する。次の補章で取り上げる二〇〇二年の復活上演に際して、李殷直《イ・ウンジク》は『音楽の友』二〇〇二年四月号のインタビューに次のように答えている。

民族教育事業の一環だったのですが、われわれの古い民族文化を日本の市民にアピールしたいと。しかもなるべく雰囲気をやわらげてわれわれの事業に理解してもらいたいという意気込みで、高木先生にオペラを依頼することになったわけです。

（『音楽の友』二〇〇二年四月号、一二三頁）

「なるべく雰囲気をやわらげて」という要望に高木なりに対応していたことも推察される。また、補章で作曲家・小林秀雄の作品解説を通して言及するように、高木の歌劇《春香》には朝鮮半島ゆかりの旋律の断片が随所に盛り込まれている。「朝鮮の伝統的な音楽の香り」の程度をどうとらえるかは、主観的な判断による。ただ、喜多の取材した在日朝鮮人関係者の声も反響のひとつであったととらえておくべきである。

四　本章のまとめ

本章では、日本人音楽家の高木東六が朝鮮の音楽をどのように自身の作品で表象し、舞踊作品や歌劇の上演に展開したかを検討した。特に高木の代表作となった歌劇《春香》について、構想から初演に至るまでの経緯を追った。

パリに留学しピアノと作曲を学んだ高木は、帰国後ピアニストとして音楽活動を始めたが、朝鮮への演奏旅行をきっかけに朝鮮の音楽に興味をもつようになった。そして、趙澤元や村山知義らとの交流を通じ、朝鮮舞踊曲《鶴》や管弦楽組曲《朝鮮幻想》、歌劇《春香》と次々に朝鮮を題材にした作品の作曲を手がけた。その過程で高木は朝鮮に取材や調査に赴き、「大いなる感動を呼び起こされ」というぐらい、ますます朝鮮の音楽に魅了された。戦前の高木はこれらの作品で作曲家としての地位を確立するとともに、朝鮮の音楽に通じた数少ない日本人音楽家として認知されるようになっていた。

戦後まもなく在日本朝鮮人連盟の委嘱で、初演に至らぬまま戦禍で失われた歌劇《春香》を再び作曲し、一九四八年一一月に初演が実現した。同連盟が植民地解放後の文化、教育の活動の一環として企画したものであったが、戦後の音楽界の復興をめざす日本人との期待とも重なった。戦後初の邦人作曲による規模の大きな歌劇であり、当時の在日朝鮮人と日本人の気鋭の芸術家が多数参画した。初演は東京・有楽座で一週間にわたり一三公演を数え、戦後の日本の歌劇復興期にあって一定の成功をおさめたといえるが、作品そのものや上演のあり方については賛否両論あった。高木が朝鮮の民族的、伝統的な音楽の素材を十分に生かしていないという評価や、「春香伝」のストーリーを改変し悲劇としたことへの疑問、流動的な計画や準備不足の指摘、さらには聴衆の態度に関わるものなど、否定的な評価もあった。ただ、同連盟では、計画当初からこの歌劇を日本のみならず国際的な展開が構想されていたため、高木に期待されたのは朝鮮の民族性を過度に強調した作品ではなかった。

一九四八年に大韓民国、朝鮮民主主義人民共和国の成立で、朝鮮半島の南北分断が決定的になると、日本における在日朝鮮人社会も変容し、予算の問題とともに再演を重ねる状況ではなくなった。

歌劇《春香》は、戦前・戦中・戦後にかけて構想され、戦後の混乱期に在日朝鮮人と日本人が協働してつくりあげた歌劇であり、日韓音楽教育関係史の重要な事例と位置付けることができる。そして初演から五三年後の二〇〇二年、横浜市で歌劇《春香》が復活上演された。次の補章では、約半世紀ぶりの再演の経緯と実際、そして歌劇《春香》のその後を追う。

注

（1）そのほか拙稿「作品解説 オペラ『春香』上演への軌跡——構想から初演、そして復活再演までをたどる」オペラ「春香」上演実行委員会（編）「あらすじ」『日韓文化交流公演 オペラ「春香」』（プログラム冊子）、二〇〇二年、二二—二三頁、拙稿「韓日交流の金字塔」『東洋経済日報』二〇〇二年四月五日付 文化欄など。

（2）「春香伝」の物語の要約については、以下の文献を参考にし、高木東六作曲の歌劇《春香》のあらすじに整合するよう筆者がまとめたものである。
洪相圭訳『春香伝ほか 韓国古典文学選集三』、第三版、東京：高麗書林、一九九二年。
オペラ「春香」上演実行委員会（編）「あらすじ」『日韓文化交流公演 オペラ「春香」』（プログラム冊子）一三頁。

（3）「対談 忘れ得ぬ音楽家たち〔5〕ヴァンサン・ダンディ」『あんさんぶる』一九七七年八月号、一一—一四頁を参照。

（4）ここでの高木の共演者については、秋山龍英編（一九六六）を参照した。

（5）高木東六の長女・高木緑氏より、筆者に遺品整理の依頼があり、その作業中に発見した。研究のために一時的に提供を受けた。高木緑氏によれば、高木東六夫人の高木清子が浄書したものという。
（6）垂田惠「演奏会評」『音楽世界』一九四〇年二月号、一〇五頁。
（7）「音楽院半島へ 朝鮮音楽協会の招聘で」『満洲新聞』一九四〇年九月二四日。
（8）北村久子氏提供による当日のプログラム冊子を参照。
（9）一九九八年一一月一四日、高木東六本人からの聞き取りによる。
（10）《朝鮮舞踊組曲》は、《朝鮮の太鼓》を含む管弦楽作品でレコード会社のビクターが録音していたようであるが、詳細は不明である。高木の自伝によれば、一九四一年文部大臣賞を受賞したという（高木一九八五、一九七頁）。しかし、筆者は、この賞および高木の受賞についても、現在のところ確認ができていない。ただ、二〇一五年にビクターのアーカイブから、《朝鮮の太鼓》のみ、管弦楽による録音が見つかった。
（11）一九九八年一一月一四日、高木東六本人からの聞き取りによる。
（12）成恩暎によると、服部龍太郎の斡旋で在日本朝鮮人連盟が高木に依頼したという（成恩暎二〇一〇、二〇三頁）。
（13）『音楽之友』第六巻一一号、一九四八年一一月、五四頁。
（14）『音楽之友』第六巻一一号、一九四八年一一月、五四頁。
（15）藤原歌劇団の公演スケジュールについては、日本オペラ振興会（編）（一九八六）一一一―一一七頁、三二六―三二七頁を参照した。
（16）「グランド・オペラ」の一般的な概念については、以下の資料を参照した。
『標準音楽事典』音楽之友社、一九六六年、三〇〇―三〇一頁。

『音楽大事典』第二巻、平凡社、一九八二年、七九八頁。

ウォラック他編、大崎他監訳『オックスフォードオペラ大事典』平凡社、一九九六年、二〇九頁。
（17）「近衛秀麿、堀内敬三、新春音楽放談」『音楽之友』第七巻一号、一九四九年一月、二二頁。
（18）関忠亮（一九一五―一九九四）は戦前から戦後にかけて、演劇、声楽の分野で幅広く活躍し、一九四六～一九四八年には新協劇団にも所属した。また、藤原歌劇団、長門美保歌劇団、二期会でも活動した。戦後は特にうたごえ運動の作曲家としても知られた。細川周平・片山杜秀（監修）、日外アソシエーツ株式会社（編）（二〇〇八）

参照。

(19) 富樫（一九五六、一八七頁）。

(20) 成恩暎は高木が改変を提案したように書いているが、実際は服部龍太郎の提案である。

補章　半世紀を経て復活した歌劇《春香》

二〇〇二年四月、横浜市の神奈川県民ホールで、五三年ぶりに高木東六作曲の歌劇《春香》が復活上演された。同年、日韓共催で開催されたサッカーワールドカップを記念した催しであった。横浜市でも試合が行われ、決勝の会場にもなったことから、これを機に、日韓の文化・芸術の交流を通して、同大会への機運を盛り上げようとの上演であった。高木は、一九五三年から横浜に在住し、亡くなるまで横浜を拠点に全国的な音楽活動を展開してきた。歌劇《春香》は高木を囲む横浜の市民によって企画・運営された。

一　復活の兆し——研究者による掘り起こし——

歌劇《春香》が再び注目されるようになったのは、一九九〇年代になってからである。

まずは研究者が興味を示した。二〇〇二年に当時九八歳の高木本人が雑誌『有鄰』のインタビューに「今から五年ほど前ですが、韓国でオペラの歴史を研究している孔恩雅さんが僕を訪ねてきた。南カリフォルニア大学で音楽博士号を取った方で、大学で『春香』のオペラの存在を知ったらしい。それで、オペラのオリジナルのスコアを見たいと」と語っている。また、高木の長女・緑は「それを見た孔さんもびっくりされたんですが、たまたま、同席していらした方々も『もう一度、上演できたらいいですね』とおっしゃられて、まったくのボランティアで再演の活動を始めてくださいました」と語っている。[1] これが研究者からの最初の接近であり、二〇〇二年四月の復活上演のきっかけとなった。

一九九八年にはソプラノ歌手の田月仙が高木を訪ねている。その後、田月仙は歌劇《春香》の再演を企画し、二〇〇〇年五月に東京のカザルスホールで、ハイライトを抜粋した室内楽形式の上演を実現させた（田月仙二〇〇八、七五―八四頁）。[2] 後半には高木作品によるコンサートで、高木本人も出演し、田月仙の歌う《水色のワルツ》のピアノ伴奏のほかピアノ独奏も披露し、花を添えた。長木誠司は、この公演を『朝日新聞』の「音楽界二〇〇〇年の回顧 私の五点」の一つに選び、高く評価している。[3]

同じく一九九八年一一月には筆者が高木を訪問した。筆者は一九九七年に高木が米子市から市民栄光賞を授与された折、その記念式に市民のひとりとして参加した。その際、米子市が作成した配付資料のなかに、受賞者のプロフィールとして、歌劇《春香》の作曲について書かれていたことに興味をもち調べ始めた。ある程度、基礎的な調査、資料収集が終了した段階で、高木に面会を願い出て訪問が実現した。このとき、歌劇《春香》に関して高木本人から資料・情報提供を受けた。その成果をまとめたものが拙稿、藤井（一九九九）、藤井（二〇〇〇）である。復活上演にあたっては、関係者や出演者に拙稿が資料として活用されたという。

二　復活上演にむけた準備④

1　早かった初動

上演にむけた実質的な第一歩は、一九九八年一二月に、高木と親交のあった横浜市民数名が上演の企画・構想を立ち上げたことであった。翌一九九九年一月には、横浜市と駐横浜大韓民国総領事に提案し、それぞれ協力、賛同を得た。続いて六月には横浜市民九名で《春香》上演プロジェクトを立ち上げ活動資金を拠出した。以後、賛同する音楽家が《春香》の一部や抜粋をコンサートでたびたび演奏するなど、作品の周知、浸透を図った。同年七月には、横浜市が《春香》公演を二〇〇二年サッカーW杯日韓大会の関連イベントに位置づけた。

構想からわずか半年で、組織を立ち上げ、自治体の協力を得るまで至った点は、初動がきわめて早かったことを示す。この段階でサッカーのW杯日韓共催と決勝が横浜スタジアムで行われることが決まっており、日韓の交流、協働という発想をしやすい背景があった。サッカーのW杯日韓共催が触媒となり、日韓共同の芸術文化活動を後押しした例である。そこには立ち上げたメンバーの熱意があったことは言うまでもない。

二〇〇〇年も後半になると、準備が本格化した。同年一二月二日に、市民による上演推進母体として《春香》上演推進協議会が発足し、運営、広報、制作、資金確保等を進めることになった。予算総額は七〇〇〇万円で、入場料収入を約二〇〇〇万円と見積もり、残りは市民からの寄付金、企業などからの協賛金、行政機関や関係団体からの助成金で賄うこととした。

協議会の会長には、元横浜市教育長の吉川春二が就任し、赤い靴記念文化事業団内に事務局が置かれた。協議会の会員は設置当初三九名であったが、半年後には約二五〇名に増え、横浜市や首都圏のみならず全国に広がった。また、一〇〇〇万円を目標にオペラ《春香》上演基金を募った。

2　キーコンセプトとしての日韓の交流と協働

上演の方針および特色は次のように策定されていた。

・本格的なオペラ公演を市民が中心となって実現する。しかも一度上演されたものを五三年ぶりに再上演するという世界的にも珍しい試み。
・朝鮮半島出身の人たちが作曲を依頼して生まれ、出演・制作も日本と同半島出身で行ったオペラを再び協働出演・制作で上演するという日本・韓国親善交流がベースとなったもの。
・横浜市が実施するサッカーW杯日韓大会関連事業の一つとして開催する。

その方針のもと、二〇〇一年一月には主催者となるオペラ《春香》上演実行委員会が発足し、上演の実施概要が次のように発表された。

開催日程　二〇〇二年四月一九日（金）、二一日（日）〈二回上演〉
開催場所　神奈川県民ホール
主　　催　オペラ《春香》上演実行委員会
構成団体　《春香》上演推進協議会、在日本大韓民国民団神奈川地方本部、（財）横浜市文化振興財団

（財）神奈川芸術文化財団、（財）日韓文化交流基金、日製産業株式会社
二〇〇二ワールドカップ市民の会、JAWOC横浜支部、（財）横浜市国際交流協会
（財）横浜観光コンベンションビューロー、横浜青年会議所、横浜信用金庫
赤い靴記念文化事業団

共　催　横浜市、神奈川県、川崎市

後　援　駐横浜大韓民国総領事館、駐日大韓民国大使館・韓国文化院、横浜商工会議所
NHK横浜放送局、神奈川新聞社、朝日新聞横浜支局、産経新聞横浜総局、東京新聞横浜支局
読売新聞社横浜支局、毎日新聞社横浜支局、アール・エフ・ラジオ日本、FMヨコハマ
TVKテレビ

協　賛　日製産業株式会社、小黒恵子童謡記念館

構成団体にみるように、文字どおり横浜を中心に広く市民と地域が協力し、官民一体となって上演にむけた体制づくりがなされた。また、在日本大韓民国民団神奈川地方本部が加わるなど、在日韓国人との協働も当初からコンセプトに織り込まれた。一九四八年の初演時を彷彿とさせるものであり、実際、企画の段階から作品の再演という意味以上に、初演での日本人と朝鮮人の協働を再評価し再現することが意識されていた。

このコンセプトは、スタッフ、キャストにも反映されていた。

スタッフ

総監督　石井歓
制作統括　野津公
芸術監督（演出）　荒井間佐登
音楽監督（指揮）　本名徹次
監修・振付　金梅子《キム・メジャ》
衣装　李英姫《イ・ヨンヒ》
合唱指揮　長田雅人
プロデューサー　田平秀雄　梁順喜《ヤン・スンヒ》
プロダクションマネージャー　安田　保
舞台監督　八木清一
韓国文化アドバイザー　徐賢燮《ソ・ヒョンソプ》（駐横浜大韓民国総領事）

メインキャスト
春香（ソプラノ）　腰越満美
夢龍（テノール）　崔相虎《チェ・サンホ》
使道（バリトン）　直野資

管弦楽　神奈川フィルハーモニー管弦楽団

合唱　　横浜シティオペラ合唱団、オペラ「春香」スーパー市民合唱団
舞踊　　創舞会（韓国ソウル）、梅の会

このように、日韓のベテランから気鋭まで、いずれも各分野の第一線で活躍するスタッフとキャストが揃い、自ずと期待が高まった。多くのメディアが後援に加わったが、二〇〇一年の計画発表の記者会見に始まり、公演前後にかけて、テレビやラジオ、新聞で報道、紹介された回数は数え切れないほどであった。ＮＨＫの「おはよう日本」では三度にわたり全国にむけて報道された。

公募によるオペラ《春香》スーパー市民合唱団は、一六〇名にのぼり、本番まで二六回の練習が重ねられた。合唱練習、ソリストの稽古、合わせ、舞踊の振付、練習、衣装の仮縫い、合同リハーサルなど、場所を確保してオフィシャルな準備が行われた回数を数えただけでも、二〇〇一年一〇月から二〇〇二年四月の本番まで八〇回以上に及んだ。韓国からもキャストや振付、衣装の専門家を招聘した。また、在日韓国・朝鮮人出演者も多数交え、文字どおり日韓の協働で行われた大規模な歌劇公演となった。

上演準備の過程で、二〇〇一年五月に当時九六歳の高木が韓国を訪れ、ソウルと歌劇《春香》ゆかりの南原市で交流活動を行ったことは大きな話題となった。高木は年配の女性による合唱団「ザ・シワクチャーズ横浜」を主宰していたが、そのメンバーや横浜市民の有志四〇名と、団長として「春香」上演推進協議会会長の吉川春二が同行した。南原市の崔珍栄市長を表敬訪問したほか、同市で開催されている春香祭や春香伝の舞台となった廣寒楼を見学した。ソウルでは韓国国立オペラ団の団長を表敬訪問した後、梨花女子大学校音楽大学で作曲科の授業の一環として二〇〇名の学生を対象に交流演奏を行い、高木自ら《水色のワルツ》のピアノ独奏を披露した。

高木は歌劇《春香》の第一作を作曲する前に、朝鮮へ音楽の取材旅行に出かけたことを記憶し、復活上演を前に当時を回想し追体験しようとしたのであった。

戦後の混乱期であった一九四八年の初演時とは状況が異なるのは言うまでもないが、五三年ぶりの復活上演は、練習はもとより各種準備や報道に至るまで、時間をかけ入念な準備がなされていたといえる。

三　上演の実際と作品の再評価

二〇〇二年四月一九日、二〇日の上演当日、神奈川県民ホールは両日とも満席であった。カーテンコールでは九八歳の高木が車椅子に乗ってステージに登場し、会場をさらに沸かせた。

四月二一日の公演については、音楽評論家・小山晃の批評が『音楽の友』二〇〇二年六月号に掲載されている。

……再演は日韓文化交流公演ともなり、スタッフ、キャストは両国の協力で推進されたのである。配役は春香《チュニャン》・腰越満美、夢龍《モンヨン》・崔相虎《チェサンホ》、使道《サド》・直野資、月梅《ウォルメ》・秋葉京子、房子《バンチャ》・末吉利行、許奉爭《ヒョホンザ》・高橋啓三など、歌い手はテノール以外日本勢が占めたが、振付・金梅子《キムメジャ》、踊り子・ソウル創舞会などは韓国からの参加だった。高木東六の音楽は、他の作品でもしれるように平明で親しみ易く、春香や恋人夢龍のアリアも非常に馴染みよい旋律でつづられたもの。当然日本語上演だったが、テノール崔は充分消化し、夢龍の造形も適確。近頃進境著しい腰越もたおやかながら意志的な春香を造形した。憎まれ役使道はいわばスカルピア的悪役で、こうした役を歌ったら直野は抜群である。美術は象徴的でシンプルだったが照明と共に情景情況を造作し、荒井間佐登演出は愛の尊厳を強く訴えた。指揮・本名徹次。

（小山二〇〇二、二二六頁）

『音楽現代』二〇〇二年六月号には、「カラーアート口絵」として、木之下晃によるカラー写真付の記事が二頁にわたたって掲載された。

高木のメロディックな曲想は耳障りがよく、アリアなど実に美しい。しかし残念ながら日本語として聞き取れない所が多いのは、日本人歌手の発声にも問題があるように散見。また合唱の人数があまりにも多く、舞台を広げている為にバランスを壊して、肝心の主役が歌う場面には隙間が生じ、凝縮度が薄れて散漫になってしまったのが残念だった。しかし、公演そのものは合唱団のエネルギーと、実力派のソリストの好演で成功だったと言える。

（木之下二〇〇二）

同じく同誌には作曲家の小林秀雄による特別寄稿「高木東六氏とオペラ『春香』」が掲載されている。

韓国より一〇〇名近いスタッフの来日・共演を得、韓・日両国の熱い友好の思いと、高齢の作曲者への深い畏敬とをこめた名唱、熱演が展開され、神奈川県民ホールを揺がす大拍手となり大成功を収めた。……スコアを詳細に拝読した所感を申し述べたい。各場、各幕の中で、またそれらを越えて全曲を統一する高木氏の、緊密、堅固な音楽的構成力は見事の一語に尽きる。若い作曲学生諸君や、これからオペラの創作を目指す人々のためにも、私はかなり具体的に、高木氏が駆使されたオペラにおける作曲技法や構成の仕組みを、プログラムに記した次第である。（小林二〇〇二b）

小林は、当日販売されたプログラム冊子において作品解説を執筆した。日本の作曲界の重鎮でもある小林が、作曲家の立場から作品を再評価している。前後したが、作品の全体像や特徴を把握する上も有効な解説であり、とりわけ朝鮮半島の音楽的素材の扱いに関する言及があることから引用する。

各幕、各場の冒頭にオーケストラで奏せられる導入的序奏部のメロディー、リズム、モティーフ等々の幾つかは、（第一幕の「端午の祭」のそれのように）各幕、各場内は勿論、それらを越えて全曲を貫き緊密に構築され、アリアも重唱も合唱も語る部分も、すべてはそれらに乗って進行する。朝鮮半島の代表的民謡「アリラン」「トラジ」は、春香その他のテーマや各場面の動機として全曲を統一する。アリア、重唱は第二幕・第一場の月梅、春香、夢龍。第三幕・第一場の春香や房子などが美しく印象深く、とくにその第二場以後終幕までは主役の「愛の二重唱」や、作曲者が力を込めて書かれた多重唱が堪能できる。第四幕冒頭の力強いメロディーと躍動的な太鼓のリズムは、初め別々に提示され、のちに重なり、そのまま合唱の主題や伴奏となる。なお第二幕第二場の序奏開始直後に現れるスタッカートの下降楽句は一〇秒にも満たぬ短いフレーズながら、この場以後、春香が幸・不幸ともに重大な状況に遭遇する都度奏される重要なモティーフであり、歌のメロディーとしても、またオーケストラによる場面転換の〝つなぎ〟や誘導楽句としても多用される。全曲を概観すると、主要楽想は朝鮮半島の民謡に多い三拍子を基調とし、メロディーや和声には五音音階や長短音階の混用が駆使され、技法・精神両面における東西文化の豊饒な結合となっている。以上、主として作曲のアングルから申し述べた次第である。（小林二〇〇二a）

四　終結部改変の再考と補作曲

高木は上演前に新聞各社の取材で「何しろ若いころに作曲したオペラなので、記憶が鮮明でなく、不満もあると思う。今からハラハラ、ドキドキしている」と話した（『産経新聞』二〇〇一年三月一四日、神奈川県版、朝刊）。初演時に物議を醸した、春香が死ぬという終結部の改変については、高木の意向により「春香伝」オリジナルのストーリーに戻された。すなわち、牢刑と拷問で体力的にも精神的にも消耗し、死の一歩手前にあった春香が、夢龍の救出によって再び生きる力を取り戻し、二人で永遠の愛を誓い合う、というハッピーエンドに戻すという作業である。ただ、さすがに九八歳の高木がフルスコアを含めて改作することは体力的にも無理であった。そこで、補作曲は作曲家の奥慶一に依頼された。これについては指揮の本名徹次がプログラム冊子に次のように書いている。

今回の再演では、原作「春香伝」に基づき、東六先生のご意志を経て、悲劇的結末からハッピーエンドに戻すべく、作曲家・奥慶一氏に補筆完成作業（四幕終結部）において御助力いただいた。深い感謝の意をこの場をお借りして表したい。過日、実に今年で九八歳になられる東六先生がリハーサル会場を訪れた。「先生、聴いてください！　これでいいのでしょうか？」この時、僕達は一つの歴史的瞬間を体験しているようだっ

た。（本名二〇〇二）

また、演出の荒井間佐登はプログラム冊子で次のように述べている。

故村山知義先生が著された初演台本のメッセージ、即ち、横暴な権力者の犠牲となる善良なる市民の無念さと愛の尊厳の表出を肝に銘じつつ、新たなる国際交流を考慮に入れ、お二人の作品を最大限損なうことなく、原典に則した改訂をさせていただきました。各方面の深きご理解を御願い申し上げます。（荒井二〇〇二）

高木の記憶には、五三年前に服部龍太郎に促されて悲劇の終結部に改変したことが、とげのように残っていた。また、上演推進協議会において、日韓の交流と協働をコンセプトにしたことも、原作を重んじる方向にシフトさせたといえる。

五三年ぶりの復活上演は、上演推進協議会を中心に高木を含めた関係者が、初演の考証を入念に行い、予算確保や組織体制の整備、スケジュール管理などにおいて、終始、手堅い運営を徹底し成功に導いたといえよう。収支も、入場料収入と行政・各種団体からの助成金や協賛金、上演推進協議会の会費等で赤字になることなく終えた。

五　歌劇《春香》のその後

1　地方に広がる上演の輪

その後、歌劇《春香》は、規模の大小や上演の形式をフレキシブルに変化、適応しながら、上演を重ねられている。横浜市では復活上演が行われた二〇〇二年以降、毎年、コンサート形式で抜粋が演奏されている。

二〇〇七年には鳥取市で抜粋による舞台形式の上演が行われた。鳥取大学地域学部芸術文化センターの教員と同センターで学ぶ大学院生、学部生が中心となって「鳥取オペラ・ルネサンス 先人たちの音楽物語」という舞台作品を企画制作し、その一環として上演された。この企画は、鳥取県が公募した第五回鳥取県総合芸術文化祭「県民企画アートチャレンジ事業」に応募し採択されたものである。

特筆すべきは、大学院生・学部生という若い世代が着想し、自ら企画制作に携わり上演に至った点である。当時大学院生として作曲を学び、鳥取オペラ・ルネサンス実行委員長、アートマネージャーとしてこの企画を取りまとめた中村奈保は次のようにいう。

「様々な分野で芸術に携わっている同世代の人と鳥取県から芸術活動の発信をしていきたい」という思いが常にありました。そのためのいい題材がないかと探していた時に、ラジオから「昨年亡くなられた鳥取県出身の作曲家・高木東六作曲の『水色のワルツ』をお聞かせしましょう」という言葉が、私の耳に突然舞い込んできました。鳥取県出身である私は、恥ずかしながら、高木東六さんの存在をこの時初めて知り、何故かおもしろいことが出来そうだと安易な期待を胸に抱きました。

（中村二〇〇七）

また、指導や支援を行った鳥取大学地域学部附属芸術文化センター長（当時）の新倉健は、プログラム冊子のなかで、この上演の意義を次のようにまとめている、

高木東六と杉谷代水(5)という鳥取県が生んだ先人の創造したオペラを題材として、地域に固有の貴重な文化遺産である二人の芸術家を顕彰し、その作品を鳥取県民の手によって再発信しようとするこの試みが、ご来場のみなさまの〝心の豊かさ〟につながることが出来ますことを切に願っております。（新倉二〇〇七）

新倉は、地域にゆかりのある音楽家の作品という視点を、歌劇《春香》を選んだ意義に挙げている。さらに、この上演は在日本大韓民国民団鳥取県地方本部が後援した。同本部の団長（当時）の薛幸夫《ソル・ヘンブ》もプログラム冊子に寄稿し「在日の先輩達の尽力の様子から、高木の『春香』が半島、列島そして西洋近代、東アジアのコラボレーションの結実であること窺い知る」と書いている（薛幸夫二〇〇七）。また、韓国所作指導として韓国からの留学生に演技の助言を求めた。ここでも日本と韓国のコラボレーションを試みようとする姿勢が伏流している。

上演の際には、二〇〇二年の横浜での復活上演で用いられた衣装や楽譜が横浜の実行委員会から貸し出されるなど、高木、そして歌劇《春香》を通じた各地域のつながりも醸成されている。

二〇一一年には同じく鳥取県米子市で、米子市音楽祭の一環として、歌劇《春香》の抜粋がコンサート形式で上演された。高木の没後五年の節目に、米子市出身の高木を地域にゆかりのある音楽家として顕彰するとともに、その音楽作品を次代に継承していくという意図によるものであった。合唱には地元の米子北斗高等学校音楽部も参加するなど、若い世代の活躍が光った。

二〇一三年にはやはり高木に縁の深い長野県伊那市で上演されている。高木は伊那での疎開中に歌劇《春香》第二作を依頼され、作曲を行った。

さらに、二〇一四年七月には一二年ぶりに再び横浜で、「東アジア文化都市二〇一四横浜」の一環として上演された。

いずれの公演も、市民参加型のオペラとして企画、上演されている。二〇〇二年の復活上演における有形、無形の産物が各地域に受け継がれるとともに、それぞれの地域の特色や事情に応じて、柔軟にかたちを変えながら上演が重ねられている。

2　初演時のオリジナル版の再演も——二〇一二年伊那市での上演——

二〇一二年六月に長野県伊那市の伊那文化会館大ホールで歌劇《春香》が上演された。伊那市では伊那市生涯学習センターが中心となって、毎年「手づくりの演奏会」というシリーズを行っている。二〇一二年度は第九回として歌劇《春香》が取り上げられた。

「手づくりの」というコンセプトを第一義に、地元の市民オーケストラである伊那フィルハーモニー交響楽団をはじめ、伊那市や長野県出身者あるいは在住者によるキャスト、スタッフで固めた。この上演では、二〇〇二年の横浜での上演と異なり、一九四八年の初演時の版を用いた。つまり、終結部で春香が死ぬ、高木のオリジナル版を採用した。

これについて上演を取りまとめた実行委員会事務局長の北沢理光は「高木東六先生が、ここ伊那で作曲し完成された歌劇《春香》であることを第一に、悲劇であろうが高木先生オリジナルにこだわりました」という。さらに「手づくりの演奏会」という定例化した事業であり、地元で日常的に音楽活動を行う団体や市民による活動であることから、この上演に際し、特に韓国あるいは在日韓国・朝鮮人との交流を大きく掲げてはいないという。伊那での上演では、一九四六年から四七年にかけて作曲に取り組んだ、当時の高木の作曲の方針にこそ、重きを置いたのである。しかし、伊那においても、オペラ《春香》実行委員会は一四名で上演前に韓国の南原市を訪れ、同市職員と面会したり、パンソリ「春香伝」を聴いたり、風俗考証の資料収集を行ったりするなど、交流や調査を行っている。(6)

高木が朝鮮の音楽に興味をもち始めてから八〇年が経つ。高木による音楽を通した朝鮮の表象とその具体的な展開である歌劇《春香》は、空白の半世紀を埋めるように再び現代によみがえった。そして、各地の市民の力とそれぞれの上演のコンセプトに沿って二一世紀に生き続けている。

注

(1)「オペラ『春香』高木東六、高木緑」『有鄰』第四一三号、二〇〇二年四月一〇日、一頁。
(2)本章では全編の上演という視点から、二〇〇二年四月一九日、二〇日の横浜における上演を「五三年ぶりの復活上演」と位置付けている。
(3)『朝日新聞』二〇〇〇年一二月一三日付。
(4)本節の内容は、オペラ「春香」上演推進協議会が二〇〇一年二月から二〇〇一年八月まで四回にわたって発行した同協議会の「会報」第一号—第四号ほか、同協議会作成の資料の情報に基づく。
(5)杉谷代水(一八八七—一九一五)は鳥取県出身の文学者。唱歌の作詞、翻訳、脚本など幅広く手がけた。鳥取オペラルネサンスでは、杉谷代水台本、東儀鐵笛作曲の歌劇《熊野》の一部も演奏、紹介された。

（6）田中真郎「春香伝のふるさと南原を訪ねて（上）」『長野日報』二〇一二年五月二三日。
同「春香伝のふるさと南原を訪ねて（下）」『長野日報』二〇一二年五月二四日。

終章　日本人の韓国・朝鮮表象と音楽
――過去・現在・未来――

一　各章のまとめ

本書では、一九一〇年から一九四五年までの植民地期朝鮮とその前後の時期を中心に、音楽をめぐる日本人の韓国・朝鮮表象が、どのように具体的な音楽教育活動や音楽教育政策といった実践に展開されてきたかを考察してきた。

第一章では、エッケルトを糸口に、一九〇〇年代から一九一〇年代にかけての日本と旧韓国・朝鮮の関係史を概観した。エッケルトが旧韓国赴任前に日本で行なった音楽活動に言及した上で、旧韓国赴任後のエッケルトに対する日本側の評価について検討した。韓国併合を前後して日本は朝鮮への政治的、軍事的圧力を強め、音楽教育においても関与するようになった。旧韓国でのエッケルトにも日本人は関心を持ち続けた。エッケルトは日本人が旧韓国・朝鮮の音楽事情を知る上での数少ない窓口でもあった。エッケルトが亡くなると、『京城日報』はエッケルトと日本との結びつきが強調し、エッケルトを《君が代》の作曲者、そして世界的な天才音楽家として祭り上げた。日本人が自ら輸入したばかりの西洋音楽と、西洋音楽を基盤として形成した日本の新しい音楽を朝鮮に持ち込み、影響力を行使するには、エッケルトの権威が必要だった。

第二章では、一九二〇年から一九二八年にかけて開催された柳宗悦・兼子夫妻の朝鮮渡航音楽会を、日本人が朝鮮に対して、本格的に音楽の関与を始める重要な契機と位置づけ、その実態と影響について考察した。柳宗悦の西洋音楽への強い関心は、早くから音楽会の企画、開催で具体化されていた。三・一独立運動が起きると、柳宗悦は日本の植民地統治を批判し、朝鮮人への償いと思慕の表明として、翌年朝鮮で柳兼子のアルト独唱による音楽会を開催した。日本人による朝鮮への音楽の伝播は、これまで軍楽隊や唱歌教育が中心であったが、柳夫妻の朝鮮渡航音楽会によって、「音楽会」という方法が加わった。同時に柳夫妻の音楽会は、欧米人に代わり、日本人が朝鮮に本格的な西洋音楽をもたらす嚆矢となった。柳夫妻をきっかけに続々と日本人音楽家が朝鮮を訪れるようになった。柳夫妻の朝鮮渡航音楽会は、西洋音楽を通した日本人の積極的な関与をもたらした点で、近代朝鮮に与えた影響は大きかった。

第三章では、一九二〇年代の「文化政治」における朝鮮総督府の音楽奨励策について、政務総監・水野錬太郎と朝鮮在住の音楽家・石川義一の二人の言説から、その実相を把握することを試みた。三・一独立運動後、新しい植民地統治方針として標榜された「文化政治」では、朝鮮人に対する同化政策や懐柔政策が行なわれた。水野の主導により、音楽が奨励され官立音楽学校設置も構想されたが、その意図は朝鮮人の政治的関心をそらすためであった。結局、予算上の問題で実現しなかったが、音楽奨励策が模索されたのは、朝鮮人の音楽性を高く評価する日本人の朝鮮表象を、水野自身が認識していたからであった。石川義一は音楽家の立場から、朝鮮人の音楽性を高く評価し、音楽奨励策のシンボルとして官立音楽学校の設置を提唱した。また、石川は李王職雅楽部で朝鮮の雅楽を五線譜に採譜する作業に取り組んだ。この作業の背景には、朝鮮総督府による「朝鮮の古来の音楽」保護の姿勢があった。官立音楽学校設置が見送られると、第二案として「朝鮮古来の音楽」の保護に重点を置く方針が示された。朝鮮総督府による「文化政治」の音楽奨励策は、官立音楽学校設置構想を掲げるとともに、「内鮮融和」のために、朝鮮古来の音楽にも視線をむけていた。

第四章では、『京城日報』の音楽関連事業と報道について検討した。「文化政治」の音楽奨励策は、朝鮮総督府の機関新聞『京城日報』が音楽関連事業を代行するかたちで展開した。一九二〇年五月の柳夫妻の朝鮮渡航音楽会を『京城日報』は「朝鮮人を教化するもの」とし、在朝日本人むけに好意的な報道を続けた。当初、柳夫妻は朝鮮総督府および『京城日報』と距離を置いていたが、「文化政治」の流れに抗することは難しくなっていった。『京城日報』は柳兼子の童謡唱歌音楽会を企画し、日本の童謡運動に相乗りするかたちで、朝鮮での童謡の普及に力を入れた。野口雨情、本居長世ら日本の童謡運動の推進者も、朝鮮での童謡の普及を模索していた。一九二四年頃から、「文化政治」における音楽の奨励は、さらに盛り上がった。「文化政治」の音楽奨励策は、日本と切り離されたものではなく、日本の音楽界と密接に結びついていた。日本の音楽界における新しい試みや動きを、日本以外の場所で試そうとする時、朝鮮は日本人音楽家にとって、格好のフィールドだった。

第五章では「文化政治」期における音楽教育として、朝鮮における五十嵐悌三郎の音楽教育活動を中心に検討した。五十嵐は山形県師範学校教諭から京城女子高等普通学校教諭に転じた後、京城師範学校教諭となった。朝鮮で日本式の唱歌教育の定着をめざすとともに、楽典やソルフェージュなど基礎的な力を重視する音楽教育を実践し、朝鮮の音楽教育水準の底上げを図ろうとした。五十嵐は朝鮮人の高い音楽性を評価する日本人の通説については、否定的な立場をとった。五十嵐だけでなく、在朝日本人音楽教師に共通してみられる、このような朝鮮表象は、日本の唱歌教育を導入し定着させることを責務とした日本人教師特有のものであった。五十嵐らは、「文化政治」を背景に、西洋音楽を基盤とした日本の音楽教育を朝鮮に持ち込む最前線にいたのである。ただし、五十嵐は出講した李王職雅楽部では、朝鮮の雅楽を五線譜に採譜する作業には消極的で、朝鮮の伝統音楽をむやみに西洋音楽の規範に当てはめることには反対だった。この態度と西洋音楽の指導の巧みさは、李王職雅楽部の楽師からは高く評価されていた。

第六章では、第三章で言及した官立音楽学校設置構想のその後を追った。構想は断続的に模索され、一九三〇年代後半から、再び具体的に計画されたが挫折した。一九三七年に塩原時三郎が朝鮮総督府学務局長になると、動きは一気に加速した。塩原は、皇民化政策を推進し、教育政策の一環として音楽教育を重視した。構想の内容は、主に西洋音楽を扱い男女共学で中等音楽教員の養成も視野に入れたものであった。日本人主導で進められた官立音楽学校設置構想に対し、朝鮮人音楽家の動きは鈍く冷ややかだった。朝鮮人音楽家たちは、構想が頓挫した後に「朝鮮音楽学校設置論」と称し、新たな設置要求運動を展開した。その内容は、音楽専門教育を志向し、西洋音楽科と朝鮮音楽科の併設を求めるものであった。そこでは、朝鮮総督府が描いた音楽学校像と、朝鮮人音楽家が描いた音楽学校像の齟齬が浮きぼりとなった。朝鮮総督府主導の官立音楽学校設置構想は、日本人から朝鮮人に対して示される一方通行的なものであった。明文化されることなく、終始、主導した政治家、官僚、日本人音楽家、メディアによる断片的な情報として示されるだけであった。

第七章では、考察のフィールドを日本に移し、朝鮮を題材に作曲活動を行った高木東六と、高木が戦前・戦中・戦後にかけて作曲し上演へと至った歌劇《春香》について検討した。パリでピアノと作曲を学んだ高木は、朝鮮への演奏旅行を重ねるなかで朝鮮の音楽に興味をもった。村山知義率いる新協劇団の「春香伝」から、歌劇作曲の着想を得て、歌劇《春香》の作曲に取りかかった。また、朝鮮人舞踊家の趙澤元からの委嘱で、朝鮮を題材とした舞踊作品《鶴》を作曲したほか、管弦楽作品《朝鮮幻想》を新京音楽院懸賞楽曲に応募し第一位を得た。これらは高く評価され、一躍、作曲家としての地位を確立した。しかし、戦時下にあって歌劇《春香》の上演の見通しは立たず、初演に至らないまま戦禍で楽譜を焼失した。戦後、在日本朝鮮人連盟から新たに歌劇《春香》の作曲を依頼された。これは、同連盟が戦後の在日朝鮮人の民族教育に関わる芸術文化活動として計画したもので、戦前に朝鮮をテーマに作曲していた高木に白羽の矢が立った。そして、一九四八年一一月に初演が実現し、戦後初の邦人作曲による規模の大きな歌劇となった。戦後まもない混乱期にあって、さまざまな不安要素を抱えつつも、日本人と在日朝鮮人の協働によって上演にこぎ着け成功を収めた。高木は、朝鮮の音楽を自らの作曲活動に取り込んで展開し、成功を収めた日本人としては唯一無二の存在だったといえる。

二　背反する二つの表象と展開

序章で示したティモシー・ライスの民族音楽学研究のモデルに立ち返っておきたい。このモデルは「個人の創作と経験」「社会的維持」「歴史的構築」がそれぞれ双方向的に作用しあうトライアングルをかたちづくっていた。本書では、各章で考察の対象とした日本人個人が、音楽を通して形成した朝鮮表象を取り上げてきた。これはライスのいう「個人の創作と経験」に相当する。それらの表象は、朝鮮総督府や『京城日報』による「文化政治」の音楽奨励策のほか、日本人のさまざまな音楽的な関与、働きかけとして展開した。これらが「社会的維持」に相当する。さらに、「社会的維持」の蓄積が、日本と韓国・朝鮮との音楽教育関係史をかたちづくっていった。

これが「歴史的構築」につながる。ライスのモデルは、「個人の創作と経験」「社会的維持」「歴史的構築」が、それぞれ二極間の関係を作り、相互に、そして可逆的に影響しあうものであった。それがさらに個人の朝鮮表象の形成や活動を促したともいえる。本書では、そのことをさまざまな事例から実証してきた。

その結果、背反する二つの表象、すなわち肯定的な表象と否定的な表象の二つを導き出した。

第一章では、藤野奏風、田村虎蔵、宮城道雄の言説を取り上げた。一九一〇年を前後し、藤野奏風は「或人の説に韓国にては何一つ日本に優るもの無きも唯一の楽隊のみは日本に優れり」（藤野一九〇八、一六頁）と、田村虎蔵は「由来朝鮮国民は、其頭脳は数理に適せずと伝ふるも技芸殊に音楽に勘能なる国民なりとは、吾人屢々之を耳にせる所なり」（田村一九一二、一一頁）とそれぞれ述べた。宮城道雄は「朝鮮人は割合音楽の素質を持っている……朝鮮人には、調子外れの人が殆どない」（宮城一九三六／二〇〇一、一一九─一二二頁）と回想した。一九一〇年頃には、日本人の間で、朝鮮人の音楽性への高い評価が通説になっていたことが明らかになった。一方で、宮城による「日本の人は朝鮮の音楽を亡国の徴があるというけれど、私は決してそんなことはないと思っている」という言説からは、「亡国」という表現で、音楽に植民地の負のイメージを投影した、否定的な表象があったことも明らかになった（宮城一九三六／二〇〇一、一二二頁）。いずれにしても、日本人のなかで、朝鮮と音楽を結びつける図式は、植民地期の早い段階で形成されていた。藤野も田村による表象は、エッケルトを媒介としていた。藤野はエッケルトが指揮する実際の響きを聴きそのように判断した。一方、田村は朝鮮人の音楽性に対するエッケルトの評価に従ってそのように判断した。また、宮城道雄もエッケルトが指揮する李王職洋楽隊の公開演奏を聴いて、自身の作曲の構想を練っていた。肯定的な表象にはエッケルトの影響が大きかったといえる。

第二章では、柳宗悦・兼子の言説にふれた。柳宗悦は「吾々は朝鮮の人々が芸術的感性に優れてゐることをその歴史によつて知つてゐます」（柳一九二〇a／一九八一、一七二―一七三頁）といい、柳兼子も「朝鮮の人達は音楽が随分好きだと聞いてゐる」（『京城日報』一九二〇年二月三日）と語った。こうした柳夫妻の朝鮮表象が、朝鮮人に対する思慕の表明の形として、朝鮮渡航音楽会を開催する理由にもなった。

第三章では、水野錬太郎と石川義一の言説にふれた。水野は「朝鮮人は昔から音楽、絵画、彫刻方面に民族的に相当特長がある」と述べていた（友邦協会一九八四、五六頁）。石川は「音楽を味ふと云ふ点から云へば内地人よりも朝鮮人の方がズツト上であると思ひます」（石川一九二一g）と述べた。水野と石川による肯定的な表象は、「文化政治」における音楽の奨励を支える背景となった。

第四章では、山縣生が、京城を「此京城の如き常に『鄭声の雅楽を乱る』地」と述べていたことにふれた（『京城日報』一九二〇年五月九日）。一方、童謡運動を朝鮮でも展開した野口雨情は「朝鮮に来て驚いたのは内地で想像してゐたより以上に文化の進んでゐることでした」と述べた（『京城日報』一九二四年四月二〇日）。

第五章では、朝鮮で音楽教育に携わった日本人教師による言説にふれた。五十嵐悌三郎は「朝鮮の人は音楽的素質が豊富であると多くの人々に教へられたものです。ところが実際その教養にあたつて見ますと……話者の言のあまり真実でない事を悟りました」と述べた（五十嵐一九二五、五九頁）。小形勝は「児童の病的（音楽上）傾向」として「哀調的旋律を好む傾きがある」を挙げた（小形一九二五、六一頁）。日本人音楽教師には、朝鮮人の音楽性を否定的にとらえる傾向があった。そのために、日本人音楽教師は、日本の唱歌や西洋音楽の指導に一層、力を入れたのであった。ここでは、日本人による朝鮮表象として「哀調を帯びた」という表現を用いていたことも明らかにした。

第六章では、塩原時三郎による言説にふれた。塩原も「孔子も『鄭声の雅楽の乱るを悪む』と言はれた位で其国の興るや、楽先づ正しくなり其の国乱れむとするや、音楽先づ低級猥雑となるは争ふ可からざる事実であります」と論語を引用した（塩原一九三八、一三―一四頁）。塩原は、朝鮮人の音楽性や朝鮮の音楽的風土を否定的にとらえていた。そして、皇民化政策の一環として、音楽教育を重視すべきという方針を打ち出すに至った。

第七章で取り上げた高木東六は、朝鮮の音楽について「朝鮮の民族性や雰囲気は多少なりとも知っていたつもりのぼくも、実際改めて取材してみると、大いなる感動を呼び起こされてしまった」「もともとぼくには、朝鮮の古謡とか、民謡を主題にした管弦楽だけでも五、六曲はあったし、興味からいっても、性格的なことからいっても、大変扱いやすい音楽であった」と述べた（高木一九八五、二四九頁）。そして、高木は自身の音楽作品のなかで朝鮮を表象したのであった。

そのような通説や図式の形成に何が影響を与えたか、すなわち日本人がいつ、どこで、どのようにして朝鮮人の音楽性について体験し情報を得たか、ということは、個人の経験に基づくもので多様である。石川義一や五十嵐悌三郎のように、実際に朝鮮に在住し、生活した経験から語る場合もあれば、田村虎蔵や柳宗悦・兼子夫妻のように、情報として聞き及んだ場合もある。音楽をめぐる日本人の朝鮮表象のうち、本論文で取り上げることができたものはわずかである。これらの表象を網羅し、分析するならば、より精緻に表象のモデルを示すことが可能となるはずである。今後の課題としたい。

そして、二つの背反する表象がどのように展開されたのか。音楽家、音楽教師はもとより、本書で取り上げた政治家、官僚、メディアなどは、いずれも音楽や音楽教育に高い関心をもっていた。肯定的な表象であれ、否定的な表象であれ、多くの場合、植民地期朝鮮では植民地統治に資するという支配側の論理において、音楽奨励策や音楽学校設置構想といった具体的な音楽教育の実践が展開された。

芸術文化政策について考察する時の示唆として、徳丸吉彦は「音楽があれば音楽論があるのは当然である。しかし、文化によっては、その音楽論を明文化せずに、伝承者が身体で表現する方を好むことがある。これを私は『見えない理論』（徳丸一九九六、七五頁）と呼んだが、多くの文化に関して『見えない芸術論』を、とりわけ、『見えない芸術文化政策論』を探すのが、今後の課題になるだろう」と述べている（徳丸・利光二〇〇二、二一頁）。朝鮮総督府主導の音楽奨励策や音楽学校設置構想は、まさに徳丸のいう「見えない芸術文化政策論」であった。植民地期朝鮮では、治安対策や経済政策、教育政策が上位的な政策であり、芸術の奨励は下位的な政策であった。しかし、そのなかでも「鮮展」のように、美術ではその奨励が具体的なかたちで明確に示され、実践されたものもあった。一方、音楽の奨励策はとらえどころのない不可視的な側面をもちつつ、植民地期の朝鮮社会に、網の目のように浸透していった。

三　再生産される韓国・朝鮮の表象と展開

一九六〇年一一月〜一二月に韓国学生文化使節団の一員として来日した一二歳の鄭京和は、翌年、ニューヨークのジュリアード音楽院に留学した。世界各地から集まった才能がしのぎを削る同音楽院で、バイオリンの厳しい修練を重ね、着実な成長を遂げた。一九歳になった一九六七年には、カーネギーホールで開催されたレーヴェントリットコンクールに出場し優勝をはたした。一九七〇年、ロンドンでのデビューで大成功をおさめ、以後五〇年にわたって世界の第一線で演奏活動を展開している。母国・韓国では国民勲章を受けるなど、同国の誇る世界的音楽家の代名詞であり続けている。

一九七一年、欧米で時代の寵児となった鄭京和は、アンドレ・プレヴィン指揮ロンドン交響楽団のソリストとして来日した。一九六〇年の初来日から一一年が経っていた。「東洋の新進に大した期待もかけずに会場に足を運んだ」という音楽評論家の岩井宏之は「東洋の他の地域から有力なライバルが出現した形跡がなかったものだから、ことヴァイオリンに関して、われわれの耳目が東洋にそそがれることはなかったのが実状だが、チョンの出現がそれを変えるきっかけになるだろうことは疑いの余地がない(1)」と驚きを隠さなかった。

そして、鄭京和は一九八三年に一〇年ぶりの来日をはたす。当時三五歳で欧米ではまさに飛ぶ鳥を落とす勢いでキャリアを重ねていた。一九八〇年のエリザベート王妃国際コンクールではユーディ・メニューイン、ヘンリク・シェリングらの巨匠に並んで審査員を務め、一九八二年には英国サンデータイムズより「過去二〇年で最も活躍した器楽奏者」に選ばれた。

にもかかわらず、日本では七〇年代にもなかった差別的な対応が待っていた。来日前には、NHK交響楽団の理事が「『ドイツ音楽に異種のにおいを持ち込む』という意味の発言をして、N響との共演を断った」というニュースが報道された(2)。また「日本の一部には、彼女が韓国出身という理由だけで認めようとしない人がある(3)」、「隣の音楽家……日本ではあえて無視されている(4)」と写真週刊誌までが話題にした。総じて高く評価する批評が多い中、「韓国人」のエスニシティを強調した批評、そして音楽評論家だけではなく幅広い分野の文化人から鄭京和論が聞かれたことは、七〇年代と大きく異なる点であった。

作家のなかにし礼は鄭京和を「民族の血の意識にもえ、韓国人であることに自己のアイデンティティを持とうとしている演奏家」「キムチと焼肉を食べて世界を股にかけている音楽家」とし、「ドレスの色はもちろん『白衣の民族』を象徴する純白なのだが、両脚がO脚型《ガニマタ》に開いているとはっきりわかる身のちぢめ方をして猫背になってみたり……バイオリンを真横にかまえてふんぞり返り傲慢ともいえる顔に悲しみの表情をうかべる」と酷評した（なかにし一九八七、一三六頁）。一方、作曲家の間宮芳生は批評の中で「彼女の演奏の性格が、東洋人、それも韓国の出だからと説明されるのがぼくは好きじゃない」と書いた(5)。逆に読めば、それだけ「東洋人」「韓国人」が強調して語られていたのである。作家の井上ひさしは文芸雑誌『すばる』で、「この頃韓国からものすごいヴァイオリニストが出てるでしょう。それは韓国の方々が、いろいろな歴史的条件で、きつい目に遭ってるせいらしいんです。ヴァイオリンに感情がいちばん出るそうですね。その音色が一番、人の声に近いですから。それで、今、韓国のヴァイオリニストというのはすごい」とつかこうへいによるインタビューに答えている（井上一九八六、二六一頁）。当時、井上が鄭京和を指していたことは間違いない。

一九六一年二月に「韓国の音楽教育」を『音楽の友』に寄稿した牛山充は、一九六三年一一月に七九歳で世を去った。序章冒頭でふれた寄稿は、戦後、音楽教育に強い関心を示していた牛山による最晩年の文章のひとつとなった。韓国から訪れた当時一二歳の少女のその後と、日本での受容のありようを牛山は想像できただろうか。

本書で考察してきた音楽をめぐる日本人の韓国・朝鮮表象は決して過去のものではない。揺れ動く日韓関係のなかで、植民地期朝鮮や朝鮮半島の南北分断、朝鮮戦争をはじめ、韓国・朝鮮の激動の時代が日本人の記憶として投影され、音楽、音楽教育以外の分野からの多くの発信をも巻き込みながら、表象と展開が再生産されているのである。

四　日韓関係と音楽教育——不協和音から協和音へ——

一九六五年六月二二日、日本と韓国は「日本国と大韓民国との間の基本関係に関する条約」と関連協定を締結し、国交を正常化した。それから五〇年の節目にあたる二〇一五年の六月二二日には、日韓国交正常化五〇周年記念式典・レセプションが東京とソウルの二会場で同時に開催された。東京では駐日韓国大使館が主催し安倍晋三首相が出席した。ソウルでは駐韓日本大使館が主催し朴槿惠《パク・クネ》大統領が出席した。しかし、冷えきった日韓関係を象徴するように、両首脳の出席が直前まで危ぶまれていた。

今後の日韓関係をうらなう両首脳の一挙一動、一言一句に注目が集まったが、この記念行事で音楽に大きなウェイトが置かれていたことはあまり知られていない。日本ではほとんど報道されなかったが、韓国ではハンギョレ新聞や複数のインターネットニュースでその様子に言及する記事がみられた(6)。

東京の会場では、韓国の伽倻琴や杖鼓、日本の箏、三味線などそれぞれの国の伝統楽器の演奏が披露された。さらに、出席者はサントリーホールに移動して、韓国外交部主催による「韓日・日韓国交正常化50周年記念 スミ・ジョーガラコンサート」を鑑賞した。韓国出身の世界的なソプラノ歌手スミ・ジョー（曺秀美）のステージを中心として、日本のテノール歌手、杉並児童合唱団、ソウル市少年少女合唱団などが共演した。有名なオペラアリアのほか、日本の《花は咲く》や韓国の《景福宮打令》など、日韓の子どもたちによるそれぞれの歌で構成され、音楽による日韓の交流が前面に打ち出された企画であったという(7)。

一方、ソウルの会場では、冒頭でソウルの日本人学校の児童・生徒とソウル市少年少女合唱団が合唱を披露した。日本の唱歌《故郷》、韓国の童謡《故郷の春》、日本の童謡《おもちゃのチャチャチャ》、韓国の童謡《青い心白い心》、《together》がそれぞれ日本語と韓国語で歌われた。

日韓の政治・外交の最前線で、音楽は重要な役割を担っていた。緊張度の高いこの場において、主催者は音楽に着目し企画に取り込んだ。言い換えれば、この政治・外交の場面で両国政府は音楽を必要とし、場に最もふさわしいと考えられる音楽を選んだ。その過程では、日韓関係の動向を考慮しながら、取り上げるジャンルや演奏曲目、出演者、演出などについて相当な吟味がなされたに違いない。

そして、取り上げられたジャンルや曲目をみるとき、日韓両国における音楽教育の動態と交流を投影することができる。たとえば、ソウルの会場で子どもたちが合唱した五曲のなかには、一九九〇年代から二〇〇〇年代にかけて日本の音楽教科書に掲載された曲があった。韓国の童謡《故郷の春》《青い心 白い心》である。二〇〇二年の日韓共催によるサッカーワールドカップを契機に、日韓両国の子どもたちが共に歌える歌として作られた《together》もあった。(8) 日本の唱歌《故郷》も含まれていた。いずれも音楽教育に関わって、日韓の相互交流、協働の成果として広く歌われるようになった曲であった。

ソウルの会場の主催者であった駐韓日本大使館は、この合唱について「数年にわたり不協和音を出している両国関係を協力と和合に導こうという意味が込められていると説明した」という。(9) ぎくしゃくする日韓関係は「不協和音」、両国の協力と和合は「合唱」としてそれぞれ表象されている。これらの表象が今後どのように展開されていくのだろうか。

日韓音楽教育関係史研究は、過去・現在を問い直しつつ、未来の日韓関係に音楽教育がいかに主体的に関わっていくかを考察し、発信していく研究である。そして、日韓両国の関係が不協和音から協和音となるよう、能動的に理論と実践の往還を重ねていく研究でもある。本書では、一九六〇年から現在に至る期間の検討を積み残している。筆者のこれからの課題である。

注

(1)『音楽の友』一九七一年六月号。
(2)『朝日新聞』一九八三年七月三〇日（夕刊）。
(3)『音楽の友』一九八三年九月号。
(4)『フォーカス』一九八三年一〇月一八日号。
(5)『朝日新聞』一九八三年一一月九日（夕刊）。
(6) たとえば、ハンギョレ新聞（韓国）のインターネット版〝the hankyoreh Japan〟の記事「日本大使館では韓日の生徒が合唱、韓国大使館には日本の主要閣僚が集まる」（二〇一五年六月二二日配信、同二三日修正）。http://japan.hani.co.kr/arti/politics/21098.html（二〇一五年六月二三日にアクセス）。
(7)「２０１５年韓日・日韓国交正常化50周年記念 スミ・ジョー ガラコンサート」公演プログラム（駐日韓国大使館文化院提供）を参照した。
(8) 二〇〇二年のサッカーワールドカップの日韓共同開催を記念して日韓合作で作られた童謡である。歌詞の一番は韓国語、二番は日本語でそれぞれ韓国語歌詞は黄湨江、日本語歌詞は村田さち子、作曲は黄聖浩による。韓国芸術総合学校音楽院教授の閔庚燦が企画した。日韓の子どもたちで結成された童謡ユニットK&J Kidsのほか、日本のひばり合唱団、ひまわりキッズ、ソウル日本人学校、東京韓国学校、東京朝鮮第一初中級学校日本の児童が共同で歌いＣＤ化もされた。二〇〇二年三月には小泉純一郎首相（当時）の訪韓時のレセプションでも歌われて話題となった。以来広く日韓の子どもたちに愛唱されている。
(9) 同前掲（６）。

主要参考文献

凡例

1．日本語文献と韓国・朝鮮語文献は一括して著者の五十音順で並べる。韓国・朝鮮人著者名については韓国・朝鮮語の発音をカタカナで表記し、五十音順に並べる。著者名が韓国・朝鮮の機関、団体、企業名等であり、かつ漢字で表記されているものについては、漢字の日本語読みにしたがい、五十音順に並べる。同じ著者の場合は、出版・発行年順に並べる。

2．韓国・朝鮮語文献は、韓国・朝鮮語原題（ハングル表記を含む）を示し、続いて括弧内に日本語訳を記す。

3．新聞、雑誌の無署名記事については、新聞、雑誌名にそれぞれ分け、記事の題名または見出しをカギ括弧で示し、掲載年月日順に並べる。なお、韓国・朝鮮語による記事は、記事の題名または見出しの日本語訳を示し、続いて括弧内に韓国・朝鮮語による原題を記す。書名は二重カギ括弧に括り、続いて括弧内に韓国・朝鮮語による原題を記す。なお、ハングル表記については、印刷の不鮮明なものや現代の表記とは異なるもの、また誤りと思われるものも含まれるが、原則として原文のままとした。

日本語、韓国・朝鮮語文献

【あ】

相澤啓三
一九九五　『オペラの快楽〈新装版〉』東京：洋泉社

秋山邦晴
二〇〇三　『昭和の作曲家たち　太平洋戦争と音楽』林淑姫（編）東京：みすず書房

秋山龍英（編）・井上武士（監修）
一九六六『日本の洋楽百年史』東京：第一法規
荒井間佐登
二〇〇二「新世紀〝春香〟そして〝夢龍〟の誕生を」オペラ「春香」上演実行委員会（編）『オペラ「春香」プログラム』横浜：オペラ「春香」上演実行委員会、一六頁

【い】
李元淑（イ・ウォンスク）
一九九四『世界がおまえたちの舞台だ』（藤本敏和訳）、東京：中央公論社
李殷直（イ・ウンジク）
一九八九『朝鮮名人伝』東京：明石書店
李御寧（イ・オリョン）（編）
一九八八『コンパクト国別シリーズ②韓国』東京：セルネート出版
五十嵐悌三郎
一九二三ａ「唱歌教授私見其の一」『山形県教育』第三九五号（一九二三年四月号）二〇―二四頁
一九二三ｂ「唱歌教授私見其の二」『山形県教育』第三九六号（一九二三年五月号）二五―三二頁
一九二三ｃ「唱歌教授私見其の三」『山形県教育』第三九七号（一九二三年六月号）二二―二七頁
一九二五「音楽教育の効果」『文教の朝鮮』大正一四年一一月号、五七―六五頁
一九三五「心田開発の為に特に大声を以て歌唱の振興を提唱す」『文教の朝鮮』第一二〇号（一九三五年八月号）一三六―一四二頁
一九三八『洋楽の羈絆を脱せよ』東京：大日本国楽振興会創設事務所
一九三九「拘留した機関に提出したと思われる陳述書の下書」（一九三九年一一月二一日）五十嵐弘二・小林民男所

蔵・提供
不明『音楽の教育　歌曲集』京城：双葉音楽会
五十嵐悌三郎・閔東植（ミン・ドンシク）（編）
一九三八『景福中学校唱歌学習の栞』京城：朝鮮音楽研究会
五十嵐悌三郎・吉澤實・安藤芳亮
一九三七『新制音楽要義 附教授法原論』京城：朝鮮地方行政学会
五十嵐八重（編）
一九六四『五十嵐悌三郎遺曲集』山形：私家版（非売品）
李康淑・金春美・閔庚燦（이강숙・김춘미・민경찬、イ・ガンスク、キム・チュンミ、ミン・ギョンチャン）
二〇〇一『우리양악100년』（私たちの洋楽100年）、（한국문화예술총서5）（韓国文化芸術叢書5）ソウル：현암사（韓国語）
石井漠
一九五五『おどるばか』東京：産業経済新聞社
石川義一
一九二一a「音楽と時代思想（上）」『京城日報』一九二一年四月二〇日
一九二一b「音楽と時代思想（中）」『京城日報』一九二一年四月二一日
一九二一c「音楽과時代思想（上）」（音楽と時代思想（上））『毎日申報』一九二一年四月二一日（朝鮮語）
一九二一d「音楽と時代思想（下）」『京城日報』一九二一年四月二二日
一九二一e「音楽과時代思想（中）」（音楽と時代思想（中））『毎日申報』一九二一年四月二二日（朝鮮語）
一九二一f「音楽과時代思想（下）」（音楽と時代思想（下））『毎日申報』一九二一年四月二三日（朝鮮語）
一九二一g「鮮人教育と音楽（上）」『京城日報』一九二一年四月三〇日
一九二一h「朝鮮人教育과音楽（上）」（朝鮮人教育と音楽（上））『毎日申報』一九二一年四月三〇日（朝鮮語）

一九二一i「鮮人教育と音楽（中）」『京城日報』一九二一年五月一日
一九二一j「朝鮮人教育과音楽（下）」（朝鮮人教育と音楽（下））『毎日申報』一九二一年五月一日（朝鮮語）
一九二一k「鮮人教育と音楽（下）」『京城日報』一九二一年五月三日
一九二一l「社会教化は先づ音楽から」『朝鮮』一九二一年六月号、一九六―二〇七頁
一九二三a「朝鮮の冬と音楽」『朝鮮公論』一九二三年二月号、六五―六六頁
一九二三b「社会教化と民謡」『朝鮮』一九二三年一月号、八一―八五頁
一九二三「朝鮮音楽と山脈の曲線の関係」『朝鮮』一九二三年七月号、一三五―一三七頁
李知宣（イ・ジソン）
二〇〇六「李王職雅楽部の五線楽譜に関する研究」『お茶の水論集　徳丸吉彦先生古稀記念論文集』、一三三―一四六頁
石田一志
二〇〇五『モダニズム変奏曲――東アジアの近代音楽史――』東京：朔北社
李升學（이승학、イ・スンハク）
一九四一「基金五十萬円이先決問題」（基金五十万円が先決問題）『三千里』一九四一年四月号、六〇頁（朝鮮語）
伊藤亜人・大村益夫・梶村秀樹・武田幸男（監修）
一九九六『朝鮮を知る事典』（増補版）東京：平凡社
稲葉継雄
一九九四「水野錬太郎と朝鮮教育」『九州大学比較教育文化研究施設紀要』第四六号、四五―五九頁
一九九八「塩原時三郎研究――植民地朝鮮における皇民化教育の推進者――」『大学院教育学研究紀要』（九州大学大学院人間環境学研究科発達・社会システムコース）創刊号（通巻 第四四集）、一八五―二〇八頁
二〇〇五『旧韓国――朝鮮の「内地人」教育』福岡：九州大学出版会
井上ひさし

一九八六　「現代文学の無視できない10人シリーズ⑧井上ひさし」『すばる』一九八六年八月号、二五〇―二六九頁
李興烈（이홍렬、イ・フンリョル）
一九四一　「国民音楽と創造的人材」（国民音楽과創造的人材）『三千里』一九四一年四月号、五九頁（朝鮮語）
任東爀（イム・ドンヒョク）
一九四一　「コンクール入選作品の感想　管弦楽のための『四つの朝鮮風の小曲』」『音楽世界』第一三巻一二号（一九四〇年一二月）八四頁
李宥善（이유선、イ・ユソン）
一九八五　『増補版 韓国洋楽百年史』ソウル：音楽春秋社（韓国語）
李錬（イ・ヨン）
二〇〇二　『朝鮮言論統制史――日本統治下朝鮮の言論統制――』東京：信山社
二〇〇六　「朝鮮総督府の機関紙『京城日報』の創刊背景とその役割について」『メディア史研究』第二一号、八九―一〇四頁
岩野裕一
一九九九　『王道楽土の交響楽――満洲―知られざる音楽史――』東京：音楽之友社

【う】
植村幸生
一九九七　「植民地期朝鮮における宮廷音楽の調査をめぐって――田辺尚雄『朝鮮雅楽調査』の政治的文脈――」『朝鮮史研究会論文集』第三五号、一一七―一四四頁
二〇〇三　「朝鮮宮廷音楽の楽譜化にみる『近代の体験』」『韓国朝鮮の文化と社会』第二号、五九―八〇頁
ウォラック・ウエスト編著（大崎滋生・西原稔監訳）
一九九六　『オックスフォードオペラ大事典』東京：平凡社

牛山充
一九五三　「アメリカ合衆国における教育音楽」『実際家のための教育科学』一九五三年六月号、五八―六四頁
一九五三　「英国における教育音楽」『実際家のための教育科学』一九五三年一二月号、二二―二六頁
一九六一　「韓国の音楽教育――韓国音楽生文化使節によせて――」『音楽の友』一九六一年二月号、一〇三頁
幼方直吉
一九六一　「日本人の朝鮮観――柳宗悦を通して――」『思想』一九六一年一〇月号、六六―七七頁

【え】
エッカート、アンドレアス（Eckardt, Andreas）
一九二六　「日本に於ける独逸音楽の開拓者　Franz Eckertの思出」丸山藤一郎（訳）、小田切信夫（編）（一九三六）『国歌君が代講話　訂正再版』巻末付録、東京：共益商社書店、一九―三〇頁
遠藤喜美子
二〇〇二　『鳳仙花　評伝・洪蘭坡』東京：文芸社
遠藤宏
一九四八　『明治音楽史考』東京：有朋堂、復刻版一九九一、『音楽教育史文献・資料叢書第5巻』河口道朗（監修）、東京：大空社

【お】
大家重夫
一九九九　『改訂版ニッポン著作権物語――プラーゲ博士の摘発録――』神奈川：青山社
二〇〇三　『著作権を確立した人々第2版――福澤諭吉先生、水野錬太郎博士、プラーゲ博士…――』東京：成文堂
大月玄之

一九八九「お雇い外国人 フランツ・エッケルト」『三重大学教育学部研究紀要』第四〇巻、一九七―二〇七頁
大森盛太郎
一九八六『日本の洋楽1』東京：新門出版社
岡崎茂樹
一九四二『時代を創る男 塩原時三郎』東京：大澤築地書店
小形勝
一九二五「普通学校唱歌教授の苦い体験」『文教の朝鮮』一九二五年九月（創刊号）五九―六一頁
呉圭祥（オ・ギュサン）
二〇〇九『ドキュメント在日本朝鮮人連盟一九四五―一九四九』東京：岩波書店
小倉紀蔵
二〇〇五『韓流インパクト ルックコリアと日本の主体化』東京：講談社
二〇一〇『ハイブリッド化する日韓』東京：NTT出版
オ・ジソン（오지선、オ・ジソン）
二〇〇三『한국근대음악교육 ――조선총독부의음악교육정책을중심으로――』（『韓国近代音楽教育――朝鮮総督府の音楽教育政策を中心に――』）ソウル：예솔（イェソル）（韓国語）
小田切信夫（編）
一九三六『国歌君が代講話 訂正再版』東京：共益商社書店
呉天錫（オ・チョンソク）
一九七九『韓国近代教育史』（渡部学・阿部洋訳）東京：高麗書林
オペラ『春香』上演委員会（編）
二〇〇二『日韓交流文化公演オペラ「春香」』（プログラム冊子）横浜：オペラ『春香』上演委員会
音楽学研究会（음악학 연구회）

一九九八『音・樂・學・5――『매일신보』음악기사：1941〜1945――』（音・楽・学・5――『毎日申報』音楽記事：1941〜1945――）ソウル：민음사（民音社）（韓国語）

【か】

楽報社（編）、加藤長江・白井嶺南（監修）
一九二七『音楽年鑑 昭和3年版』東京：太平洋書房、一九九七、復刻版『近代日本音楽年鑑 昭和3年版・昭和4年版』松下鈞（監修）、東京：大空社
一九二九『昭和4年 内外音楽年鑑』東京：太平洋書房、一九九七、復刻版『近代日本音楽年鑑 昭和3年版・昭和4年版』松下鈞（監修）、東京：大空社

梶谷崇
二〇〇四「京城の音楽会――『朝鮮民族美術館設立後援 柳兼子音楽会』の諸相――」『日本近代文学』第七一集、一七―三三頁

梶山季之
一九五二「族譜」川村湊（編）『李朝残影』（講談社文庫底本、一九七八）（二〇〇二、東京：インパクト出版会）六―四七頁
一九六三「李朝残影」川村湊（編）『李朝残影』（講談社文庫底本、一九七八）、（二〇〇二、東京：インパクト出版会）四八―八九頁

糟谷憲一
一九九二「朝鮮総督府の文化政治」大江志乃夫他（編）『岩波講座 近代日本と植民地2 帝国統治の構造』東京：岩波書店、一二一―一四六頁

加藤長江・白井嶺南・平戸大（編）
一九二二『音楽年鑑 大正11年版』東京：竹中書店、一九九七、復刻版『近代日本音楽年鑑 大正11年版・12年版』松

下鈞（監修）、東京：大空社
河口道朗
一九八三「童謡運動における国際理解の視点」『小学校音楽教育講座第2巻 音楽教育の歴史』東京：音楽之友社、一〇六—一一三頁
川瀬貴也
二〇〇二「植民地期朝鮮における『心田開発運動』政策」『韓国朝鮮の文化と社会』第一号、一〇三—一二八頁
韓国音楽学学会（한국음악학학회）（編）
一九九九『音・樂・學・6——『매일신보』음악기사：1930〜1940——』（音・楽・学・6——『毎日申報』音楽記事：1930〜1940——）ソウル：세종출판사（世宗出版社）（韓国語）
韓国国立国楽院国楽研究室（한국국립국악원국악연구실）（編）
一九九一『李王職雅楽部와음악인들』（李王職雅楽部と音楽人たち）ソウル：국립국악원（国立国楽院）（韓国語）
韓国史事典編纂会・金容権（編著）
二〇〇六『朝鮮韓国近現代史事典第2版』東京：日本評論社

【き】
貴田忠衛
一九三六『朝鮮統治の回顧と批判』京城：朝鮮新聞社
喜多由浩
二〇一一a『北朝鮮に消えた歌声 永田絃次郎の生涯』東京：新潮社
二〇一一b『歴史に消えた唱歌』東京：NPO法人日本子守唄協会
木之下晃
二〇〇二「日韓文化交流公演 オペラ『春香』」『音楽現代』二〇〇二年六月号、四—五頁

金管（キム・クァン、김관）
一九三八「音楽教育」『毎日新報』一九三八年一一月九日（朝鮮語）
金志善（キム・ジソン）
二〇〇六「植民地時代に日本の音楽学校に留学した朝鮮人」（東京芸術大学大学院音楽研究科修士論文）
二〇一二『植民地朝鮮と日本の中等音楽教員をめぐる東京音楽学校卒業生の機能と役割――京城師範学校教諭の吉沢実の活動事例を中心に――』『植民地教育史研究年報』第一五号、一〇二―一二七頁
二〇一三『植民地朝鮮における唱歌・音楽教育政策とその実態』東京：富士ゼロックス小林節太郎記念基金
金希貞（キム・ヒジョン）
二〇〇三「朝鮮における柳宗悦受容――柳兼子の独唱会をめぐって――」金沢大学大学院社会環境科学研究科社会環境研究編集委員会（編）『社会環境研究』第八号、六一―七四頁
金惠信（キム・ヘシン）
二〇〇五『韓国近代美術研究――植民地期「朝鮮美術展覧会」にみる異文化支配と文化表象――』東京：ブリュッケ
金永吉（キム・ヨンギル）
一九四八a「『春香――上演に際して――』」『随筆 春香伝 附オペラ台本』（曹龍達編）、曹龍達（発行）六頁
一九四八b「夢龍としての感想」『歌劇《春香》』（公演プログラム）、歌劇《春香》上演後援会、四頁
金英植（김영식、キム・ヨンシク）（編）
二〇〇〇『言論人 巴人 金東煥研究――新聞記者・雑誌人――（第15巻）作詩歌曲研究』ソウル：新星出版社（韓国語）
金永煥（김영환、キム・ヨンファン）
一九四一「朝鮮雅楽科도設置」（「朝鮮雅楽科も設置」）『三千里』一九四一年四月号、五一―五三頁（朝鮮語）
木村英一他（訳）
一九七〇『論語・孟子・荀子・礼記　第3巻』（中国古典文学大系全60巻）東京：平凡社
木村誠他（編）

一九九五『朝鮮人物事典』東京：大和書房
姜信子（キョウ・ノブコ）
一九九八『日韓音楽ノート』東京：岩波書店
金田一春彦
一九八三『十五夜お月さん』東京：三省堂

【く】
国立音楽大学調査・校史編纂室（編）
一九九六『譜 時の調べにのせて（国立音楽大学の70年）』東京：国立音楽大学
邦正美
一九四八「春香の按舞」『歌劇《春香》』（公演プログラム）、歌劇《春香》上演後援会、五頁

【け】
京城新楽会
一九二六『音楽と教育』第一巻四号（大正一五年八月号）京城：京城新楽会

【こ】
小池静子
一九八九『柳兼子の生涯——歌に生きて——』東京：勁草書房
高仁淑（コ・インスク）
二〇〇一「朝鮮総督府『文化政治期』の唱歌教育政策」『飛梅論集』創刊号、一一五—一三二頁
二〇〇四『近代朝鮮の唱歌教育』福岡：九州大学出版会

香内三郎
一九九六「京城日報」伊藤亜人他（編）『朝鮮を知る事典』（増補版）東京：平凡社、一〇四頁
ゴチェフスキ、ヘルマン・李京粉（イ・キョンブン）
二〇一三「〈大韓帝国愛国歌〉に隠されていた韓国民謡の発見――フランツ・エッケルトが編曲した日韓の国歌再考――」『東洋音楽研究』第七八号、一―一九頁
ゴチェフスキ、ヘルマン・藤井浩基・李京粉・松尾梨沙・大角欣矢・佐藤嘉惟・酒井健太郎・塚原康子・金奎道（翻訳協力）・申旼正（翻訳協力）
二〇一六「フランツ・エッケルト没後一〇〇周年記念特別展　近代アジアの音楽指導者エッケルト――プロイセンの山奥から東京・ソウルへ――」企画展配付資料、全二二頁
小林秀雄
二〇〇二a「作品解説　高木東六先生のオペラ、そして人間と文化への愛」オペラ「春香」上演実行委員会（編）『オペラ「春香」プログラム』横浜：オペラ「春香」上演実行委員会、二四―二五頁
二〇〇二b「特別寄稿 高木東六氏とオペラ『春香』」『音楽現代』二〇〇二年六月号、一七四頁
小林康夫・松浦寿輝（編）
二〇〇〇『表象のディスクール①表象　構造と出来事』東京：東京大学出版会
駒込武
一九九六『植民地帝国日本の文化統合』東京：岩波書店
小松耕輔
一九五六『わが思い出の楽壇』東京：音楽之友社
小山晃
二〇〇二「オペラ《春香》」『音楽の友』二〇〇二年六月号、二二六頁

【さ】
佐野通夫
二〇〇六『日本植民地教育の展開と朝鮮民衆の対応』東京：社会評論社
【し】
塩原時三郎
一九三八「塩原学務局長訓示」『文教の朝鮮』一九三八年七月号、六—一四頁
渋川久子
一九八八「東京高等音楽学院史の研究（二）」『国立音楽大学研究紀要』第二三集、一九六—一六五頁
醇和会編
一九八七『京城師範学校史 大愛至醇』東京：醇和会
尚友倶楽部・西尾林太郎編
一九九九『水野錬太郎回想録・関係文書』東京：山川出版社
申鴻湜（シン・ホンジェ）
一九四八「解説をかねて」『歌劇《春香》』（公演プログラム）、歌劇《春香》上演後援会、三頁
【す】
鈴木譲二
二〇〇六『日本の朝鮮統治——「一視同仁」の建前と実相——』東京：学術出版会
【せ】
関忠亮

一九四九「オペラ〝春香〟のこと」『テアトロ』九三号（昭和二四年二月）四五―五二頁
全日空社史編集委員会（編）
一九七二『大空へ二十年』東京：全日本空輸株式会社

【そ】
薛幸夫（ソル・ヘンブ）
二〇〇七「鳥取オペラ・ルネサンス『先人たちの音楽物語』へのオマージュ」鳥取オペラ・ルネサンス実行委員会（編）『鳥取オペラ・ルネサンス 先人たちの音楽物語』プログラム、五頁
宋安鍾（ソン・アンジョン／そう・あんしょう）
二〇〇九『在日音楽の一〇〇年』東京：青土社
成恩暎（ソン・ウニョン）
二〇一〇「終戦直後における在日朝鮮人の文化活動――在日本朝鮮人連盟によるオペラ『春香』の企画を中心に――」『年報 地域文化研究』第一四号、一九六―二一七頁
成慶麟（성경린、ソン・ギョンリン）
一九七八『나의 人生観 노을에 떠 운가락』（私の人生観 夕焼けに浮かぶ調べ）ソウル：徽文出版社（韓国語）
孫泰龍（손태룡、ソン・テリョン）（編）
二〇〇一『毎日申報音楽記事総索引』ソウル：民俗苑（韓国語）

【た】
大日本音楽協会（編）
一九三八『音楽年鑑昭和13年度版』東京：共益商社書店、復刻版『近代日本音楽年鑑 昭和13年版』松下鈞（監修）、大空社

高木東六
一九四八a 「歌劇『春香』の作曲について」『随筆 春香伝 附オペラ台本』(曹龍達編)、曹龍達(発行) 四―五頁
一九四八b 「作曲者の言葉」『歌劇《春香》』(公演プログラム)、歌劇《春香》上演後援会、三頁
一九八五 『愛の夜想曲』東京:講談社
高崎宗司
一九七九 「柳宗悦と朝鮮――一九二〇年代を中心に――」『朝鮮史叢』第一号、六五―一〇七頁
二〇〇二a 『植民地朝鮮の日本人』東京:岩波書店
二〇〇二b 『「妄言」の原形――日本人の朝鮮観――』(増補三版) 東京:木犀社
二〇〇二c 『朝鮮の土となった日本人――浅川巧の生涯――』(増補第三版) 東京:草風館
多胡吉郎
二〇〇八 『わたしの歌を、あなたに――柳兼子、絶唱の朝鮮――』東京:河出書房新社
田島泰秀
一九二三 「交響楽」『朝鮮教育』第六巻第六号(大正一一年三月号)、一八六―一九四頁
舘野皙(編)
二〇〇二 『韓国・朝鮮と向き合った36人の日本人――西郷隆盛、福沢諭吉から現代まで――』東京:明石書店
田辺尚雄
一九二一 「音楽上に於ける内鮮の関係」(連載全五回)『京城日報』一九二一年四月八日―一三日
田辺尚雄(吉川英史編)
一九八二 『続田辺尚雄自叙伝(大正・昭和篇)』東京:邦楽社
田辺尚雄(東洋音楽学会編)
一九七〇 『中国・朝鮮音楽調査紀行』(東洋音楽選書11) 東京:音楽之友社
田村虎蔵

一九一一「韓国併合と音楽教育問題」『音楽界』第四号（明治四四年一月号）一一―一三頁
垂田惠
一九四〇「演奏会評」『音楽世界』一九四〇年二月号、一〇五頁

【ち】
千葉優子
二〇〇七『ドレミを選んだ日本人』東京：音楽之友社
「朝鮮行政」編輯総局編
一九三七『朝鮮統治秘話』京城：帝国地方行政学会朝鮮本部
朝鮮総督府
一九四〇『施政三十年史』京城：朝鮮総督府
趙澤元（チョ・テクウォン、ちょう・たくげん）
一九七三『袈裟胡蝶 創作舞踊半世紀』ソウル：瑞文堂（韓国語）
田月仙（チョン・ウォルソン）
二〇〇七『海峡のアリア』東京：小学館
二〇〇八『禁じられた歌――朝鮮半島 音楽百年史――』東京：中央公論新社
鄭勲謨（정훈모、チョン・フンモ）
一九三九「音楽発展策　音楽文化의諸問題」（音楽発展策 音楽文化の諸問題）『朝光』一九三九年一月号、一二八―一三一頁（朝鮮語）

【つ】
塚原康子

一九九三『十九世紀の日本における西洋音楽の受容』東京：多賀出版
鶴見俊輔
一九七六『柳宗悦』（平凡社選書48）東京：平凡社

【と】
東京楽報社（編）、加藤長江・白井嶺南（監修）
一九二六『内外音楽年鑑 大正16年版（昭和2年版）』東京：交蘭社、一九九七、復刻版『近代日本音楽年鑑 大正13年版・大正14年版・昭和2年版』松下鈞（監修）、大空社
東京芸術大学音楽学部同声会
一九六四『同声会会員名簿』（非売品、島根大学教育学部音楽資料室所蔵）
桐朋学園音楽部門50周年誌編纂委員会（編）
二〇〇二『50年の歩み 桐朋学園音楽部門』東京：桐朋学園音楽部門
富樫康
一九五六『日本の作曲家』東京：音楽之友社
徳丸吉彦
一九九一『民族音楽学』東京：放送大学教育振興会
一九九六『民族音楽学理論』東京：放送大学教育振興会
二〇〇七「表象としての日本音楽」山内久明・柏倉康夫・阿部齊（編著）『表象としての日本——西洋人の見た日本文化——』（第三刷）、東京：放送大学教育振興会、一一一—一二六頁
二〇〇八『音楽とはなにか——理論と現場の間から——』東京：岩波書店
徳丸吉彦・利光功
二〇〇二『芸術文化政策Ⅰ——社会における人間と芸術——』東京：放送大学教育振興会

徳丸吉彦・平野健次
一九八八「表象としての音楽」蒲生他（編）『岩波講座 日本の音楽・アジアの音楽6』東京：岩波書店、一―一〇頁

【な】
内藤正中
一九八九『日本海地域の在日朝鮮人――在日朝鮮人の地域研究――』東京：多賀出版
永池健二
一九八八「〈逸脱〉の唱声――中世隠者文化における音楽と歌謡――」蒲生他（編）『岩波講座 日本の音楽・アジアの音楽6』東京：岩波書店、五七―八二頁
長田彰文
二〇〇五『日本の朝鮮統治と国際関係――朝鮮独立運動とアメリカ一九一〇―一九二二――』東京：平凡社
なかにし礼
一九八七『音楽への恋文』東京：共同通信社
中根隆行
二〇〇四『〈朝鮮〉表象の文化誌』東京：新曜社
中見真理
二〇〇三『柳宗悦―時代と思想』東京：東京大学出版会
中村奈保
二〇〇七「ごあいさつ」鳥取オペラ・ルネサンス実行委員会（編）『鳥取オペラ・ルネサンス 先人たちの音楽物語』プログラム、一頁
中村理平
一九九三『洋楽導入者の軌跡――日本近代洋楽史序説――』東京：刀水書房

並木真人
二〇〇四 「植民地時代の社会」吉田光男（編著）『韓国朝鮮の歴史と社会』東京：放送大学教育振興会、一四一―一五六頁
南富鎭（ナン・ブジン）
二〇〇六 『文学の植民地主義――近代朝鮮の風景と記憶――』東京：世界思想社

【に】
新倉健
二〇〇二 「ごあいさつ」鳥取オペラ・ルネサンス実行委員会（編）『鳥取オペラ・ルネサンス 先人たちの音楽物語』プログラム、一頁
日本オペラ振興会（編）
一九八六 『日本のオペラ史』東京：財団法人日本オペラ振興会
日本音楽教育学会（編）
二〇〇九 『音楽教育学の未来――日本音楽教育学会設立40周年記念論文集――』東京：音楽之友社
日本近代洋楽史研究会
一九九五 『明治期 日本人と音楽――東京日日新聞音楽関係記事集成――』東京：国立音楽大学附属図書館、大空社
日本図書センター（複製）
一九九七 『旧植民地人事総覧 朝鮮篇4』東京：日本図書センター

【の】
野口雨情
一九二三 『童謡と児童の教育』東京：イデア書院

魯棟銀（노동은、ノ・ドンウン）
一九九五『한국근대음악사1』（韓国近代音楽史1）ソウル：한길사（ハンキル社）（韓国語）
野村光一
一九七一『お雇い外国人⑩音楽』東京：鹿島研究所出版会

【は】
朴成泰（パク・ソンテ）
一九九四「韓国近代音楽教育史における『愛国唱歌運動』の意義――日本の対韓教育政策を背景として――」『音楽教育学』第二四巻二号、二七―五〇頁
一九九九「大韓帝国における愛国唱歌教育運動と学部の植民地音楽教育政策――小出雷吉による『普通教育唱歌集』の編纂をめぐって――」『音楽教育学』第二九巻二号、一三―二八頁
朴宣美（パク・ソンミ）
二〇〇五『朝鮮女性の知の回遊　植民地文化支配と日本留学』東京：山川出版社
朴燦鎬（パク・チャンホ）
一九八七『韓国歌謡史1895―1945』東京：晶文社
朴美貞（パク・ミジョン）
二〇一四『帝国支配と朝鮮表象――朝鮮写真絵葉書と帝展入選作にみる植民地イメージの伝播――』京都：国際日本文化研究センター
服部龍太郎
一九四七「歌劇〝春香〟について」『歌劇《春香》』ピアノスコア、一―三頁
一九四八「上演を待たれる『春香』」『歌劇《春香》』（公演プログラム）、歌劇《春香》上演後援会、七頁
咸和鎮（함화진、ハム・ファジン）

一九四一　「音楽芸術로国民精神作興」（「音楽芸術で国民精神作興」）『三千里』一九四一年四月号、五四―五五頁（朝鮮語）

【ひ】

玄濟明（현제명、ヒョン・ジェミョン）

一九四一　「当局의努力을要望」（「当局の努力を要望」）『三千里』一九四一年四月号、六〇頁（朝鮮語）

弘田龍太郎

一九三三　「童謡作曲の変遷に就て」『音楽教育の思潮と研究』東京：目黒書店、二二〇頁

【ふ】

藤井浩基

一九九六ａ　「柳宗悦の音楽観（1）――朝鮮渡航音楽会を通して――」『北東アジア文化研究』第三号、三五―六〇頁

一九九六ｂ　「柳夫妻の朝鮮渡航音楽会の諸相――柳宗悦の音楽観（2）――」『北東アジア文化研究』第四号、四一―六六頁

一九九八ａ　「日本におけるフランツ・エッケルト像とその変化――日韓両国の音楽教育に携わったお雇い外国人教師の最晩年――」『北東アジア文化研究』第七号、六五―七六頁

一九九八ｂ　「1970年代の日本における鄭京和受容の諸相」『北東アジア文化研究』第八号、七一―八五頁

一九九九　「高木東六作曲 歌劇《春香》の構想から完成まで」『北東アジア文化研究』第九号、三七―五二頁

二〇〇〇　「高木東六作曲 歌劇《春香》初演」『北東アジア文化研究』第一一号、四三―六〇頁

二〇〇一　「大正期童謡運動の国際的展開に関する一考察――朝鮮とアメリカの場合――」『全国大学音楽教育学会研究紀要』第一三号、八六―九四頁

二〇〇二ａ　「韓日交流の金字塔」『東洋経済日報』二〇〇二年四月五日付

二〇〇二b「作品解説オペラ『春香』上演への軌跡——構想から初演、そして復活再演までをたどる——」『オペラ「春香」プログラム』横浜：オペラ「春香」上演委員会、二一二—二一三頁
二〇〇四「朝鮮における石川義一の音楽活動——１９２０年代前半を中心に——」『北東アジア文化研究』第一九号、七三—九二頁
二〇〇五a「朝鮮における五十嵐悌三郎の音楽教育活動」『北東アジア文化研究』第二一号、三三—五四頁
二〇〇五b「李王職雅楽部에서 음악활동을 한 일본인——石川義一 와 五十嵐悌三郎——」（李王職雅楽部で音楽活動を行なった日本人——石川義一と五十嵐悌三郎——）『광복60주년기념한국음악학국제학술대회』（光復60周年記念・韓国音楽学国際学術大会予稿集）八五—九六頁（韓国語）
二〇〇六「京城師範学校における音楽教育（Ⅰ）——１９２５年～１９３５年を中心に——」『北東アジア文化研究』第二四号、二一—四四頁
二〇〇七「日韓音楽関係史にみるポストコロニアリズム——日本での鄭京和——」（アジア研究情報Gateway「論集～アジア学の最前線」、東京大学東洋文化研究所附属東洋学研究情報センター、https://ricas.ioc.u-tokyo.ac.jp/asj/html/049.html、二〇〇七年四月三日掲載
二〇〇八「音楽にみる植民地期朝鮮と日本の関係史——１９２０～30年代の日本人の活動を中心に——」大阪芸術大学学位請求論文
二〇一二「交流の時代における日韓の音楽教科書の現在」『音楽教育実践ジャーナル』vol.９、no.２、六七—七四頁
藤野奏風
一九〇八「韓国の洋楽」『音楽界』一九〇八年一〇月号、一五—一七頁、（復刻版、一九九五—一九九七、東京：大空社）
藤原義江
一九四八「『春香』に寄せて」『歌劇《春香》』（公演プログラム）、歌劇《春香》上演後援会、五頁
双葉音楽会編

不明　『音楽の教育　歌曲集』第一巻創刊号、京城：双葉音楽会

【ほ】

細川周平・片山杜秀（監修）、日外アソシエーツ株式会社（編）
　二〇〇八（第二刷）『日本の作曲家　近現代音楽人名辞典』東京：日外アソシエーツ株式会社

堀内敬三
　一九四二『音楽五十年史』東京：鱒書房（復刻版、一九九一、『音楽教育史文献・資料叢書第4巻』河口道朗（監修）、東京：大空社

洪相圭（ホン・サンギュ）（訳）
　一九九二『春香伝ほか韓国古典文学選集三』（第三版）、東京：高麗書林

本名徹次
　二〇〇二「歌劇『春香』に寄せて」オペラ「春香」上演実行委員会（編）『オペラ「春香」プログラム』、横浜：オペラ「春香」上演実行委員会、一七頁

【ま】

増谷文雄
　一九八二「美と真実」『柳宗悦全集 著作篇第18巻 月報17』東京：筑摩書房、一―三頁

松橋桂子
　一九八七『柳兼子音楽活動年譜』東京：日本民藝協会
　一九九九『楷書の絶唱――柳兼子伝――』東京：水曜社

松村松盛
　一九三六「変わり行く朝鮮の姿」『朝鮮統治の回顧と批判』京城：朝鮮新聞社、一九八―二〇四頁

【み】
三浦俊三郎
一九三一『本邦洋楽変遷史』東京：日東書院（復刻版、一九九一、『音楽教育史文献・資料叢書第2巻』、河口道朗（監修）、東京：大空社）
水尾比呂志
一九八一「『白樺の友』・音楽」『柳宗悦全集著作篇第3巻月報10』東京：筑摩書房、五―八頁
水野直樹
一九九六「文化政治」伊藤亜人他（編）『朝鮮を知る事典』（増補版）東京：平凡社、三八〇―三八一頁
宮城道雄
一九三五（二〇〇一）『雨の念仏』三笠書房：東京（再版、二〇〇一、東京：日本図書センター）
宮田節子
一九八五『朝鮮民衆と「皇民化」政策』〈朝鮮近代史研究双書〉東京：未来社
一九九六「農村振興運動」『朝鮮を知る事典』（増補版）、東京：平凡社、三四八頁
閔庚燦（민경찬、ミン・ギョンチャン）
一九九四「韓国洋楽の歴史」『月刊韓国文化』一九九四年三月号、東京：韓国文化振興財団、三〇―三五頁
二〇〇〇「韓国の唱歌（3）」『原典による近代唱歌集成――誕生・変遷・伝播――解説・論文・索引――』CD解説、東京：ビクターエンタテイメント株式会社、一四〇―一四三頁
二〇〇四「한국 근대 음악용어의 형성과정 및 그 특징에 관하여」（韓国近代音楽用語の形成過程とその特徴について）『美学・藝術学研究』（美学・芸術学研究）제20집（第20集）一〇三―一二六頁（韓国語）
二〇〇六『청소년을위한한 국음악사［양악편］』（青少年のための韓国音楽史［洋楽編］）ソウル：두리미디어（ドゥリメディア）（韓国語）

【む】
武者小路実篤
一九一八「編輯室にて」『白樺』第九年三月号（一九一八年三月）二三四頁（複製版、一九六九―一九七二、京都：臨川書店）
村山知義
一九四八「春香伝随想」『歌劇《春香》』（公演プログラム）、歌劇《春香》上演後援会、三―四頁

【も】
森山茂徳
一九九三「現地新聞と総督政治」大江志乃夫・浅田喬二他（編）『岩波講座 近代日本と植民地7 文化のなかの植民地』東京：岩波書店、三―三〇頁

【や】
安田寛
一九九九『日韓唱歌の源流――すると彼らは新しいうたを歌った――』東京：音楽之友社
安田寛・赤井励・閔庚燦（編）
二〇〇〇『原典による近代唱歌集成――誕生・変遷・伝播――解説・論文・索引――』東京：ビクターエンタテイメント株式会社
柳宗悦
一九〇八（一九八一）「明治四一年七月一日付志賀直哉宛書簡」『柳宗悦全集』著作篇第二十一巻上、東京：筑摩書房、六頁
一九一一a（一九八一）「明治四四年五月二七日付中島兼子宛書簡」『柳宗悦全集』著作篇第二十一巻上、東京：筑摩

書房、三七―三九頁
一九一一b（一九八一）「明治四四年七月八、九、一三日付中島兼子宛書簡」『柳宗悦全集』著作篇第二十一巻上、東京：筑摩書房、四二―四三頁
一九一三a（一九八一）「大正二年九月一日付中島兼子宛書簡」『柳宗悦全集』著作篇第二十一巻上、東京：筑摩書房、一四八頁
一九一三b（一九八一）「大正二年九月一三日付中島兼子宛書簡」『柳宗悦全集』著作篇第二十一巻上、東京：筑摩書房、一五一頁
一九一三c（一九八一）「大正二年九月一八日付中島兼子宛書簡」『柳宗悦全集』著作篇第二十一巻上、東京：筑摩書房、一五三頁
一九一四（一九八一）「大正三年六月三日　志賀直哉宛書簡」『柳宗悦全集』著作篇第二十一巻上、東京：筑摩書房、一七七頁
一九一九（一九八一）「朝鮮人を想ふ」『柳宗悦全集』著作篇第六巻、東京：筑摩書房、二三―三二頁（初出は『讀賣新聞』一九一九年五月二〇―二四日）
一九二〇a（一九八一）「『音楽会』趣意書」『柳宗悦全集』著作篇第六巻、東京：筑摩書房、一七二―一七三頁
一九二〇b（一九八一）「朝鮮の友に贈る書」『柳宗悦全集』著作篇第六巻、東京：筑摩書房、三三―五一頁（初出は『改造』一九二〇年六月号）
一九二〇c（一九八一）「彼の朝鮮行」『柳宗悦全集』著作篇第六巻、東京：筑摩書房、五二―七八頁（初出は『改造』一九二〇年一〇月号）
一九二一a（一九八一）「『朝鮮民族美術館』の設立に就て」『柳宗悦全集』著作篇第六巻、東京：筑摩書房、七九―八三頁（初出は『白樺』第十二巻第一号一九二一年一月号）
一九二一b（一九八一）「エルマンを聞く」『白樺』第十二巻第三号　一九二一年三月、東京：洛陽社、一一九―一二一頁（複製版、一九六九―一九七二、京都：臨川書店）

一九三〇（一九八二）「米国での音楽」『柳宗悦全集』著作篇第十七巻、東京：筑摩書房、五一九―五二三頁（初出は『読売新聞』一九三〇年一〇月三、四、五日）
一九三九（一九八二）「琉球の富」『柳宗悦全集』著作篇第十五巻、東京：筑摩書房、四七―八四頁（初出は『工藝』第一〇〇号 一九三九年一〇月）
一九四八（一九八二）「沖縄の思ひ出」『柳宗悦全集』著作篇第十五巻、東京：筑摩書房、四一九―四三〇頁（初出は不明であるが、柳自身が文末に「昭和二十三年」と書いているという。）

山内文登
二〇〇〇a 〝한국에서의 일본대중문화 수용에 관한 역사적 고찰：구한말・일제강점기 창가와 유행가를 중심으로〟（韓国における日本大衆文化受容に関する歴史的考察――旧韓末・日帝強占期の唱歌と流行歌を中心に――）韓国外国語大学校国際地域大学院碩士学位論文（韓国語）
二〇〇〇b 〝일본대중문화 수용의 사회사：일제강점기의 창가와 유행가를 중심으로〟（日本大衆文化受容の社会史――日帝強占期の唱歌と流行歌を中心に――）『낭만음악』（浪漫音楽）겨울호二〇〇〇（二〇〇〇年冬号）二九―一四三頁（韓国語）
二〇〇七「日本コロムビア外地録音の朝鮮データの作成について」『植民地主義と録音産業――日本コロムビア外地録音資料の研究――』（平成17年度〜平成18年度科学研究費補助金［基盤研究C］研究成果報告書）大阪：国立民族博物館民族資源研究センター、一一二―一一三頁

山口修
一九九三「歌のなかの植民地」大江志乃夫・浅田喬二他（編）『岩波講座 近代日本と植民地7 文化のなかの植民地』東京：岩波書店、一三七―一五六頁
二〇〇〇『応用音楽学』東京：放送大学教育振興会
二〇〇四『応用音楽学と民族音楽学』東京：放送大学教育振興会

山崎駿二

一九二二　「朝鮮教育に関し心付きたる一二の事項」『朝鮮』一九二二年三月号、二一六―二一八頁
山田耕筰
一九四八　「『春香』の初演に臑けて」『歌劇《春香》』（公演プログラム）、歌劇《春香》上演後援会、七頁
山本華子
二〇〇二　「李王職雅楽部に関する研究――『職員録』と聞き取り調査を中心に――」『青丘学術論集』第二〇集、一〇七―一五四頁
二〇一一　『李王職雅楽部の研究――植民地時代朝鮮の宮廷音楽伝承――』秋田：書肆フローラ
山本華子・李知宣
二〇一三　「1910年代の朝鮮における日本の伝統音楽調査①――『京城日報』の記事を参照して――」『洗足論叢』第四一号、六一―六九頁
二〇一四　「1910年代の朝鮮における日本の伝統音楽調査②――『京城日報』の記事を参照して――」『洗足論叢』第四二号、一二九―一三九頁

【ゆ】
友邦協会（編）
一九八四　『渡辺豊日子口述 朝鮮総督府回顧談』友邦シリーズ第二七号、東京：友邦協会

【よ】
吉澤實
一九三四　「京城師範学校音楽教育会編 初等唱歌編纂の趣旨」『文教の朝鮮』昭和九年三月号
吉田光男（編著）
二〇〇四　『韓国朝鮮の歴史と社会』東京：放送大学教育振興会

【わ】
渡邊一民
二〇〇三『〈他者〉としての朝鮮——文学的考察——』東京：岩波書店
渡部学他（編）
一九八九『京城師範学校総覧 昭和4年版』渡部学他（編）『日本植民地教育政策資料集成（朝鮮篇）』第四四巻所収（復刻版、東京：龍渓書舎）

英語文献

RICE, Timothy
1987 "Toward the remodeling of ethnomusicology". *Ethnomusicology* 31/3：469-488

雑誌

『音楽』一九一〇年一月—一九二二年一二月（第一巻第一号—第一三巻第一二号）東京：東京音楽学校学友会、国立国会図書館所蔵マイクロフィッシュ
『音楽界』一九〇八年一月—一九二三年一二月（第一巻第一号—第二六六号）東京：音楽社他、一九九五—一九九七、復刻版、東京：大空社
『白樺』一九一〇年四月—一九二三年八月（一巻一号—一四巻八号）洛陽堂（一巻一号—八巻一〇号）→白樺社（八巻一一号—一四巻八号）、複製版、一九六九—一九七二、京都：臨川書店
『朝鮮』一九二〇年七月—一九二八年一二月、京城：朝鮮総督府、影印版（第一次影印全十九巻）一九八六、ソウル：高麗書林
『朝鮮』一九二九年一月—一九三六年一二月、京城：朝鮮総督府、影印版（第二次影印全十六巻）一九八七、ソウル：高麗書林

『朝鮮』 一九三七年一月―一九四四年一二月、京城：朝鮮総督府、影印版（第三次影印全十二巻）一九八八、ソウル：高麗書林

『文教の朝鮮』 一九二五年九月号～一九二七年四月号、二一号（一九二七年五月）～二二九号（一九四五年一月）京城：朝鮮教育会、海老原治善：小沢有作（監修）一九九六―一九九七、複製版、東京：エムティ出版

無署名の新聞、雑誌記事（主なもの）

1．日本語新聞

『京城日報』

一九一六年八月七日（夕刊）「『君が代』の作曲者　フランツ、エツケルト氏京城に病む」

一九一六年八月八日（夕刊）「『君が代』作曲者逝く　愛する日本の勲三等旭日章を佩びて」

一九一六年一二月二〇日（朝刊）「あはれ、ショーパンの夢幻即興曲 弾くも、聴くも、夢心地に――昨夜、朝鮮ホテルの小倉女史音楽会――」

一九二〇年二月三日「芸術上から内鮮の融和　柳氏夫妻の渡鮮 京城其他で音楽会を開催せ」

一九二〇年二月二八日「柳宗悦氏渡鮮確定　夫人同伴で音楽会開催」

一九二〇年五月四日「柳氏夫妻の入城 一行中には英国画家バーナード氏も居る」

一九二〇年五月七日「柳兼子女史の独唱を聴く　鍾路青年会館に於ける五日夜の音楽会」（壽夫記）

一九二〇年五月九日「柳兼子女史独唱会」（山縣生記）

一九二〇年五月一五日「柳兼子女史お名残りの独唱会開催」

一九二一年四月三〇日「音楽大会に出演の石川氏の半生　苦しみと悩みが生んだ滞米実に十有四星霜」

一九二四年三月二八日「尺八の妙音に聞惚れた動物　鹿公は耳を聳てゝ傾聴 佐藤令山氏の試験演奏」

一九二四年四月一日「朝鮮の子守歌を内地で演奏する　平南の石川義一氏が内鮮融和の一助にもと」

一九二四年四月二〇日「『船頭小唄』の野口雨情さん　謙遜深い優しい人　けさ入城車中で記者と語る」

一九二四年六月一八日「本社来青閣に備へたピアノの試奏」
一九二五年九月二四日「待ちわびらるゝ童謡二令嬢　京城の音楽シーズンに喜びの渦巻あがる」
一九二五年九月二五日「アメリカの人々を驚嘆させた　新日本の楽壇に生れた完全な児童芸術」
一九二五年一〇月三日「童謡には国境がない　レコードの普及でやがて子供の天国が生れる」
一九二五年一〇月三日「児童劇に音楽の濫用は害がある　適度に盛込むのが好い」
一九二五年一〇月三日「レコードになつた朝鮮童謡」
一九二五年一〇月三日「土曜日の晩には美しい音楽の夕　童謡好きな武者義子さん 姉弟三人が天才肌」
一九二五年一〇月四日「音楽と童謡舞踊の会遺憾ながら中止　旅順で発病した本居氏の容態面白からぬ為め」
一九二五年一一月三日「京城の楽壇の歓び　舞踊と音楽の会に斯界の権威者たちを迎へて　都山流尺八師範　佐藤令山氏談」

『時事新報』
一九二二年一〇月一八日「論文集『朝鮮とその芸術』を出版」大正ニュース事典編纂委員会・毎日コミュニケーションズ出版事業部（編）『大正ニュース事典第5巻［大正10年―大正11年］』東京：毎日コミュニケーションズ、六七八頁

『新京日日新聞』
一九四〇年九月二七日「『朝鮮幻想』に高木東六氏指揮　今夕・新京音楽院定期演奏会」

『東京朝日新聞』
一九三五年一〇月二三日「朝鮮雅楽の保存　千年の古楽三百曲　五線紙に捕ふ　九ヶ年寝食を忘れて没頭　石川氏の採譜完成」

『満洲新聞』
一九四〇年九月二四日　「音楽院半島へ　朝鮮音楽協会の招聘で」

『民主新聞』
一九六〇年一一月三〇日　「多彩なスケジュールで　韓国学生文化使節団が来日」
一九六〇年一二月一四日　「時評　若い世代の民間交流」
一九六〇年一二月一四日　「文化交流の使命果たして韓国学生文化使節団帰る」

2．日本語雑誌
『音楽』
一九一一年一月　「音楽会の対峙」第二巻第一号（明治四四年一月）三頁

『音楽界』
一九二二年一月　「朝鮮の音楽学校」一九二二年一月号（大正一一年一月）二九頁
一九二二年七月　「武岡鶴代女史と榊原直氏の朝鮮行」一九二二年七月号（大正一一年七月）三九頁

『白樺』
一九一〇年八月　「編輯室にて」第一巻第五号（明治四三年八月一日発行）二八―二九頁
一九一〇年一〇月　「音楽奨励会創立趣意書」第一巻第七号（明治四三年一〇月一日発行）七五―七六頁
一九一三年一一月　「白樺主催音楽会に就て」第四巻一一月号（大正二年一一月一日発行）八九頁

3．朝鮮語新聞

『朝鮮日報』
一九三五年一一月六日（夕刊）「音楽、美術学校も設立にむけて研究中　精神文化発達を図るため　篤志家の寄付を期待」（音楽、美術学校도設立도록研究中　精神文化의発達을団謀코저　特志《ママ》家의寄附를企待《ママ》）
一九三八年八月一〇日（夕刊）「音楽学校明春開校　中、小学校も音楽時間をのばす　重きが置かれる情緒教育」（音楽学校明春開校　中、小校도音楽時間을느릴러　置重되는情緒教育）
一九三八年一〇月二六日（夕刊）「〝音楽専門〟は流産　学務局復活へ努力」（〝音楽専門〟은流産　学務局復活에努力）

『東亜日報』
一九二〇年五月三日「柳兼子夫人独唱会の曲目解説」（柳兼子夫人独唱의曲目解説）
一九二一年六月六日「感激する聴衆　玄奥の秘曲　朝鮮民族美術館建設後援の大盛況の柳兼子夫人独唱会 民族的新生命追求の象徴」（感激한聴衆　玄奥한秘曲　됴선민족미술관건설후원의대성황의류겸자부인독창회　民族的新生命追求의象徴）
一九二一年八月七日　「美術学校設立計画」（美術学校設立計画）
一九二一年八月一〇日「古来芸術保存 音楽学校は来後年から」（古来芸術保存 音楽学校는　来後年부터）
一九二一年八月一二日「音楽及美術学校の設置計画 品格向上との関係」（音楽及美術学校의　設置計画 品格向上関係）
一九二七年一〇月一〇日「再請三請の妙音曲 錦上添花の合唱並奏 本社主催　柳兼子独唱の盛況」（再請三請의妙音曲 錦上添花의合唱並奏　本社主催　柳兼子独唱의盛況）

『毎日申報』（一九三八年四月以降は『毎日新報』と改称）
一九二一年五月三日「本社主催家庭音楽会 一千五百の聴衆」（本社主催家庭音楽会 一千五百의聴衆）
一九三一年五月一七日「培英校主催国際音楽会」（培英校主催国際音楽会）
一九三二年七月一九日「第二回夏期唱歌講習会」（第二回夏期唱歌講習会）

一九三八年六月七日「計画漸次具体化している音楽・美術両校設立　朝鮮教育界と芸術朝鮮のために　篤志家がいれば急いで着手」（『計画 漸次 具体化하는 音楽・美術両校設立　조선교육게와예술조선을위하야 篤志家잇스면 時急着手』）

一九三八年九月二一日「学務局長夫人が独唱　来たるべき音楽界の逸材、二三日放送」（学務局長 夫人이独唱　녯날엔音楽界의 逸材、廿三日放送）

一九三八年一〇月一四日「ついに実現となる朝鮮最高音楽学校　明年度予算へ計上決定、男女共学で器楽と声楽教育」（마츰내 実現케되는 朝鮮最高音楽学校　明年度予算에計上決定、남녀공학으로　긔악과성악교육）

一九三八年一〇月二七日「内鮮一体 大精神下に京城音楽協会結成　会長には学務局長を推戴、各音楽家と小、中学音楽教員を全部網羅」（内鮮一体 大精神下에京城音楽協会結成　会長에는 学務局長을 推戴、각음악가와소、중학음악교원을전부망라）

あとがき

本書は、日本学術振興会の平成二十七年度科学研究費助成事業（科学研究費補助金）（研究成果公開促進費）（ＪＳＰＳ科研費15HP5204）の交付を受けて出版の運びとなった。また、二〇〇〇年度から二〇一二年度にかけて、五件の科学研究費補助金（以下、科研）の交付を受けた。本書は、これらの成果の包括的な公開も意図している。すでに最初の科研から一五年が経過し、刊行を具体的に計画してからも四年が経った。その間にも、本書の内容に関連する新しい研究や知見、資料が発表されている。筆者自身のなかでも、年月を経るにつれ、見方や考え方、文章の書き方が変わってきている。それらを反映させ、時間差を埋めていく調整作業に思いのほか手間取った。

筆者が韓国・朝鮮に興味を持ったきっかけは、序章と終章でふれた韓国出身のバイオリニスト・鄭京和《チョン・キョンファ》さんの演奏だった。大学生のときに初めて演奏に接した時の感動は今も変わらない。同時に、終章第三節でも取り上げた鄭京和さんに対する一部の日本の楽壇関係者の態度には、日本人として恥ずかしさと憤りを覚えた。およそ三〇年前に経験した感動や思いが、現在も研究の原動力となっている。

鄭京和さんとは、その後、面識を得る機会に恵まれた。一九九八年には、筆者の地元である鳥取県米子市に開館した米子コンベンションセンターで、こけら落としの演奏会をお願いした。諸事情で米子に一週間逗留されることになり、練習の合間を縫っては毎日のように一緒に散策や食事に出かけた。その時の語らいは一言一句漏らさず筆者の脳裏に刻まれている。

研究を本格的に始めたのは、大学院修了と同時に非常勤で出講した鳥取女子短期大学（現・鳥取短期大学）においてである。音楽担当の白石由美子教授のご紹介で、大学内の北東アジア文化総合研究所に出入りさせていただくようになった。当時の所長、故・内藤正中先生をはじめ、同大の先生方には大変お世話になった。

二〇〇三年には、文部科学省の在外研究として、国立韓国芸術総合学校音楽院に所属し、客員研究員を務めた。ここでは閔庚燦教授にお世話になった。閔庚燦教授は毎週「近現代韓日音楽史研究会」という勉強会を開いてくださった。この会には、現在台湾大学副教授の山内文登さんや韓国・淑明大学校副教授の李知宣さんら気鋭の研究者が集まり有意義な研鑽の場となった。隣接する韓国国立国楽院で開催された「外国人研究者のための韓国音楽ワークショップ」にも参加した。一三名の外国人研究者が集まり一ヶ月の合宿生活を送った。日本人は山内さんと筆者だけであった。最晩年の成慶麟氏や金千興氏をはじめ、伝統音楽の重鎮や第一線の音楽家、研究者から指導を受け、韓国音楽を学ぶ貴重な機会となった。このとき知り合った香港中文大学音楽学系教授（現在）の李忠順（Tong Soon Lee）氏は、国際民族音楽学会（Society for Ethnomusicology）やアジア学会（Association for Asian Studies）など国際学会での発表を促してくれ、研究の視野が拡がった。

母校でもある島根大学教育学部には一九九九年に赴任し、恵まれた環境で研究を続けている。本学部は釜山教育大学校と一九九〇年から学術研究交流を重ねており、筆者も赴任直後から交流活動に携わった。また所属する日本音楽教育学会は韓国音楽教育学会と姉妹学会の提携を結んでおり、こちらの交流活動にも参加した。さまざまなルートからネットワークができ、資料・情報交換が可能となった。特に、韓国芸術院会員でソウル大学校の李仁榮名誉教授（声楽）、江原大学校の呉東一名誉教授、韓国教員大学校の閔庚勳教授、釜山教育大学校の梁宗模教授、韓国芸術総合学校伝統芸術研究院の成基淑教授との交流は研究を後押ししてくれた。

理論と実践の往還を旨とする音楽教育学の世界に身を置き、研究の成果を何らかの実践により社会、特に地域に還元するよう心がけてきた。上述の鄭京和米子公演や第八章でふれた歌劇《春香》再演の企画・運営にも携わった。また、鳥取県立図書館、鳥取童謡おもちゃ館「わらべ館」、米子市立図書館、同山陰歴史館、米子市文化ホール、まつえ市民大学などの講座やレクチャーコンサートで、地域の方々に研究の内容をお話する機会も多数与えていただいた。

本書は、大阪芸術大学に提出し二〇〇八年に学位（博士：芸術文化学）を取得した論文「音楽にみる植民地期朝鮮と日本の関係史——一九二〇～三〇年代の日本人による活動を中心に——」がベースとなっている。博士論文では故・月溪恒子先生が主査として、徳丸吉彦先生、田中健次先生、山口修先生、前川陽郁先生が副査として、審査ならびにご指導くださった。残念なことに月溪先生は二年後に逝去された。本書を墓前にお供えしたい。徳丸先生からは巻頭言で過分なお言葉を頂戴した。徳丸先生はお若い頃、国立音楽大学にお勤めで、柳兼子、武岡鶴代、中館耕蔵といった同大の先生方とも親しくなさっていた。筆者にとっては資料でしか知ることのできない音楽家との交誼の様子を、いつも昨日のことのように語ってくださった。資料を読み解く以上のリアリティを感じながら、研究を進めることができた。また、田中先生には、終始さまざまな面でご支援いただいた。

研究の過程で、在日韓国・朝鮮人をめぐる人権や歴史の問題にも関心をもつようになった。在日本大韓民国民団鳥取県本部団長の薛幸夫《ソル・ヘンブ》氏からは、こうした問題に最前線で対峙しておられる生の声をうかがってきた。音楽への造詣が深い同氏からの助言や情報は、本書の随所で参考になった。

五十嵐悌三郎関係の未公開資料については、ご子息の五十嵐弘二氏、小林民男氏から、また、高木東六関係の資料については、ご息女の高木緑氏、赤い靴記念文化事業団の平野由江氏をはじめ多くの方々から、格別な配慮を賜りご提供いただいた。

刊行にあたり、勉誠出版で編集を担当してくださった黒古麻己さんには大変お世話になった。

そのほか、お世話になった方々にこの場を借りて感謝申し上げたい。そして、学恩に報いることができるよう今後も精励していきたい。

二〇一六年秋

藤井浩基

アジア・ディアスポラと植民地近代
歴史・文学・思想を架橋する

十六〜二十世紀のアジアの諸地域において、移住や亡命を強いられた人々。自らのアイデンティティーの危機に直面しながら、その再構築を模索する彼らの姿に迫る。

緒形 康 編・本体四二〇〇円（+税）

植民地期における日本語朝鮮説話集の研究
帝国日本の「学知」と朝鮮民俗学

「日本語朝鮮説話集」および朝鮮民俗学を実証的に考察。従来のナショナリズムに基づいた研究を見直し、朝鮮民俗学が帝国日本の中で形作られていったことを解明する。

金廣植 著・本体一二〇〇〇円（+税）

唱歌・童歌・寮歌
近代日本の国語研究

唱歌、童歌や寮歌を中心にし、一般の歌謡も含めて、国語学国文学研究の立場から言語と言語表現の諸相を究めた。合わせて言語の芸術として、言葉との関連に基づいて考察。

若井勲夫 著・本体一〇〇〇〇円（+税）

越境するメディアと東アジア
リージョナル放送の構築に向けて

アニメやドラマなど越境するコンテンツの生産・消費・表象・規制が織り成すメディア空間の諸相から、リージョナル・メディアを構想する。

玄武岩 編・本体四五〇〇円（+税）

著者略歴

藤井浩基（ふじい・こうき）

1967年　鳥取県生まれ。

　　　　京都市立芸術大学大学院音楽研究科（修士課程）音楽学専攻修了。

2003年　韓国国立韓国芸術総合学校音楽院客員研究員。

2008年　博士（芸術文化学、大阪芸術大学）。

現在、島根大学教育学部教授。鳥取短期大学非常勤講師。

専門は音楽教育学、音楽学。

著書に『島根の民謡—歌われる古き日本の暮らしと文化—』（共著、三弥井書店、2009年）などがある。

日韓《にっかん》音楽《おんがく》教育《きょういく》関係《かんけい》史《し》研究《けんきゅう》
日本人の韓国・朝鮮表象と音楽

（平成27年度日本学術振興会科学研究費補助金「研究成果公開促進費」助成出版）

2017年2月24日　初版発行

著　者　藤井浩基
発行者　池嶋洋次
発行所　勉誠出版株式会社
　　　　〒101-0051　東京都千代田区神田神保町3-10-2
　　　　TEL：(03)5215-9021(代)　FAX：(03)5215-9025
〈出版詳細情報〉http://bensei.jp/

印　刷　太平印刷社
製　本　若林製本工場
装　丁　萩原　睦＋山本嗣也（志岐デザイン事務所）

ISBN978-4-585-27040-9　C3073

索　引

・本索引は、人名索引と事項索引からなる。
・人名索引では、本文、引用文中にフルネームで出てきた場合のみ抽出した。
・事項索引には、『書名』「論文・記事等名」《曲名》を含む。

人　名

【あ】

【か】

【さ】

【た】

【ら】

【わ】

事　項

【あ】

【か】

【さ】

【た】

【な】

【は】

【ま】

【や】

【ら】